BIBLIOTHÈQUE
DES MERVEILLES

PUBLIÉE SOUS LA DIRECTION
DE M. ÉDOUARD CHARTON

LES FOSSILES

OUVRAGES DU MÊME AUTEUR

Les Merveilles de la Photographie. 2ᵉ édition. 1 vol. in-18 illustré. Hachette, 1874.

L'Eau. 6ᵉ édition. 1 vol. in-18 illustré. Hachette, 1873.

La Houille. 3ᵉ édition. 1 vol. in-18 illustré. Hachette, 1873.

Éléments de chimie. 6ᵉ édition. 4 vol. in-18 avec figures dans le texte. (En collaboration avec M. P.-P. Dehérain.) Hachette, 1870.

Voyages aériens. 1 vol. gr. in-8 illustré de 117 gravures sur bois et de 6 pl. en couleur. (En collaboration avec MM. Glaisher, Flammarion et de Fonvielle.) Hachette, 1870.

En ballon! Pendant le siège de Paris. — Souvenirs d'un aéronaute. 1 vol. in-18. E. Dentu, 1871.

Les Ballons dirigeables. Expériences de M. Henri Giffard en 1852 et en 1855, et de M. Dupuy de Lôme en 1872. Brochure in-18. E. Dentu, 1872.

L'Héliogravure. Son histoire et ses procédés, ses applications à l'imprimerie et à la librairie. Conférence faite au Cercle de la librairie. Brochure in-8. (En vente au Cercle de la librairie.)

Histoire de mes ascensions. 1 vol. in-8 illustré de nombreuses gravures, par Albert Tissandier. Paris, Maurice Dreyfous, 1878.

Les Martyrs de la science. 1 vol. in-8 illustré de 20 gravures, par Gilbert. Paris, Maurice Dreyfous, 1880.

Les Récréations scientifiques ou l'Enseignement par les jeux. 1 vol. in-8 avec 224 gravures. Paris, G. Masson, 1881.

Causeries sur la science. 1 vol. in-8 de la *Bibliothèque des écoles et des familles*, illustré de 94 gravures. Paris, Hachette et Cⁱᵉ, 1880.

PARIS. — IMP. A. LAHURE, RUE DE FLEURUS, 9.

BIBLIOTHÈQUE DES MERVEILLES

LES FOSSILES

PAR

GASTON TISSANDIER

> Nulle pierre ne peut prendre forme de coquilles ni d'autre animal si l'animal même n'a bâti sa forme....
> — Bernard Palissy.

> C'est aux fossiles seuls qu'est due la naissance de la théorie de la terre.
> — Cuvier.

DEUXIÈME ÉDITION

ILLUSTRÉE DE 188 VIGNETTES D'APRÈS LES DESSINS

DE

DELAHAYE, GILBERT, MESNEL, RAPINE, ETC

PARIS
LIBRAIRIE HACHETTE ET Cie
79, BOULEVARD SAINT-GERMAIN, 79

1881

Droits de propriété et de traduction réservés

PRÉFACE

DE LA DEUXIÈME ÉDITION

Les peuples qui ont vécu sur le globe terrestre dans le cours des temps historiques n'y ont pas séjourné sans laisser d'irrécusables traces de leur existence; les événements auxquels ils se sont trouvés mêlés, les combats qu'ils ont livrés, les monuments qu'ils ont édifiés, les mœurs, les coutumes, auxquels ils étaient soumis, apparaissent aux yeux de l'historien par la découverte de ruines, de médailles ou de documents divers, qui lui permettent de faire revivre les civilisations du passé. Les anneaux des chevaliers romains recueillis dans le sable qui avoisine le lac de Trasimène, les hiéroglyphes de l'ancienne Égypte, les constructions de l'Inde ou du Mexique, sont des exemples de ces restes précieux qui, étudiés, compulsés et comparés à d'autres vestiges, ressuscitent les drames de l'histoire.

On a souvent dit que les *fossiles* sont pour le géologue ce que les médailles sont pour l'historien. Tandis que celui-ci s'occupe des changements successifs dont l'humanité a été l'objet dans la suite des siècles, celui-là étudie les modifications qui se sont opérées dans les règnes organique et inorganique de la terre. L'examen des fossiles, c'est-à-dire des débris ou des vestiges d'animaux et de plantes conservés dans l'épiderme terrestre, lui démontre qu'une multitude d'êtres vivants se sont succédé sur les continents avant que l'homme ait apparu à leur surface ; il lui apprend en outre que ces populations animales différaient de celles qui habitent aujourd'hui notre sphéroïde. Cette science des animaux fossiles constitue la **Paléontologie**.

Le nombre des espèces animales ou végétales qui existent actuellement sur le globe terrestre dépasse peut-être un million, sans compter les animalcules microscopiques et les infusoires, dont l'abondance est telle qu'un verre d'eau peut en contenir autant qu'il y a d'hommes sur la terre entière. De Candolle estimait le nombre des plantes terrestres à 120 000, et M. Lindley affirme que l'on peut compter plus de 80 000 plantes phanérogames et 10 000 cryptogames. Suivant Temminck, le nombre des mammifères connus s'élève à plus de 800; d'après Cuvier, celui des poissons est de 6000. On a déterminé plus de 6000 espèces distinctes d'oiseaux. A tous ces nombres il faudrait ajouter, pour être complet, celui des reptiles et des invertébrés. L'Océan enfante des êtres innombrables. Lamarck faisait déjà remarquer que la classe des polypiers renferme à elle seule plus d'individus que les insectes [1].

Le naturaliste qui jette les yeux sur la faune et la flore des temps actuels est saisi de vertige devant l'étonnante multiplicité des formes organiques, qui lui représente en quelque sorte le spectacle de l'infini! Que dirait le paléontologiste s'il pouvait connaître toutes les espèces qui ont vécu dans la suite des temps, à tous les âges de notre monde? Il aurait à multiplier les chiffres précédents par le nombre de fois que la nature a modifié la forme des êtres à travers les époques géologiques! On conçoit donc que la paléontologie se meut dans un champ d'une étendue prodigieuse. Quelque nombreuses que soient les espèces fossiles connues, on

---

[1] Charles Lyell, *Principes de Géologie*. Paris, 1848.

en trouve constamment de nouvelles, et il est probable que chaque jour on en découvrira encore. Ce que nous savons de l'histoire de la terre n'est rien à côté de ce qu'il nous reste à apprendre. Mais ce que l'on connaît actuellement des êtres fossiles, grâce aux impérissables fondateurs d'une science née d'hier, grâce aux travaux, aux investigations des chercheurs de tous les pays, est cependant assez considérable pour remplir des musées entiers, pour fournir la matière d'un des plus imposants chapitres du livre de la nature, et pour offrir un éternel aliment aux méditations des plus grands savants et des plus profonds philosophes.

N'est-ce pas assez dire que le modeste ouvrage que nous avons écrit n'a que de très humbles prétentions? Il offrira au lecteur des tableaux successifs, où sont groupés quelques-uns des êtres qui ont vécu dans le cours des âges géologiques; il ne lui apprendra pas la paléontologie d'une façon complète, mais il lui donnera peut-être le désir de l'apprendre; il lui communiquera le goût de cette grande et sublime histoire ancienne de la terre, que la science moderne ressuscite, malgré l'immensité du temps qui l'en sépare.

Fidèle au plan que nous avons adopté dans nos précédents ouvrages, auxquels le public a bien voulu faire un accueil sympathique, nous n'avons pas négligé de parler d'abord des hommes à qui l'on doit la science des fossiles, des impérissables créateurs de la paléontologie. Il nous a toujours semblé que s'il est utile de connaître les résultats de la science actuelle, il ne l'est pas moins d'apprendre comment a procédé l'esprit humain pour les obtenir. Le tableau de la lutte de l'intelligence contre l'inconnu, celui des efforts qu'elle ne cesse de faire pour conquérir quelques vérités nouvelles, est toujours fortifiant et rempli d'attrait. Il offre de beaux exemples à tous ceux qu'animent l'ardeur du travail et l'amour de la nature.

Nous avons voulu faire connaître les découvertes les plus récentes, qui, tout en ayant préoccupé le monde savant, n'ont pas encore été décrites au public dans des livres qui lui soient facilement accessibles. Les recherches de M. Grand'Eury sur les *houillères de Saint-Étienne*, les observations de M. P. Gervais sur le *Ceratodus de la Nouvelle-Hollande*, les *tortues à dents*, et la curieuse faune du cap de Bonne-Espérance, décrite par le professeur Owen, étudiée par MM. Gervais, Gaudry et Fischer, le nouveau *Palæotherium* de Vitry, l'*oiseau à dents* de l'argile de Londres, les *poissons fossiles* de Puteaux, l'admirable *Megathe-*

rium dont le Muséum vient de s'enrichir, les découvertes du professeur Marsh aux États-Unis, le *Dinoceras*, le *Brontotherium*, l'*éléphant fossile* du Gard trouvé par M. Cazalis de Fondouce, les résultats récents de l'*histoire de l'homme fossile*, ont été passés en revue avec soin, ainsi que les travaux les plus récents de MM. Gaudry, Gervais, Alph. Milne Edwards, de Quatrefages, etc., etc. Les notices qui traitent de ces questions nouvelles sont accompagnées de gravures inédites, dont la plupart ont été exécutées sous la direction de M. P. Gervais. Dans notre première édition, nous adressions nos sincères remerciements au savant professeur du Muséum pour son précieux concours. Aujourd'hui, la mort est venue briser sa carrière si bien remplie; nous ne pouvons plus rendre hommage qu'à sa mémoire.

Les autres gravures qui accompagnent notre texte proviennent en partie du *Cours de Paléontologie* d'Alcide d'Orbigny ; elles ont déjà été utilisées précédemment par M. Louis Figuier dans son ouvrage intitulé : *la Terre avant le déluge*. Nous avons emprunté d'autres sujets d'illustrations à *l'Homme primitif* du même auteur, et quelques beaux fossiles au livre *les Pierres*, dû à M. L. Simonin. Nous ajouterons enfin que, parmi les œuvres qui nous ont servi à retracer l'histoire sommaire des fossiles, nous nous faisons un devoir de citer les *Ossements fossiles* de Cuvier, la *Paléontologie française* d'Alcide d'Orbigny, les mémoires originaux de M. A. Gaudry sur les *animaux fossiles de l'Attique*, le travail de M. A. Milne Edwards sur les *oiseaux fossiles de l'Allier*, de nombreuses notes publiées dans les *Annales des Sciences naturelles*, dans le *Bulletin de la Société de Géologie*, dans des journaux étrangers, les *Éléments de Géologie* et l'*Antiquité de l'Homme*, de Ch. Lyell, ainsi que plusieurs mémoires insérés dans les *Comptes rendus de l'Académie des sciences*, etc., etc.

G. T.

LES FOSSILES

CHAPITRE PREMIER

LA SCIENCE DES FOSSILES

I

Les débris d'êtres disparus. — Les jeux de la nature. — Opinion des anciens sur les fossiles. — Les premiers géologues. — Les Égyptiens. — Pythagore et Ovide. — Aristote et Xénophanes de Colophon. — L'empereur Auguste. — Pline. — Bernard Palissy.

Depuis le jour où l'homme a, pour la première fois, soulevé l'épiderme terrestre pour y creuser des sillons et pour y tracer des chemins; depuis l'époque où il a su pénétrer dans le sein de l'écorce superficielle, soit pour y dérober l'eau potable, soit pour ravir aux entrailles du sol la pierre à bâtir ou le minerai, il a dû mettre en lumière l'existence des pétrifications et des coquilles. Comment pourrait-il en être autrement, puisque les débris d'animaux et de plantes, les empreintes de fougères, les restes d'ossements, admirables témoi-

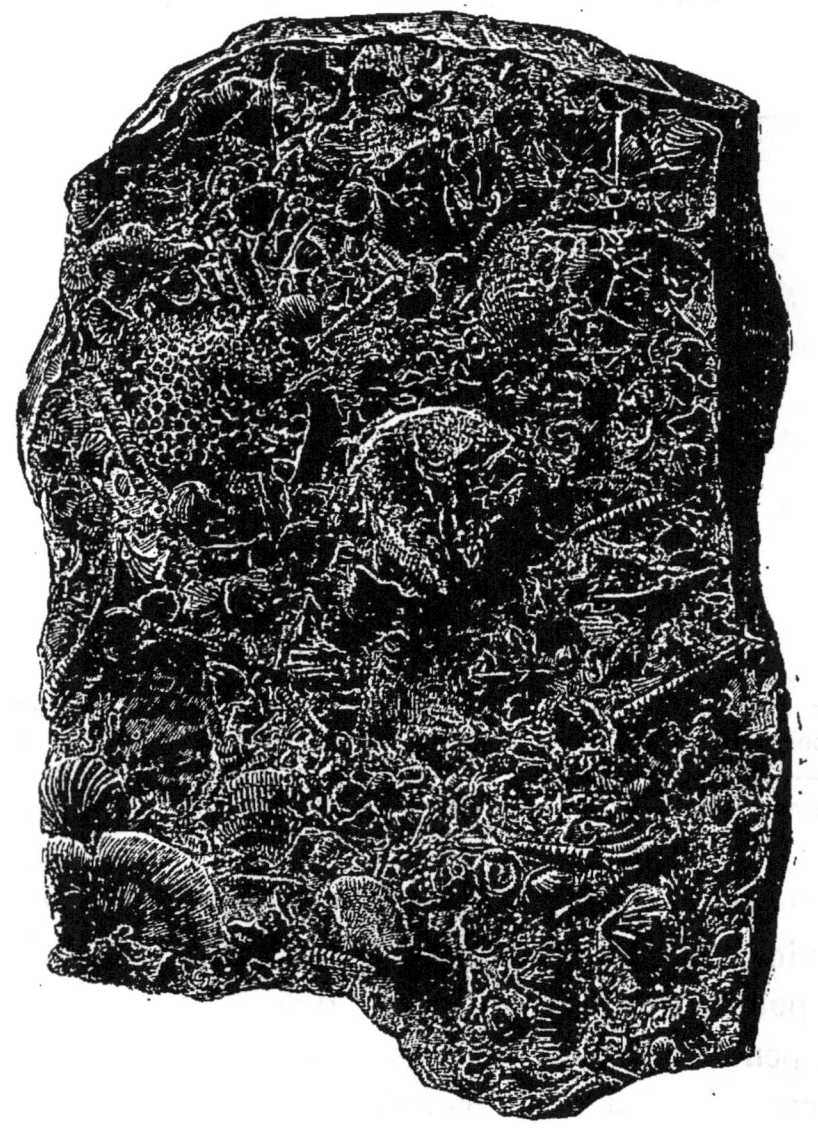

Fig. 1. — Empreintes de coquilles fossiles sur une roche calcaire (Terrain silurien.)

gnages d'anciennes formes organiques, se révèlent au milieu de tous les terrains sédimentaires, plus ou moins bien conservés dans la matière minérale. Il n'est, pour ainsi dire, pas possible de creuser les assises de craie qui abondent à la surface de la terre, d'ouvrir les immenses gradins qui forment le terrain silurien, le terrain jurassique, sans y découvrir d'innombrables empreintes de coquillages (fig. 1 et 2). Croirait-on cependant que les premiers découvreurs de ces *fossiles*

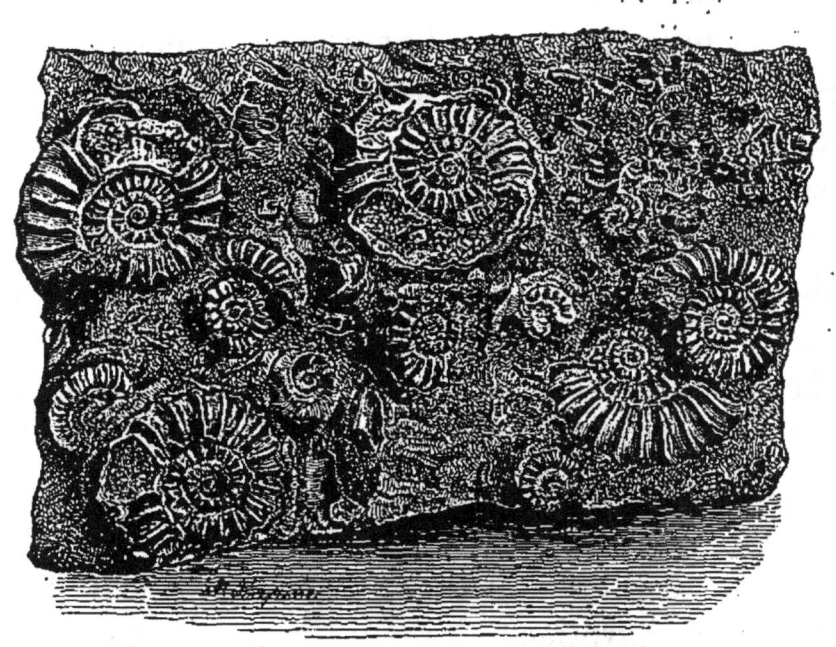

Fig. 2. — Empreintes d'ammonites du terrain jurassique.

étaient bien plutôt portés à les considérer comme des reliefs bizarres, dus à une cause fortuite, à un hasard inexplicable, qu'à les regarder comme les incontestables vestiges d'êtres disparus ?

Il n'a jamais manqué toutefois d'esprits clairvoyants qui ont protesté contre un tel aveuglement.

Sir Ch. Lyell nous rapporte que le livre sacré des

Indous, le plus vieux livre du monde, écrit huit cents ans avant l'ère chrétienne, renferme déjà un bel exposé des évolutions successives dont les êtres vivants ont été l'objet à travers les âges. L'auteur de cet antique ouvrage attribue la création première à un Être infini devant lequel il se prosterne, à un Esprit sublime qui donne au monde son entière extension quand il est éveillé, qui l'anéantit au contraire quand il s'endort. Par une telle alternative d'heures de veille et d'heures de repos, cette Puissance éternelle revivifie et détruit successivement l'immense assemblage des créatures[1]. N'est-ce pas indiquer, sous une forme pleine de grandeur et de poésie, les transformations de l'organisme, telles que peuvent les concevoir les naturalistes modernes?

Les prêtres égyptiens, d'après Hérodote, n'ignoraient pas que les couches inférieures des vallées du Nil abondent en coquilles marines; ils savaient aussi qu'on ne manque pas d'en rencontrer à profusion quand on creuse les collines qui les environnent. Aucun peuple plus que les Égyptiens n'a remué le sol pour y élever des temples formidables, pour y découper des canaux immenses, nul plus que lui n'a dû révéler l'évidence des phénomènes géologiques. Tous les hommes ont en outre entendu parler des tremblements de terre qui anéantissent des pays prospères, des inondations ou des déluges qui submergent des villes entières : comment l'idée des révolutions du globe ne se retrouve-

---

[1] *Institutes de la loi hindoue*, ou Code de Manou, traduit du sanscrit par sir William Jones. 1796.

rait-elle pas dans la plupart des cosmogonies de l'Égypte ou de l'Orient?

En nous rapprochant des temps modernes, nous voyons Pythagore nous parler en termes explicites des métamorphoses de la terre ; et plus tard, Ovide, en ranimant cette doctrine, la complète en quelque sorte par des propositions que ne désavouerait aucun savant moderne. Quand le grand poète s'écrie : « Rien ne meurt dans ce monde, les choses ne font que varier et changer de forme... Naître signifie qu'une chose commence à être différente de ce qu'elle fut auparavant; mourir, veut dire qu'elle cesse d'être la même chose. » Quand il affirme encore que « la terre ferme a été convertie en mer..., que la mer a été changée en terre.... que des coquilles marines gisent loin de l'Océan[1]... » ne parle-t-il pas alors non plus en littérateur, mais en savant et en vrai philosophe ?

Quand nous lisons dans le *Traité des Météores* d'Aristote que « les révolutions du globe sont si lentes, comparativement à la durée de notre vie, que leurs progrès sont tout à fait inappréciables[2], » n'avons-nous pas la preuve manifeste que l'idée de créations antérieures à celle de l'homme n'était pas inconnue des anciens?

Il serait injuste d'oublier le nom d'un grand savant grec, Xénophanes de Colophon, le fondateur de la philosophie éclectique ; cet illustre admirateur de la nature avance en termes énergiques que les empreintes fos-

---

[1] *Métamorphoses* d'Ovide, livre XV.
[2] *De Meteor.*, lib. II, cap. xiv, xv et xvi.

siles d'animaux et de plantes sont réellement les traces d'êtres ayant vécu jadis; il affirme que les montagnes au sein desquelles on les rencontre ont autrefois constitué le fond de la mer. Il ne serait pas plus juste de refuser à l'empereur Auguste le titre de précurseur de la paléontologie. Le neveu du grand César avait rassemblé une belle collection de fossiles dans sa villa de Capri. Un peu plus tard, Pline le naturaliste n'en parle pas moins, dans ses écrits, d'ossements aux proportions colossales, qu'il attribue à des géants ou à des héros d'un autre âge.

Malgré ces efforts de la philosophie naturelle dans l'antiquité, malgré ces audaces d'esprits supérieurs, pendant tout le moyen âge et pendant les périodes brillantes qui lui succèdent jusqu'à la fin du dix-huitième siècle, l'opinion dominante fut que ces fossiles, que ces pierres figurées, étaient des jeux de la nature, *lusus naturæ*, suivant l'expression des savants de ces époques. Quelles sottises n'imaginaient-ils pas, ces philosophes aux abois, pour se convaincre que l'évidence était l'erreur? N'allaient-ils pas jusqu'à prétendre que les pétrifications étaient des dessins formés par l'action mystérieuse des étoiles sur les couches terrestres!

Cependant, au milieu du seizième siècle, de cette grande époque où parurent les Bacon et les Galilée, un homme doué d'un puissant génie, Bernard Palissy, jeta les premières bases de la science des fossiles, et construisit les fondations du grand monument de la géologie moderne. — Il semblerait que l'artiste ait souvent l'intuition de la nature, car cent ans avant Palissy, Léonard de Vinci avait déjà osé affirmer que la lente pétrification des débris calcaires, comme les coquilles des mollusques, était le fait du limon qui se dépose au fond des eaux et englobe peu à peu tous ces restes.

« Le nom de Bernard Palissy est empreint dans la mémoire de la plupart des esprits cultivés ; on sait qu'il vécut au seizième siècle, qu'il était potier de terre et qu'il découvrit le vernis des faïences.... Mais ce que l'on sait moins généralement, c'est que cet homme, sans éducation première, sans aucune notion de littérature, sans connaissance de l'antiquité, sans secours d'aucune espèce, à l'aide des seuls efforts de son génie et de l'observation attentive de la nature, posa les bases de la plupart des doctrines modernes sur les sciences et les arts, qu'il émit sur une foule de hautes questions scientifiques les idées les plus hardies et les mieux fondées, qu'il professa le premier en France l'histoire naturelle et la géologie, qu'il fut l'un de ceux qui contribuèrent le plus puissamment à renverser le culte aveugle du moyen âge pour les doctrines de l'antiquité ; que cet ouvrier sans culture et sans lettres a laissé des écrits remarquables par la clarté, l'énergie, le coloris du style ; qu'enfin cet homme simple et pur, mais puissant par le génie, fournit l'exemple de l'un des plus beaux caractères de son époque, et qu'il expia par la captivité et la mort sa persévérance courageuse et sa fermeté dans ses croyances [1]. »

---

[1] P. A. Cap. *OEuvres complètes de Bernard Palissy.* Paris, 1844.

Palissy naquit près de la petite ville de Biron, entre le Lot et la Dordogne, dans un modeste petit village. On ignore les détails de son enfance, mais on sait que dès sa jeunesse il se mit à voyager et parcourut les Pyrénées, la Flandre, les Pays-Bas, les Ardennes et les bords du Rhin... « En ouvrier nomade, nous dit-il lui-même, exerçant à la fois la vitrerie, la pourtraicture et l'arpentage, mais observant surtout les pays et les curiosités naturelles, parcourant les montagnes, les forêts, visitant les carrières et les mines, les grottes et les cavernes. »

Après s'être établi à Saintes, après avoir consacré de longues et pénibles années à la découverte de sa belle terre émaillée, Palissy vint à Paris, où il résolut de faire la démonstration publique de ses théories sur les fossiles. Cet humble potier de terre, qui ne savait ni grec ni latin, appela à lui les philosophes et les savants, et, « à la face de tous les docteurs, il osa dire dans Paris que les coquilles fossiles étaient de véritables coquilles déposées autrefois par la mer dans les lieux où elles se trouvaient alors, que des animaux et surtout des poissons avaient donné aux pierres figurées toutes leurs différentes figures [1]. »

Palissy rassemble les objets nécessaires à ses démonstrations, il classe avec méthode les cristaux et les fossiles qu'il a recueillis dans ses voyages, et fonde ainsi le premier cabinet d'histoire naturelle. Avec de telles preuves en main, il se sent fort et inébranlable dans

---

[1] Fontenelle, *Histoire de l'Académie.*

ses convictions; il est prêt à résister à l'amertume des critiques, à la jalousie des envieux, à l'aveugle fureur des ignorants; aussi ne craint-il pas de s'écrier fièrement : « Vas quérir à présent tes philosophes latins pour me donner argument contraire[1]. »

Comment l'illustre artiste n'aurait-il pas acquis la plus ferme conviction, s'il avait ramassé, comme cela n'est pas douteux, quelques-unes de ces empreintes que le géologue foule du pied dans toutes les régions du globe? En jetant un simple regard sur la représentation de pétrifications les plus répandues et les plus vulgaires (fig. 3 et 4), ne sera-t-on pas stupéfait en songeant à l'aveuglement de ceux qui n'attribuaient qu'au hasard seul la cause de leur formation?

Bernard Palissy, dans ses œuvres, a choisi la forme du dialogue. Il met en scène deux personnages imaginaires : l'un s'appelle *Théorique*, et représente la scolastique; c'est un pédagogue, ignorant, indocile, qui bien souvent excite la pitié par la sottise de ses réparties; l'autre, *Practique*, renverse sans cesse le lourd raison-

[1] Nous croyons intéressant de reproduire dans sa charmante naïveté le titre textuel des œuvres de Palissy :

DISCOURS ADMIRABLES
DE LA NATURE DES EAUX ET DES FONTAINES TANT NATURELLES QU'ARTIFICIELLES
DES MÉTAUX, DES SELS ET SALINES, DES PIERRES, DES TERRES
DU FEU ET DES ÉMAUX
AVEC PLUSIEURS AUTRES EXCELLENTS SECRETS DE CHOSES NATURELLES
PLUS UN TRAITÉ DE LA MARNE
FORT UTILE ET NÉCESSAIRE POUR CEUX QUI SE MELLENT DE L'AGRICULTURE
LE TOUT DRESSÉ PAR DIALOGUES ESQUELS SONT INTRODUITS
LA THÉORIQUE ET LA PRACTIQUE
PAR M. BERNARD PALISSY, INVENTEUR DES RUSTIQUES FIGULINES DU ROY
ET DE LA ROYNE SA MÈRE.

nement de son interlocuteur. Avec quelle verve, quel esprit, quelle agilité il se plaît à combattre des opinions *fagotées* à l'avance. Ce livre inimitable est un des grands monuments littéraires du seizième siècle. L'auteur a

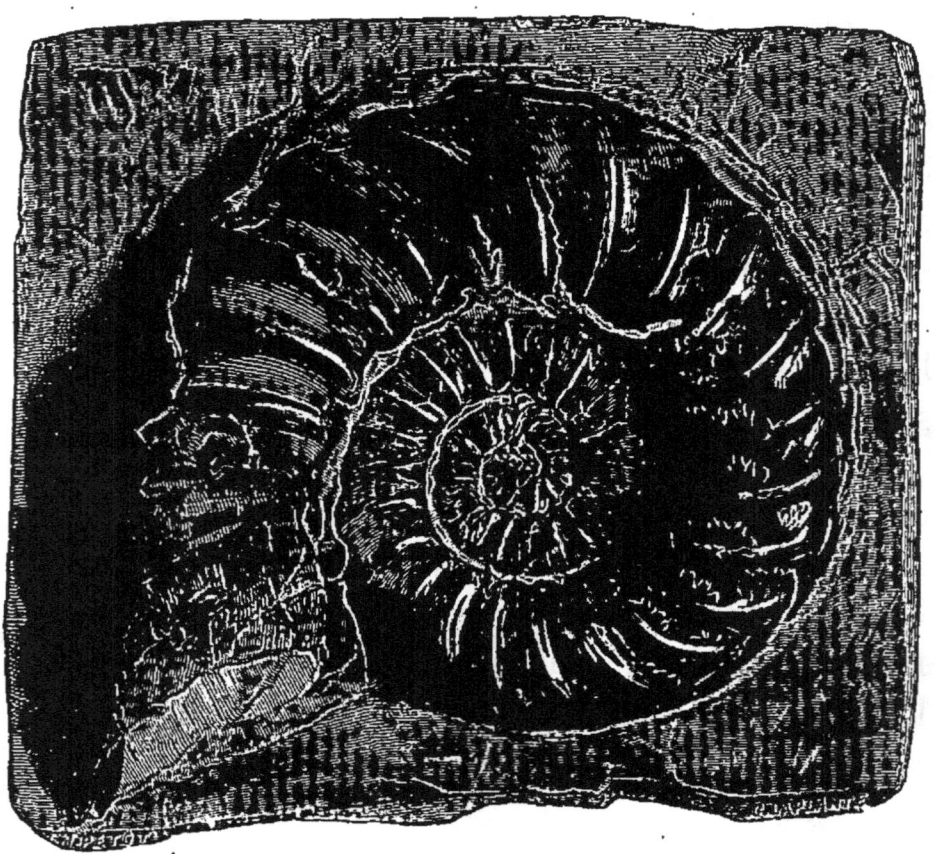

Fig. 5. — Exemple de pétrification. (Ammonite du terrain jurassique.)

la passion qui subjugue, l'élan de l'innovateur, l'éloquence naturelle d'un grand esprit : il s'élève souvent aussi haut que Montaigne. Qu'on en juge par ce passage, que Palissy écrit après avoir longuement démontré que les pierres ne croissent pas, comme on le croyait généralement à son époque :

« Théorique. — Et où est ce que tu as trouvé cela,

Fig. 4. — Exemple de pétrification de corail. (Encrinite liliforme, du terrain jurassique, grandeur naturelle.)

par escript, ou bien dis moi en quelle école as tu esté, où tu puisses avoir entendu ce que tu dis?

« Practique. — Je n'ai point eu d'autre livre que le ciel et la terre, lequel est connu de tous, et est donné à tous de connaître et lire ce beau livre; or ayant lu en celuy, j'ai considéré les matières terrestres, parce que, je n'avais point estudié en l'astrologie pour contempler les astres. »

En lisant les *Discours admirables*, on s'étonne de la nouveauté, de la variété des observations de Palissy sur la constitution des montagnes et des différents sols, sur l'origine des espèces minérales, sur la formation, le mode d'accroissement des pierres, qu'il examine sous leurs divers rapports de forme, de couleur, de cohésion, de poids et de densité. Les cristallisations, les stalactites, les bois pétrifiés, les fossiles, la marne, les faluns, rien n'échappe à ses recherches, et fidèle à sa méthode habituelle d'investigation, il rattache tous les faits recueillis à quelque vue générale qui, presque toujours, est la plus directe et la plus féconde.

« Quand j'ai eu de bien près regardé aux formes des pierres, dit Palissy, j'ai trouvé que nulle d'icelles ne peut prendre forme de coquilles, ni d'autre animal, si l'animal même n'a bâti sa forme... Le rocher, qui est tout plein de diverses espèces de coquilles, a été autrefois vases marins, produisant poissons. Si aucuns ne le veulent croire, je leur montrerai la dite pierre, pour couper broche à toutes disputes [1]. »

Palissy nous apprend qu'il a fait des observations précieuses et des découvertes importantes, surtout dans

---

[1] *OEuvres complètes de Bernard Palissy.*

les Ardennes et dans la Champagne. «.... J'ai fait plusieurs figures des coquilles pétrifiées qui se trouvent par milliers ès montagnes des Ardennes et non seulement des coquilles, ains aussi des poissons.... ayant toujours cherché en mon pouvoir de plus en plus les choses pétrifiées, j'ai trouvé plus d'espèces de poissons ou coquilles pétrifiées en la terre, que non pas des genres modernes qui habitent à la mer Océane. »

Nous nous bornerons à ces quelques citations, car il faudrait rapporter en entier l'œuvre du grand artiste; non seulement il se révèle partout comme savant mais il apparaît aussi comme un profond penseur, quand il écrit par exemple : « La science se manifeste à qui la cherche ! » et plus loin : « On ne doit pas abuser des dons de Dieu, et cacher ses talents en terre, car il est écrit que le fou cachant sa folie vaut mieux que le sage celant son savoir. »

Malgré les révélations d'un tel génie, la science des fossiles n'est pas encore fondée après Palissy. Les œuvres de cet esprit incomparable furent à peine connues de son vivant, et les paroles énergiques, vibrantes, convaincues du « potier de terre » ne devaient être entendues qu'un siècle après sa mort !

II

Buffon et ses prédécesseurs. — Réaumur. — De Jussieu. — Réfutation des nouvelles doctrines. — Voltaire et les coquilles des pèlerins. — Les singes et le transport des fossiles. — Les poissons des repas romains. — Le clou de Franklin.

Il se produisit au commencement du siècle dernier un grand mouvement en faveur du progrès des sciences naturelles et particulièrement de la géologie. Si Buffon est particulièrement célèbre pour avoir repris les doctrines de Palissy, il serait injuste de passer sous silence les esprits éminents qui l'ont précédé dans ses affirmations. En 1670, Augustin Scilla reprit avec vigueur les opinions de « l'inventeur des rustiques figulines, » et peu après, Leibnitz leur donna l'autorité de son génie. Plus tard, Fontenelle, dans son *Histoire de l'Académie*, indique qu'il croit fermement à l'existence des fossiles. « Dans tous les siècles assez peu éclairés, dit-il, et assez dépourvus du génie d'observation et de recherches pour croire que tout ce qu'on appelle aujourd'hui *pierres figurées* et les coquillages mêmes trouvés dans la terre étaient des jeux de la nature, ou quelques accidents particuliers, le hasard a dû mettre au jour une infinité de ces sortes de curiosités, que les philosophes même, si c'étaient des philosophes, ne regardaient qu'avec une surprise ignorante ou une légère attention, et tout cela périssait sans aucun fruit pour le progrès des connaissances... » « Les idées de Palissy, dit plus loin l'illustre secrétaire de l'Académie, se sont réveillées dans l'esprit de plusieurs savants, elles ont fait la fortune qu'elles méritaient ; on a profité de toutes les coquilles, de toutes les pierres figurées que la terre a fournies, peut-être seulement sont-elles devenues aujourd'hui trop communes, et les conséquences qu'on en tire sont en danger d'être bientôt trop incontestables.

On voit que peu à peu la vérité apparaît et se fait jour. A la même époque, Réaumur découvre un grand amas de coquillages fossiles en Touraine. Jussieu ramasse aux environs de Saint-Chaumont, dans le Lyonnais, une grande quantité de pierres écailleuses et feuilletées, dont presque tous les feuillets portaient sur leur superficie l'empreinte d'une tige ou d'une feuille de plante [1], « comme si on avait collé avec la main ces débris végétaux, qui appartiennent tous à des plantes étrangères, » en même temps plusieurs voyageurs rapportent la nouvelle de semblables découvertes faites dans les pays les plus lointains. Dans ses récits de voyages, le naturaliste Shaw raconte que sur la montagne de Castravan, au-dessus de Barut, il y a un lit de pierre blanche mince comme de l'ardoise, et dont chaque feuille contient un grand nombre et une grande diversité

---

[1] La figure 5, ci-contre, donne une idée exacte de certaines empreintes de feuilles fossiles.

de poissons, pour la plupart fort plats et fort comprimés.

Buffon allait rassembler l'histoire de ces découvertes éparses, seconder les efforts de ces disciples de la vérité, défendre la grande cause de la géologie, avec la puissance de son style, l'autorité de son grand nom et surtout avec ce qui est au-dessus des formes du langage ou de l'éclat de la célébrité, c'est-à-dire avec

Fig. 5. — Pétrifications de feuilles. (*Conopteris*) terrain jurassique.

des faits, matériaux indestructibles du monument scientifique.

« Tout le monde, dit Buffon, peut voir par ses yeux les bancs de coquilles qui sont dans le collines des environs de Paris, surtout dans les carrières de pierre, comme à la chaussée près de Sèvres, à Issy, à Passy et ailleurs. On trouve à Villers-Cotterets une grande quantité de pierres lenticulaires; les rochers en sont même entièrement formés, et elles y sont mêlées sans aucun ordre avec une espèce de mortier pierreux qui les tient toutes liées ensemble. A Chaumont, on trouve une si grande quantité de coquilles pétrifiées, que toutes les collines, qui ne laissent pas d'être assez élevées, ne paraissent être composées d'autre chose ; il en est de même à Courtagnon, près de Reims, où le banc de coquilles a près de quatre lieues de largeur sur plusieurs de longueur. Je cite ces endroits parce qu'ils sont fameux et que les coquilles y frappent les yeux de tout le monde..... J'ai souvent examiné des carrières de haut en bas, dont les bancs étaient remplis de coquilles; j'ai vu des collines entières qui en sont composées, des chaînes de rochers qui en contiennent une grande quantité dans toute leur étendue. Le volume de ces productions de la mer est étonnant et le nombre de ces dépouilles d'animaux marins est si prodigieux qu'il n'est guère possible d'imaginer qu'il puisse y en avoir davantage dans la mer; c'est en considérant cette multitude innombrable de coquilles et d'autres productions marines, qu'on ne peut pas douter que notre terre n'ait été pendant un très long temps un fond de mer peuplé d'autant de coquillages que l'est actuellement l'Océan... Il ne faut pas croire, en effet, comme se l'imaginent tous les gens qui veulent raisonner sur cela sans avoir rien vu, qu'on ne trouve ces coquilles que par hasard, qu'elles sont dispersées çà et là, ou tout au plus par petits tas, comme des coquilles d'huître jetées à la porte; c'est par montagnes qu'on les trouve, c'est par bancs de 100 et 200 lieues de longueur; c'est par collines et par provinces qu'il faut les toiser....

« On a trouvé à Amsterdam, qui est un pays dont le terrain est fort bas, des coquilles de mer à 100 pieds de profondeur sous terre, et à Marly-la-Ville, à six lieues de Paris, à 75 pieds ; on en trouve de même au fond des mines et dans des bancs de rochers, au-dessous d'une hauteur de pierre de 50, 100, 200 et jusqu'à 1000 pieds d'épaisseur, comme il est aisé de le remarquer dans les Alpes et les Pyrénées ; il n'y a qu'à examiner de près les rochers coupés à plomb, et on voit que dans les lits inférieurs il y a des coquilles et d'autres productions marines.... J'entends ici par coquilles, non seulement les dépouilles des coquillages, mais celles des crustacés, comme tayes et pointes d'oursin, et aussi toutes les productions des insectes de mer, comme les madrépores, les coraux, les astroïtes, etc. [1]. »

Fig. 6. — Polypier fossile de la craie.

[1] On sait, en effet, que les collections paléontologiques abondent en empreintes d'animaux marins semblables à ceux dont parle Buffon. Les

Il est impossible de parler un langage plus net et de présenter sous une forme plus claire des faits plus affirmatifs. Cependant ces théories soulevèrent d'innombrables protestations, et l'on regrette de compter Voltaire au nombre des plus ardents adversaires du grand

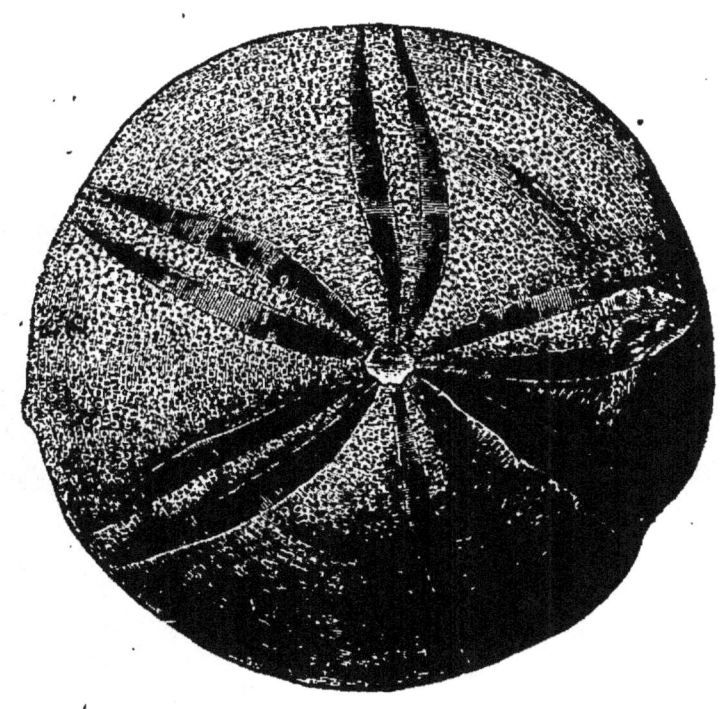

Fig. 7. — Oursin fossile.

naturaliste. L'illustre auteur du *Dictionnaire philosophique* alla, comme on le sait, jusqu'à prétendre que les coquilles alpines de M. de Buffon étaient tombées des chapeaux de quelques pèlerins se rendant à Rome.

Quand Buffon riposta en alléguant de nouvelles preuves, en se servant du témoignage de voyageurs qui

fig: 6, 7 et 8 reproduisent l'aspect de quelques remarquables échantillons fossiles de polypier, d'oursin et d'étoile de mer.

ont vu des coquilles fossiles sur les montagnes de l'Inde, de l'Amérique, de l'Afrique, il se rencontra un naturaliste assez aveuglé par les préjugés et la routine pour lui répondre que, d'après la Loubère, les singes s'amusent souvent à transporter des coquilles, du rivage de la mer au sommet des montagnes, et que des poissons fossiles

Fig. 8. — Étoile de mer fossile (*Palæocoma*.) — Las.

trouvés en Italie ne sont à son avis, que des poissons rares, rejetés jadis de la table des Romains parce qu'ils n'étaient pas assez frais [1].

---

[1] *Histoire naturelle, générale et particulière*, par M. de Buffon. Nouvelle édition. Tome Ier. Paris, Imprimerie royale, 1769.

Lorsque le grand naturaliste français lance à la face de ses adversaires de nouvelles découvertes, qui chaque jour viennent confirmer ses doctrines, un auteur anglais, Tancred Robinson, doute encore de l'existence des fossiles, au point d'affirmer qu' « il y a eu des coquilles de mer, dispersées çà et là sur la terre, par les armées, par les habitants des villes et des villages ! »

Ne croirait-on pas entendre la voix de ceux qui considéraient naguère les haches taillées des temps primitifs comme des vieilles pierres à fusil du premier empire ?

En présence de si misérables arguments, de si pauvres objections, dégagés d'erreurs si grossières pour nier des faits incontestables, n'est-on pas conduit à dire, avec Franklin, que la vérité, tant elle est difficile à faire pénétrer dans la cervelle humaine, peut se comparer à un clou qu'il faut enfoncer, non pas par la pointe, mais par la tête ?

III

Georges Cuvier fondateur de la géologie et de la paléontologie. — Les ossements fossiles et l'anatomie comparée. — Les époques géologiques. — Les espèces éteintes. — Les révolutions du globe. — Les adversaires de Cuvier : Lamarck, Geoffroy Saint-Hilaire, Ch. Lyell, Darwin.

On voit que, malgré les Palissy et les Buffon, la paléontologie n'est pas encore créée ; il n'est guère question jusqu'ici que de coquilles et quelquefois de poissons, mais on ne parle pas des ossements fossiles, on ne soupçonne pas l'existence antérieure d'une foule d'êtres différents de la création actuelle et que le puissant génie de Cuvier va faire revivre. Ce grand naturaliste, dont l'esprit brillera toujours par cette découverte de ce qui fut jadis, admirable divination du passé, nous dit lui-même le moment précis où il eut l'idée de ses travaux. En regardant attentivement le crâne d'un éléphant que Messerchmidt avait rapporté de ses voyages, le hardi novateur s'aperçut que les éléphants fossiles étaient d'une espèce différente des éléphants modernes. « Cette idée, dit Cuvier, que j'annonçai à l'Institut dès 1796, m'ouvrit des vues toutes nouvelles sur la théorie de la terre ; un coup d'œil rapide, jeté sur d'autres os fossiles, me fit présumer tout ce que j'ai découvert depuis, et me détermina à me consacrer aux longues recherches et aux travaux assidus [1]. »

Dans ce premier mémoire, Cuvier allait ouvrir l'ère des plus étonnantes découvertes que les sciences naturelles aient jamais faites. Il allait d'abord faire apparaître aux yeux du monde savant stupéfait les gigantesques *mammouths*, qui n'ont plus actuellement de représentants sur la terre, et dont les ossements se sont rencontrés dès lors en si grande abondance (fig. 9). Le travail de Cuvier produisit une grande sensation ; on y remarque surtout aujourd'hui cette phrase, pour ainsi dire prophétique : « Qu'on se demande, dit-il, pourquoi l'on trouve tant de dépouilles d'animaux inconnus, tandis qu'on n'en trouve aucune dont on puisse dire qu'elle appartient aux espèces que nous connaissons, et l'on verra combien il est probable qu'elles ont toutes appartenu à des êtres d'un monde antérieur au nôtre, à des êtres détruits par quelques révolutions du globe, à des êtres dont ceux qui existent aujourd'hui ont rempli la place. »

Toute la sûreté de la méthode que Cuvier inaugure avec une telle puissance d'intuition réside dans l'anatomie comparée. En mettant en parallèle les ossements fossiles avec les ossements des animaux vivants, l'illustre savant français reconnaît d'abord que ces premiers n'appartiennent pas à des espèces actuelles :

---

[1] *Recherches sur les ossements fossiles.*

l'idée de créations d'animaux, antérieures à la création actuelle, lui apparaît dans son ensemble imposant. Le voile qui a caché pendant tant de siècles les phénomènes du passé, vient d'être soulevé pour la première fois. En soumettant les ossements fossiles à un examen scrupuleux, à une investigation minutieuse, Cuvier arrive à retrouver le genre de vie, le genre d'alimentation, la forme des animaux auxquels ces os ont appartenu ; il peut les définir, les reconstituer et les classer dans les cadres zoologiques que Linné n'avait édifiés que pour y grouper les espèces vivantes. Une dent, un sabot du pied, suffisent quelquefois à Cuvier pour être conduit, par le raisonnement qui suit de près l'observation, à deviner l'espèce d'où proviennent ces infimes débris. N'est-il pas certain que la dent, faite pour déchirer une proie, que les ongles acérés, destinés à saisir, appartiennent à un carnassier? N'est-il pas manifeste qu'un pied à sabot a dû appartenir à un herbivore? Mais si l'on sait que l'être disparu était carnivore ou herbivore, on sera conduit à définir quelques autres particularités de son organisme, et il ne sera pas impossible d'en faire la reconstitution complète.

« Cette méthode précise, rigoureuse, de démêler, de distinguer les os confondus ensemble ; de rapporter chaque os à son espèce ; de reconstruire enfin l'animal entier d'après quelques-unes de ses parties, cette méthode une fois conçue, ce ne fut plus par espèces isolées, ce fut par groupes, par masses, que reparurent toutes ces populations éteintes, monuments antiques des révolutions du globe. On put dès lors se faire une

Fig. 9. — Squelette d'éléphant fossile *mammouth* du musée d'histoire naturelle de Bruxelles.

idée non seulement de leurs formes extraordinaires, mais de la multitude prodigieuse de leurs espèces. On vit qu'elles embrassaient des êtres de toutes les classes; des quadrupèdes, des oiseaux, des reptiles, des poissons, jusqu'à des crustacés, des mollusques, des zoophytes et des végétaux[1]. »

Éclairés par l'éclat d'une si vive lumière, les faits prennent un relief inattendu, et les conséquences se succèdent par un enchaînement logique jusqu'à conduire à des révélations inattendues. Une fois, par exemple, qu'il a été bien établi que les ossements d'éléphants fossiles appartiennent à des espèces disparues, et que ces débris d'êtres qui ne sont plus se trouvent répandus avec une extraordinaire profusion sur une grande partie de la surface du globe, on est conduit à admettre qu'une cause physique, qu'une révolution brusque et soudaine a dû effacer tout à coup cette population animale dont on ne rencontre plus les descendants. Le mot de la grande énigme des révolutions du globe vient d'être dit ! Une mer étendue a bercé ses vagues au-dessus des continents que nous habitons aujourd'hui, et les fonds des océans actuels ont peut-être été l'asile de mammifères disparus : tout sur ce globe a été soumis à travers les âges à des changements perpétuels : c'est la loi de notre planète.

Non seulement l'anatomie comparée ressuscite les créations de l'antiquité du sphéroïde terrestre, non seulement elle révèle une histoire tout à fait inconnue

---

[1] *Éloge historique de Georges Cuvier*, par Flourens.

et apporte à la zoologie des richesses inattendues, mais elle va plus loin encore, et contribue à édifier tout d'une pièce l'imposant édifice de la géologie. Avec cette nouvelle faculté de discerner les espèces, l'observateur distingue sûrement leur vie aquatique ou terrestre; il va saisir dans les couches terrestres des différences qui avaient jusque-là échappé aux esprits les plus clairvoyants, et définir les terrains qui en renferment les vestiges. L'ordre de succession de ces terrains va apparaître et remplacer la confusion et le chaos qui étaient le caractère des idées scientifiques précédentes. Cuvier ne tarde pas à voir que des règnes d'animaux divers se trouvent superposés dans l'écorce terrestre à des profondeurs différentes et dans des terrains particuliers dont les caractères y sont empreints. D'une main prophétique, il relève successivement ces feuillets, que l'on a comparés aux pages du grand livre de la nature, et il y déchiffre ces hiéroglyphes qui s'y trouvent imprimés par les vestiges des fossiles. Sous la couche terrestre qui tient emprisonnés les restes des éléphants, des rhinocéros ou d'autres espèces fossiles, voisines de celles qui vivent de nos jours, apparaissent d'autres couches plus profondes, d'un âge plus ancien, où se rencontrent d'autres débris d'animaux, tout à fait différents de ceux qui sont nos contemporains actuels; au-dessous, dans des terrains plus anciens encore, le savant contemple l'imposant spectacle d'une flore et d'une faune encore nouvelles. Il aperçoit les argiles et les gisements qui précèdent la craie, avec leurs mammifères marins; plus loin, les mammifères disparaissent à ses yeux et d'étranges reptiles, des crocodiles gigantesques, des lézards volants se dressent tout à coup comme des apparitions fantastiques. S'il continue à s'enfoncer plus profondément dans le sol, à descendre encore quelques-uns de ces gradins géologiques, il voit les grès avec leurs empreintes végétales de palmiers et de bambous, il traverse le calcaire alpin, avec ses ossements de tortues, les schistes bitumineux avec leurs poissons, et rencontre les vestiges des derniers quadrupèdes. Dans les bancs inférieurs, voilà les immenses amas de houille avec leurs empreintes de fougères et de palmiers; au-dessous de ceux-ci, voilà des mollusques, des zoophytes et des crustacés; plus loin encore il arrive enfin aux terrains primitifs, où disparaît toute trace d'organisme; il a touché les plus antiques formations de la couche terrestre; il a mis la main sur les fondements de l'enveloppe du globe. Il conclut que l'écorce de notre planète est formée de couches superposées, à la surface de chacune desquelles ont vécu des êtres distincts, des créations successives à travers des âges différents, dont il a su établir une chronologie relative. L'échelle du renouvellement des populations animales apparaît; des lois immuables se laissent entrevoir : « lois immenses qui ont déplacé les mers, noyé ou découvert les continents, éteint les races vivantes, et posé d'époque en époque les assises portant aujourd'hui les cités des hommes[1]. »

Cuvier est ainsi conduit à diviser l'histoire géologi-

---

[1] E. Littré, *Cuvier et les ossements fossiles.* 1834.

que en périodes distinctes, qu'il sépare l'une de l'autre par des révolutions, des cataclysmes et des bouleversements; il ne se contente plus de l'inspection des terrains antiques; il étudie les phénomènes qui se passent actuellement sous nos yeux et qui modifient chaque jour le relief des continents. Il voit la pluie qui lave le penchant abrupt des montagnes et entraîne en glissant sur ses flancs, le limon que le fleuve roulera jusqu'à la mer, où il forme ainsi des alluvions; il contemple la mer dont les flots se brisent sur le rivage, dont les vagues dégradent et rongent le pied des falaises escarpées, et en rassemble ailleurs les débris sur les plages; il assiste au mouvement des dunes de sable que poussent les courants atmosphériques, il écoute le mugissement des feux souterrains qui se manifestent dans les volcans, qui ébranlent parfois le sol, en redressent les couches, et rompent l'épiderme terrestre durci. Il reconnaît ainsi que la surface actuelle du globe est incessamment remaniée par la lente action de ces causes naturelles, et qu'elle a dû subir leur influence dans les âges antérieurs. Mais il affirme en même temps qu'elles ont été insuffisantes à la formation de l'écorce terrestre, et que des bouleversements inconnus, des soulèvements, des inondations, des déluges ont accompli les révolutions géologiques du passé, et contribué à anéantir les populations animales anciennes, qu'une nouvelle création devait remplacer.

Cuvier allait, au sujet de cette doctrine, rencontrer un redoutable adversaire dans l'illustre Lamarck. Ce dernier n'admettait pas le principe des révolutions, mais il voulait que les animaux actuels ne fussent que des variétés des animaux fossiles; il croyait fermement qu'à travers les âges et sous l'action des influences extérieures, les êtres vivants se transforment peu à peu par degrés, et que les animaux de notre époque dérivent par des changements successifs des espèces antérieures, d'où ils doivent tirer leur origine. Lamarck et son compatriote Geoffroy Saint-Hilaire combattirent ainsi les vues de Cuvier et donnèrent naissance à la théorie de l'évolution, qui trouva comme partisans Gœthe et Owen en Allemagne, et qui devait de nos jours donner naissance au darwinisme. Ces discussions philosophiques ont autrefois passionné les esprits, et le débat se continue de nos jours avec retentissement. Nous en indiquons ici l'origine, mais nous croyons qu'il est contraire à la logique d'en parler avec plus de détails avant d'avoir suffisamment exploré le domaine des faits.

Nous ajouterons cependant que Cuvier se faisait peut-être une idée exagérée des cataclysmes du passé. De savants géologues, parmi lesquels nous placerons au premier rang sir Ch. Lyell, ont expliqué les modifications terrestres par des évolutions lentes de la surface ; ils disent par exemple que le sol se soulève peu à peu de nos jours sur certaines côtes, et que ces mouvements insensibles dans la vie de l'humanité peuvent se traduire par des modifications profondes s'ils se continuent dans le même sens pendant des milliers d'années. Ne semble-t-il pas que, comme il arrive bien souvent, la vérité se trouve au milieu de ces doctrines, peut-être exagérées si elles sont absolues? Il est vrai que le globe est modifié par des phénomènes constants et réguliers, que la pluie entraîne peu à peu la matière de la montagne et la précipite dans la vallée; il est vrai que la mer s'éloigne insensiblement et lentement de certaines côtes qui s'élèvent, mais il n'en est pas moins vrai que des îles s'élèvent tout à coup, de nos jours encore, du sein des mers, que des tremblements de terre violents fissurent le sol de nos continents, et il est probable que les actions lentes et continues comme les révolutions brusques et soudaines ont agi les unes et les autres sur la matière minérale et sur la nature organique. La divergence des opinions est sans doute nécessaire à la découverte de la vérité, l'exagération même des inventeurs de doctrines est souvent féconde, mais il est certain que, bien souvent aussi, les plus importants résultats obtenus par la philosophie naturelle sont le fruit d'un judicieux éclectisme.

CHAPITRE II

LES PREMIERS AGES

I

Le globe terrestre dans l'espace. — Hypothèse de sa formation. — La théorie de Laplace. — L'écorce terrestre et les premiers océans. — Terrains sédimentaires. — Formation des fossiles. — Fossiles complets. — Les empreintes. — Terrains éruptifs. — Les époques géologiques. — Classification des terrains.

Avec les puissants télescopes modernes, on a pu compter dans la partie visible de l'espace qui nous entoure, plus de 20 millions d'étoiles ! Ces étoiles sont des soleils, séparés entre eux par des distances qui confondent notre esprit.

Les nébuleuses, comme la Voie Lactée, en sont entièrement formées, et l'on connaît aujourd'hui quatre mille de ces amas, constitués par des milliards de soleils. « D'après des calculs qui ne sont point hors de vraisemblance, dit Alexandre de Humboldt, la lumière, malgré sa foudroyante rapidité, emploie plus de deux millions d'années à traverser l'incommensurable distance qui nous sépare de ces astres ! »

Toute cette partie du ciel qui frappe nos regards n'est elle-même qu'un point au milieu de l'infini !

En envisageant ce tableau grandiose, la terre apparaît avec une écrasante petitesse. Mais si infime qu'elle soit, elle est encore immense à nos yeux. On concevra que c'est une œuvre ambitieuse pour l'homme d'imaginer des hypothèses sur la formation de l'univers. Cependant Herschel et Laplace ont conçu deux théories rationnelles qui s'accordent avec les faits et qui se confirment souvent par les découvertes.

On admet généralement qu'à une époque infiniment éloignée, la matière pondérable était à peu près répandue dans l'espace d'une manière uniforme. Mais il existait çà et là des points de condensation. Sous l'influence de l'attraction, ils ont formé des centres de mouvement, autour desquels s'est groupée la matière ambiante. Les nébuleuses ont ainsi apparu dans le ciel, et la matière, en se condensant à travers les siècles, a donné naissance à des étoiles ou soleils, animés d'un mouvement de rotation autour de leur axe. Des anneaux de matières cosmiques se seraient échappés de la masse fluide de notre soleil en mouvement, et par leur rupture sous le jeu de l'attraction, ils auraient engendré des parties sphériques, destinées à fournir aux planètes leurs éléments constitutifs.

La terre a donc été à son origine une vaste sphère, incandescente et lumineuse. Circulant au sein de l'espace, elle s'est condensée dans la suite des âges; vers le centre de la nébulosité, un noyau des matières les plus denses a pris naissance, et il a toujours été en grandissant aux dépens de l'atmosphère, formée d'abord des vapeurs de métaux, et des substances que nous connaissons actuellement à l'état solide.

Peu à peu la température du globe, excessive à l'origine, s'abaisse, les substances volatilisées se précipitent à la surface du sphéroïde en rotation; à travers les siècles, la terre perd son éclat lumineux; une croûte durcie se fige à l'extérieur, et bientôt, l'eau, qui n'a encore existé qu'à l'état de vapeur, se condense à son tour.

Elle tombe sur une sphère brûlante, et se volatilise; puis elle y retombe encore après avoir repris l'état liquide, pour en être chassée de nouveau sous forme de vapeur.

Mais le refroidissement continue, et l'eau finit par triompher du feu. Elle séjourne à l'état liquide sur le sphéroïde terrestre; elle y forme le premier océan; océan sans limite qui enveloppe d'une pellicule fluide notre globe planétaire.

Les temps géologiques vont commencer.

Des sédiments se déposent au fond des mers et forment les premières assises des terrains; mais la matière centrale, toujours incandescente, s'infiltre par des injections ignées, et détermine des ruptures dans l'épiderme solidifié; avec le concours du temps elle va y produire des plissements et des boursouflures. Les terres fermes s'élèvent çà et là au-dessus du niveau des mers; elles gagnent en étendue autour des points émergés; la vie va pouvoir apparaître.

Ainsi, la pellicule solide qui entoure le globe est formée d'un sol primordial, dont l'origine est ignée, et qui sert de base à des *terrains sédimentaires* ou *neptuniens*, c'est-à-dire à cette partie de l'écorce terrestre formée au sein des eaux, soit par le dépôt des substances que ces eaux tenaient en suspension, soit par celui des matières qu'elles renfermaient d'abord à l'état de dissolution. C'est au milieu de ces terrains de sédiment que se rencontrent les fossiles. Pendant les longues périodes de repos où se formèrent ces dépôts, une population considérable d'animaux et de végétaux vivait au sein des eaux; quand les cadavres de ces êtres organisés tombaient au fond de la masse liquide, ils étaient reçus dans le limon pâteux, qui en prenait l'empreinte, et les parties fixes de leur corps, les os, les dents, la coquille, étaient englobées et restaient intactes, puisqu'elles étaient à l'abri de la putréfaction par leur nature minérale. Plus tard le limon, à la suite d'un soulèvement, a cessé d'être le fond de la mer, il est devenu terre sèche, s'est consolidé avec les débris animaux ou végétaux qu'il renfermait dans sa masse. Ces restes innombrables constituent les fossiles que le naturaliste étudie actuellement, et à l'aide desquels il fait revivre le monde du passé.

C'est ainsi que le géologue retrouve parfois la substance primitive de l'être anéanti, et que notamment les huîtres et un grand nombre de mollusques apparaissent avec leurs coquilles, qui ont gardé parfois leur aspect et leurs couleurs. Mais il arrive plus fréquemment que le temps a seulement respecté quelques parties de l'individu et que d'autres ont été détruites ; on remarque même très souvent que la coquille d'un mollusque a disparu et que son moule seul est nettement conservé dans la roche où elle a laissé son empreinte.

Fig. 10. — Libellule fossile.

Les coquilles, les empreintes de feuilles, les débris d'ossements ne sont pas les seules traces des mondes du passé. Les êtres les plus délicats, comme les insectes (fig. 10), ont laissé subsister leur fidèle image au sein des assises du globe ; il n'est pas jusqu'aux plus petits animalcules dont on ne rencontre les infimes débris : un savant observateur, M. l'abbé Castracane, a démontré récemment que les microscopiques diatomées se trouvent dans les plus anciennes roches de l'histoire ter-

Fig. 11. — Empreintes de pieds de tortue fossile sur une plaque de grès.

restre[1]. Les foraminifères abondent dans les gisements de craie; la dépouille des infiniment petits forme

---

[1] *Comptes rendus de l'Académie des sciences*, séance du 6 juillet 1874, t. LXXIX.

actuellement les plus imposantes assises de l'enveloppe terrestre.

L'existence des anciens habitants de notre globe ne se révèle quelquefois ni par des restes de leur sub-

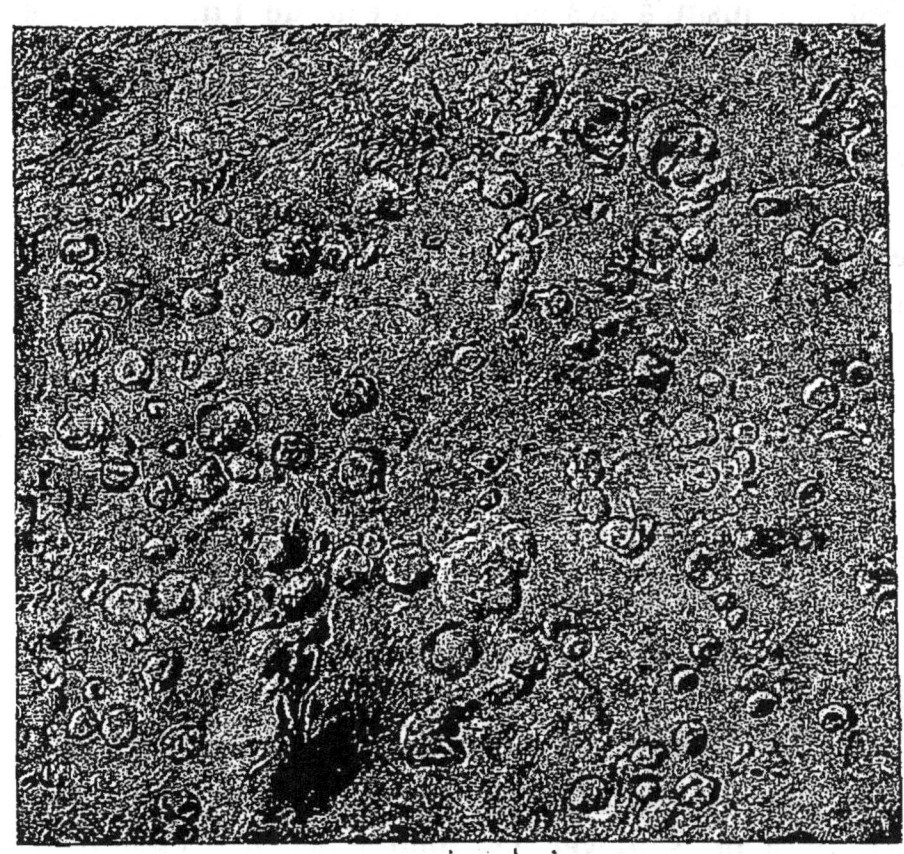

Fig. 12. — Empreintes de gouttes de pluie fossile (d'après une photographie).

stance, ni par des empreintes de leur corps; elle peut se manifester par des traces extérieures, comme celle de leur passage sur un terrain mou, que plus tard le temps a durci. On a trouvé en Écosse une plaque de grès où s'apercevaient très nettement les empreintes des pas d'une tortue fossile (fig. 11); pareille découverte s'est faite aux États-Unis, où les pieds gigantesques de formidables batraciens ont souvent laissé, dans des roches anciennes, leur moule nettement gravé, comme celui d'un cachet dans de la cire molle. Il n'est pas jusqu'à des gouttes d'eau de pluie dont la marque ne se distingue au milieu de certaines formations géologiques (fig. 12) : les ondulations des vagues des mers antérieures sur les plages de mondes disparus, l'action du vent sur des sables d'un autre âge se manifestent parfois encore par des empreintes irrécusables.

Tous ces débris, tous ces vestiges, toutes ces ruines se rencontrent à profusion dans les terrains sédimentaires déposés au sein des eaux.

Mais, à différentes reprises, les matières ignées intérieures sont venus percer le sol primordial ou les couches sédimentaires; ils y ont formé les *roches éruptives*, des *filons* ou des *terrains plutoniens* en relevant les dépôts aqueux; en changeant leur niveau primitif ou leur situation horizontale.

On conçoit donc comment le travail des feux souterrains a pu soulever les montagnes par l'élévation des couches inférieures, et comment les eaux ont d'autre part donné naissance à des roches, à des massifs géologiques par voie de sédimentation. Nous ne pouvons indiquer que très sommairement les idées relatives à ces grands phénomènes. Nous dirons toutefois que la réaction du noyau en fusion sur l'épiderme solide a souvent déterminé des rehaussements et des affaissements d'une façon lente et continue;

l'action se continuant dans le même sens pendant des milliers d'années, on comprend en effet que l'accumulation continuelle de petits effets puisse produire des résultats immenses.

En comparant soigneusement les diverses strates superposées et les fossiles dont elles abondent, les géologues ont pu déterminer l'âge relatif des couches et des groupes de strates. Ces diverses roches neptuniennes superposées et différemment composées ont été groupées dans un ordre idéal, embrassant la totalité de l'histoire organique de la terre, c'est-à-dire de cette partie de la durée géologique pendant laquelle la vie organique existait. « De même que l'on a divisé ce que l'on appelle « l'histoire universelle » en grandes et petites périodes, caractérisées par l'épanouissement successif des principaux peuples et limitées par les faits saillants de leur histoire, de même nous subdivisons la durée infiniment longue de l'histoire organique terrestre en une série de grandes et petites périodes. Chacune de ces périodes est caractérisée par une flore et une faune spéciales, par le développement prédominant de tel groupe donné d'animaux ou de végétaux ; chacune d'elles se distingue de la période précédente et de la suivante par un changement partiel, mais frappant, dans la composition de sa population organique [1]. »

Voici comment on peut représenter le tableau de cette classification des terrains, adoptée par la géologie moderne. On divise habituellement les couches terres-

---

[1] Hæckel.

tres de la façon suivante, en partant de la surface du globe, où se trouve le terrain contemporain :

ÉPOQUE OU PÉRIODE CONTEMPORAINE.
ÉPOQUE QUARTENAIRE.
ÉPOQUE TERTIAIRE. . . . . . { terrain pliocène
— miocène
— éocène
ÉPOQUE SECONDAIRE. . . . { — crétacé
— jurassique
— triasique
ÉPOQUE PRIMAIRE. . . . . { — permien
— carbonifère
— dévonien
— silurien
— cambrien
— laurentien.

Telle serait la composition de l'écorce terrestre, par ordre d'étages successifs. Il est utile de faire remarquer que sous le jeu des soulèvements dus à la formation des terrains éruptifs, les couches les plus anciennes peuvent apparaître à la surface du sol [1]; il importe encore de bien faire observer que la division de ces époques n'a rien d'absolu et qu'elle ne constitue qu'un procédé tout artificiel pour faciliter l'étude.

Chacun de ces terrains est formé de plusieurs étages, eux-mêmes subdivisés en sous-étage ou en zones paléontologiques, au milieu desquelles apparaissent de

---

[1] Les terrains de sédiment, qui forment une grande succession de couches de toute origine et de toute nature, sont superposés en stratification concordante quand ils n'ont pas subi de déplacements ; mais très souvent on les trouve morcelés et enchevêtrés par les soulèvements. Il est probable que leur série complète n'existe nulle part à la surface de la terre, mais on a pu la définir en comblant les lacunes qui existent sur un point déterminé par les observations faites ailleurs, en intercalant à leur place les assises suivant leur âge relatif.

nouvelles espèces. M. A. Gaudry estime au nombre de 110 ces zones ou ces subdivisions. « Si élevés que soient ces chiffres, dit le savant professeur, ils ne nous donnent qu'une idée imparfaite du nombre de fois où les espèces nouvelles ont apparu, car déjà dans plusieurs zones, on a reconnu diverses petites couches qui renferment des espèces particulières ; de telle sorte que ces petites couches peuvent être considérées comme représentant autant de moments où quelques traits de la mobile figure du monde ont été changés. »

Tous ces feuillets de l'épiderme terrestre ne forment par leur superposition qu'une bien mince épaisseur si on la compare au diamètre de la terre. Voici en effet la puissance approximative des différentes assises géologiques :

Tertiaire d'Europe.	3,000 mètres.
Secondaire —	4,000
Permien en Allemagne.	1,200
Carbonifère en Irlande.	3,000
Dévonien en Angleterre.	3,000
Silurien —	6,500
Cambrien —	4,000
	24,700 mètres.

Qu'est-ce qu'une semblable couche de 24 700 mètres. à côté du diamètre de notre sphéroïde, qui mesure plus de 12 700 000 mètres ?

Représentons-nous donc l'écorce terrestre comme formée d'une partie ignée inférieure, qui gagne en épaisseur par le refroidissement, et par conséquent s'accroît sans cesse de haut en bas, et d'une partie sédimentaire très peu épaisse qui s'accroît dans le sens contraire.

Si l'on connaît à peu près l'épaisseur de la couche sédimentaire, il est très difficile d'apprécier la puissance totale des parties solidifiées qui tiennent emprisonné le feu central. On peut se les figurer approximativement comme la peau d'une orange dont la chair représenterait les substances en fusion.

C'est au sein de cette pellicule superficielle que les êtres antérieurs ont vécu et que les formations géologiques se sont succédé ; c'est à sa surface que l'homme passe, pendant l'infime durée de sa vie !

II

Temps primaires. — Terrain laurentien. — Apparition des êtres vivants.
— L'*eozoon* ou le premier animal. — L'*eophyton* ou la première
plante. — Organismes des terrains siluriens. — Les crustacés. — Les
trilobites. — Durée considérable des temps siluriens. — Terrain dévonien. — Les poissons.

La classification des terrains sédimentaires, que nous avons représentée par le tableau de leur ordre successif, a été établie d'après leur ancienneté relative, déterminée elle-même par les fossiles dont on a dû caractériser l'espèce.

Les époques consécutives présentent entre elles des différences très saillantes, mais il ne faudrait pas se les exagérer ; à côté de ces caractères distincts, elles sont parfois unies par des traits de ressemblance très prononcés. La paléontologie entrevoit actuellement une succession d'êtres organisés qui forment à travers les âges géologiques comme une vaste chaîne de créatures, dont malheureusement un grand nombre d'anneaux sont perdus, et peut-être à jamais.

Mais il est bon de faire remarquer que les fossiles

sont loin d'être tous connus, que de nouvelles découvertes peuvent chaque jour venir fermer des lacunes dans l'échelle des êtres.

S'il n'est pas impossible de reconstituer ainsi le tableau complet de l'organisme, il est téméraire de vouloir pénétrer les mystères de sa formation.

Nous avons vu tout à l'heure qu'après son refroidissement à travers l'espace, l'eau s'est condensée à la surface du sphéroïde ; les premiers terrains de sédiment se sont formés, et en creusant aujourd'hui le sein de ces couches primitives, on y trouve les débris des premiers êtres vivants sur le globe.

Le terrain primordial est le *Laurentien* ; les géologues ont cru pendant longtemps que le *Cambrien* était la plus ancienne couche où des êtres vivants aient laissé leur trace ; mais il allait appartenir à des savants américains, membres du Geological Survey du Canada, de découvrir aux environs du fleuve Saint-Laurent une nouvelle assise de terrains primitifs. « Les savants canadiens, dit M. A. Gaudry, ont trouvé dans le laurentien des masses mamelonnées que MM. Dawson, Carpenter et d'autres paléontologistes ont regardées comme ayant appartenu à des êtres vivants : on les a inscrites sous le nom d'*Eozoon* (animal aurore). De nombreux naturalistes contestent leur origine organique ; mais ceux qui l'admettent sont d'accord pour les ranger parmi les foraminifères. L'étude des eozoons est digne de nos préoccupations ; car si l'on reconnaît qu'ils ont été organisés, il faut reporter encore plus loin que nous ne le supposions la date de l'apparition de la vie sur la terre;

et il est permis de croire que la nature organique a commencé sous la forme sarcolaire, c'est-à-dire sous la forme la plus simple qu'on puisse concevoir. »

Un peu au-dessus du laurentien, dans le terrain cambrien, on a mis la main sur de très nombreux fossiles dans des roches qui ont été pendant longtemps considérées comme ne contenant pas de restes organiques. Ces fossiles, qui existent dans des couches extrêmement anciennes, ont un grand intérêt, car leur étude démontre que dès l'apparition de la vie les modifications des êtres ont été successives. C'est dans le cambrien que s'est trouvée la trace de la première plante : on l'a désignée sous le nom d'*Eophyton* (plante aurore) ; c'est un cryptogame vasculaire qui a marqué l'ère de la végétation sur notre globe.

Dans ces couches primitives, les animaux marins sont d'une structure tout à fait élémentaire. La vie semble s'essayer par des formes simples, dont les vestiges se rencontrent bientôt en abondance au milieu des terrains siluriens, ainsi nommés des anciens Silures, qui habitaient les comtés de Shrop, Hereford et Radnor, contrée classique de ces terrains géologiques. Les fossiles de ces premiers âges du monde sont constitués par des polypiers, des foraminifères et des échinides, des mollusques bryozoaires, aux formes singulières, et des crustacés inférieurs. Les empreintes qui dominent appartiennent à la famille des trilobites, entièrement disparue de nos jours, et dont nous reproduisons l'aspect bizarre ; les figures 13, 14, 15, représentent trois genres distincts de ces animaux, qui foisonnent dans l'étage silurien inférieur. Le bilan de la faune silurienne

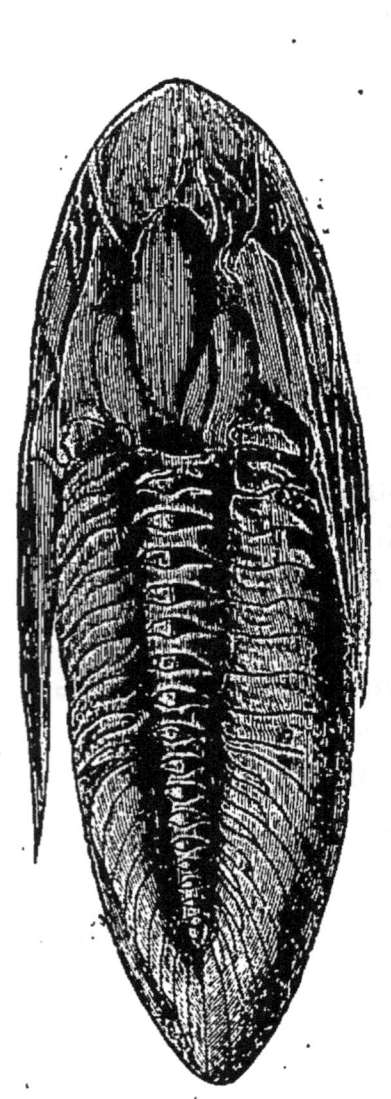

Fig. 13. — Trilobite des temps siluriens inférieurs (*Ogygia Guettardi*), grandeur naturelle.

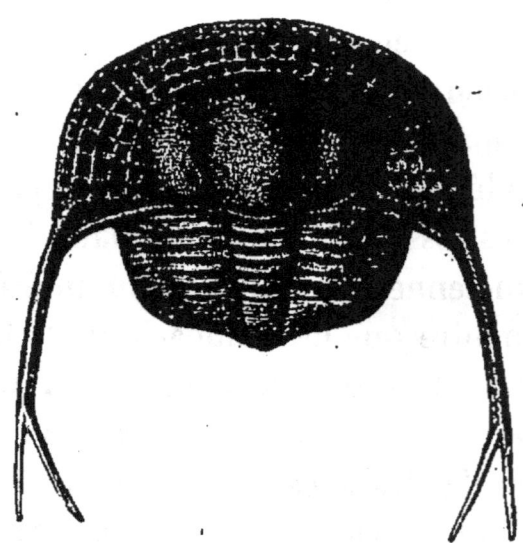

Fig. 14. — *Trinucleus Pongerardi.*

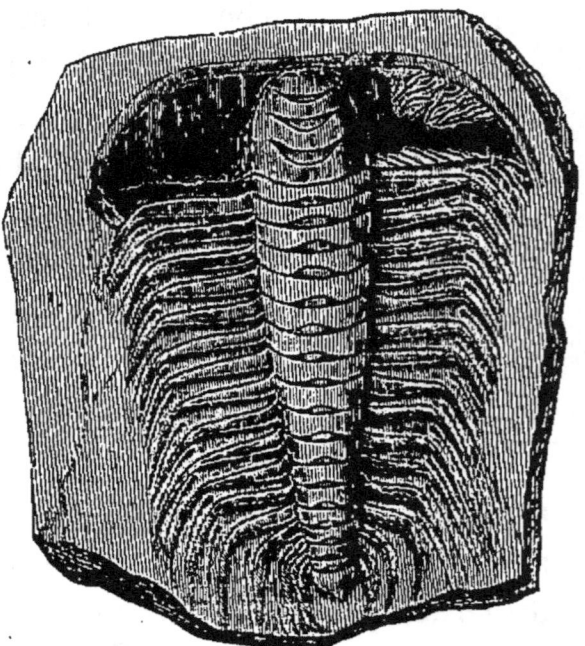

Fig. 15. — *Paradoxides.*

est considérable, puisqu'elle comprend aujourd'hui

plus de 10 000 espèces distinctes. La richesse zoologique de ces mers primitives était extraordinaire, mais on n'y voit encore que des formes imparfaites, et les vertébrés ne sont représentés que par des poissons, dont l'apparition a lieu dans les couches supérieures. Les vestiges d'annélides siluriens offrent par leur forme un intérêt tout spécial (fig. 16).

Parmi les mollusques céphalopodes, on remarque plusieurs représentants (fig. 17),

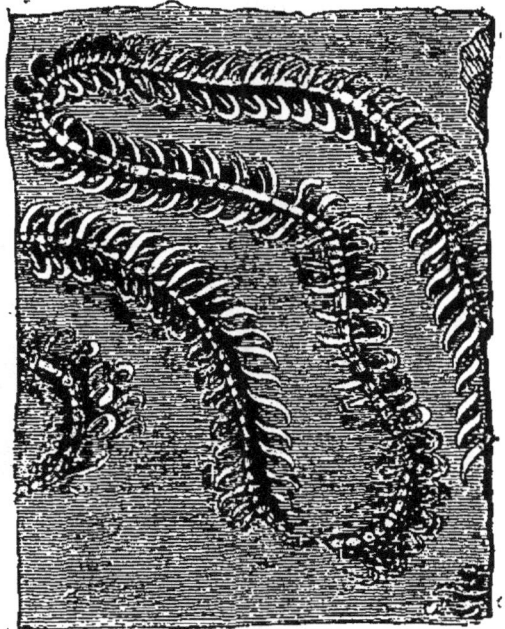

Fig. 16. — Annélide des terrains siluriens (*Nereites cambriensis*)

qui se complètent par d'autres espèces à l'étage supérieur du même terrain. Les trilobites y abondent toujours et s'y distinguent par des formes particulières; ils s'y manifestent à leur maximum de développement.

Ces mers, dont l'existence remonte à une

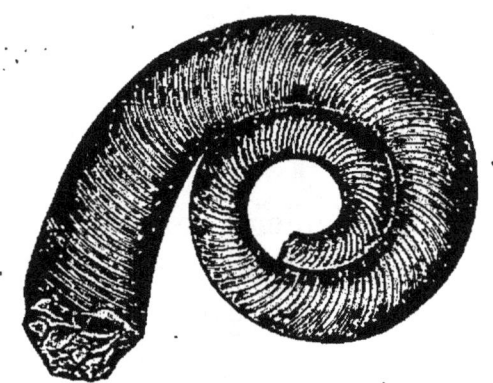

Fig. 17. — Céphalopode des terrains siluriens (*Lituites cornu-arietis*).

époque si éloignée des temps modernes, renfermaient aussi des plantes dont la nature nous a conservé l'aspect.; leur abondance était telle que les géologues en ont compté plus de 1500 espèces ; ce sont des algues et des lycopodes d'une forme gracieuse, dont on voit ci-dessous quelques types bien conservés (fig. 18).

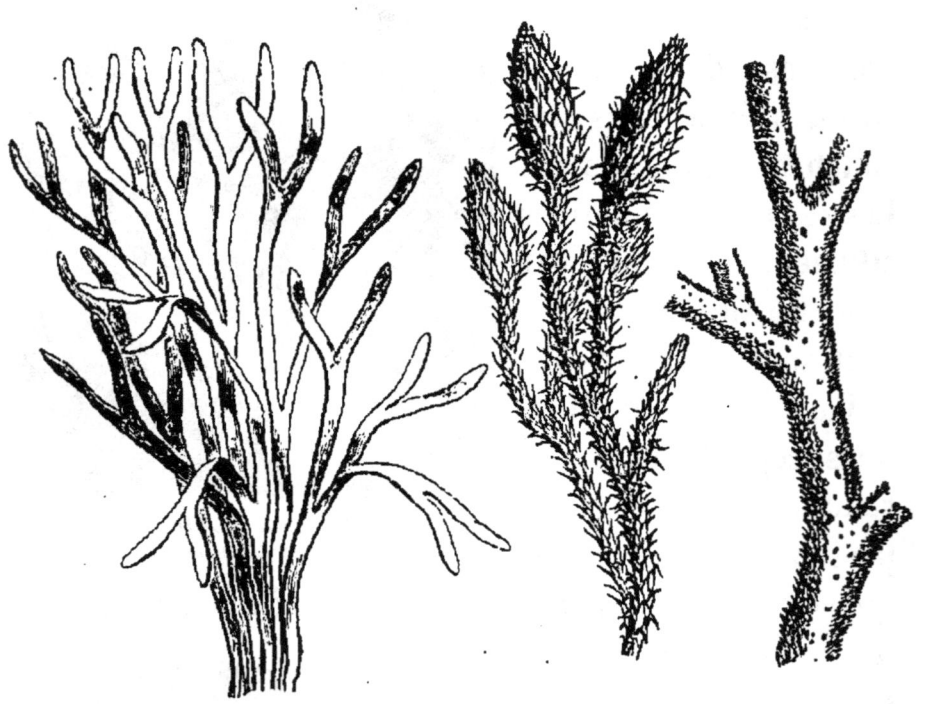

Fig. 18. — Plantes de la période silurienne, algues et licopodes.

Les polypiers croissaient au sein des océans siluriens, et on les retrouve aujourd'hui avec leur physionomie singulière (fig. 19) ; ils appartiennent presque tous à la famille des *Zoanthaires*.

Ainsi ces mers primitives étaient très abondamment peuplées ; la variété des genres de quelques familles, comme celle des trilobites, était si considérable qu'on peut affirmer qu'elle n'a jamais été dépassée ;

l'abondance des espèces n'était pas moins prodigieuse
Ces espèces varient souvent dans les différents étages
des terrains siluriens ; c'est ainsi qu'au milieu des
couches immédiatement superposées aux plus anciennes,

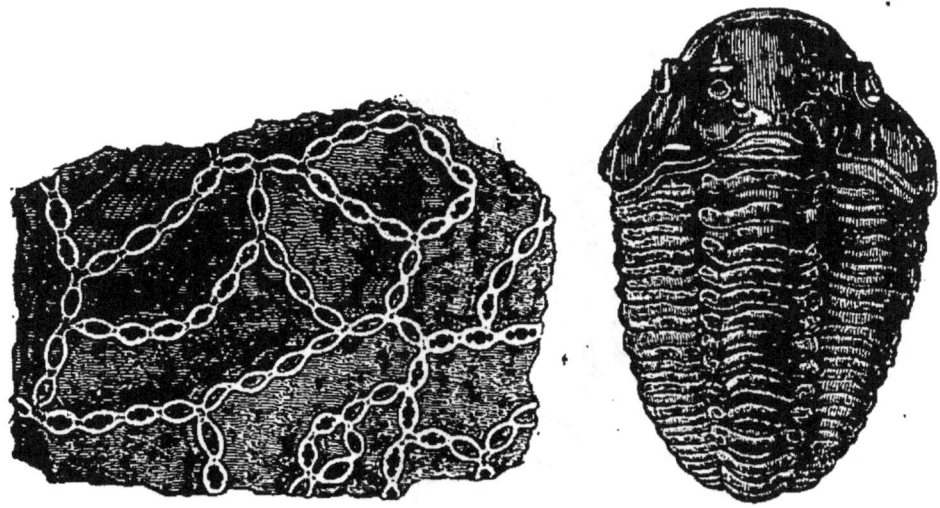

Fig. 19. — Polypier silurien (*Halycites labyrinthicus*).

Fig. 20. — Trilobite *Calymene Blumenbachii*.

on trouve des trilobites qui diffèrent de ceux des âges
précédents (fig. 20) et des brachiopodes d'un aspect
caractéristique (fig. 21).

Certains auteurs ont appelé ces époques primitives
l'âge des algues ou des animaux dépourvus de crâne.
En effet, dans la première portion de la grande histoire
organique terrestre, les mers recouvraient la surface
entière de notre globe, et les plantes marines formaient
au sein de ses eaux de véritables forêts, auprès desquelles la mer des Sargasses n'offre qu'une faible étendue. Il est à remarquer que la durée des époques
géologiques est d'autant plus grande qu'elles sont

plus anciennes, comme l'atteste l'épaisseur des sédiments qui y ont pris naissance. L'histoire des terrains laurentien, cambrien et silurien embrasse évidemment un laps de temps d'une étendue considérable; l'énorme

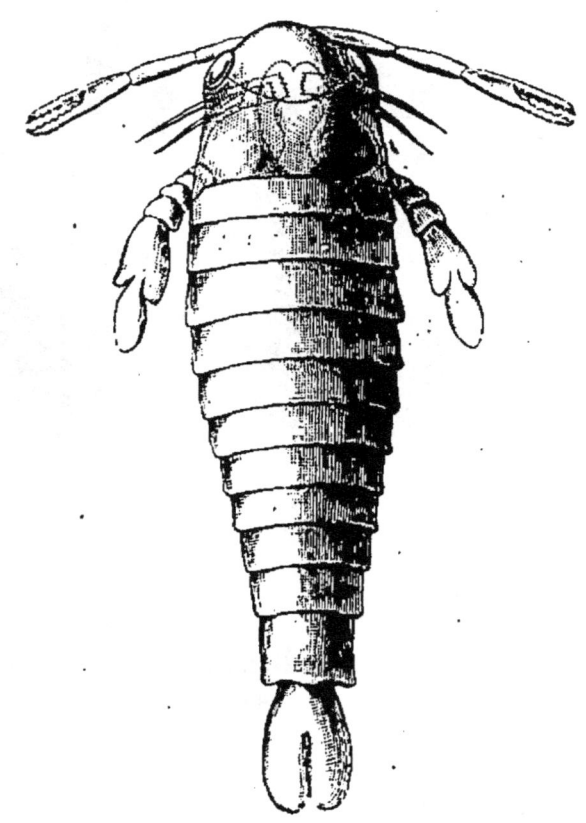

Fig. 21. — *Pterygotus bilobus.*

épaisseur ou puissance de ces trois systèmes dépasse celle de toutes les autres assises géologiques qui se sont formées après eux dans les temps postérieurs. Il semblerait résulter de cette simple observation que la durée des premiers âges excède de beaucoup celle de tous les âges suivants jusqu'aux temps modernes. Ajoutons encore que dans la plupart des strates primitives, le plus grand nombre des fossiles, les plus anciens et les plus importants, sont détruits ou tout à fait méconnaissables.

En quittant le terrain silurien pour s'élever d'un gradin dans les formations géologiques, on pénètre dans le terrain dévonien, qui a été ainsi nommé parce qu'il a d'abord été étudié dans le Devonshire, en Angleterre. Aucune discordance de stratification ne le sépare des couches auxquelles il se superpose ; on peut donc affirmer qu'il résulte de la suite du travail de dépôt sédimentaire dans les mers primitives.

On y retrouve un certain nombre des espèces de l'étage précédent, mais on y rencontre aussi d'innombrables fossiles nouveaux. Les poissons qui ont apparu déjà, prennent à présent une importance considérable ; ces premiers vertébrés forment une faune du plus haut intérêt. Quelques-uns d'entre eux offraient un aspect particulier et portaient une sorte de carapace solide,

Fig. 22. — Poisson des temps dévoniens (*Acanthodes*).

une cuirasse brillante, d'où leur nom de *ganoïdes* (γανος, brillant) (fig. 22).

Ces poissons sont encore aujourd'hui représentés dans la nature vivante ; le bichir du Nil, notamment, offre avec ces antiques vertébrés, de grands points de ressemblance, surtout par ses écailles osseuses, revêtues d'un bel émail extérieur.

Les trilobites diminuent, mais ils prennent parfois une forme singulière et se hérissent de pointes aiguës et proéminentes (fig. 23).

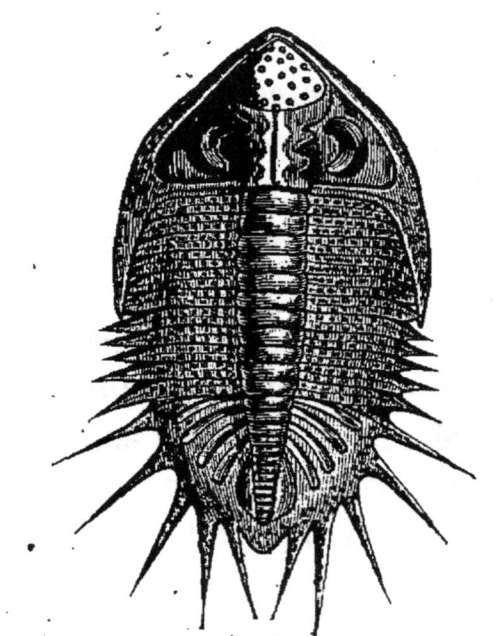

Fig. 23. — Trilobite dévonien (*Dalmania punctata*).

On voit, par cet aperçu rapide des fossiles de cette époque, que la faune dévonienne peut être considérée comme la continuation de la faune silurienne. Quelques espèces passent du premier terrain au second, quelques autres disparaissent; d'autres enfin prennent naissance et se revêtent de formes nouvelles qui tendent évidemment vers un perfectionnement manifeste.

La flore est encore humble et primitive, mais elle offre déjà de l'intérêt ; les algues marines abondent (fig. 24) et les plantes terrestres se révèlent aussi par des espèces nombreuses, que l'on compte environ au nombre de cent quatre-vingts. Les *Calamites*, les *Stigmaria*, les *Sigillaria*, les *Lepidodendron* se montrent

Fig. 24. — Plantes des temps dévoniens.

comme les précurseurs de l'étonnante flore houillère.

Nous venons de passer rapidement en revue les premières époques des temps primaires ; mais nous ne saurions trop nous efforcer de faire remarquer encore une fois, que ces divisions sont tout artificielles ; les époques géologiques ne sont pas unes ; elles comprennent au contraire des phases multiples qui se sont succédé à travers une innombrable suite de siècles, pendant laquelle la vie a changé plusieurs fois. Chaque nouvelle étude des paléontologistes apporte à ces époques de nouvelles divisions, qui, probablement, se subdiviseront encore. Pour donner une idée des aperçus que peut fournir l'observation minutieuse des terrains, nous citerons l'exemple des résultats récents obtenus par MM. Hicks et Harkness dans le terrain cambrien du pays de Galles. Ces géologues émérites ont découvert des fossiles nombreux dans des couches qui étaient considérées jusqu'alors, comme absolument dépourvues de vestiges organiques. Les faits de l'histoire du globe que la science a recueillis, ne sont que peu de chose à côté de ceux qu'il lui reste à connaître.

Les belles recherches d'un savant américain, M. Hall, ont permis d'établir de même dans le terrain silurien vingt et une subdivisions, qui, pour la plupart, apparaissent avec des débris distincts d'êtres vivants. Le terrain devonien, dans le Devonshire, a été divisé en trois étages ; aux États-Unis, il s'est présenté avec onze subdivisions, qui apparaissent successivement avec de nouveaux fossiles correspondant à des êtres distincts.

Quoi qu'il en soit, il est certain que ces premiers âges de notre monde ne comptent encore que des formes plus ou moins simples de l'organisme ; il paraît manifeste que le développement de la vie s'accomplit graduellement, car à l'époque silurienne la nature est plus riche qu'à l'époque précédente ; elle ne l'est pas autant que l'époque dévonienne, qui lui succède. Cette ère nouvelle marque un progrès réel dans l'histoire du globe, avec les poissons dont elle abonde, et dont les débris ont résisté à l'injure des siècles.

CHAPITRE III

LES FORÊTS HOUILLÈRES

I

Les fossiles du charbon de terre. — Formation de la houille. — Fougères gigantesques. — Recherches de M. Grand'Eury. — Les houillères de Saint-Étienne. — Durée de l'époque carbonifère.

La période carbonifère, qui continue la série des époques géologiques aux temps primaires, est sans contredit une des plus importantes et des plus curieuses de l'histoire de la terre. Les terrains houillers, si abondants dans les entrailles du sol, si précieux comme aliments de l'industrie moderne, sont formés de la substance même de forêts immenses, qui ont couvert de leurs rameaux la surface terrestre pendant des temps d'une incalculable étendue.

La flore houillère est d'une incomparable richesse; elle a été particulièrement observée, et son étude nous permet de jeter les yeux sur un monde extraordinaire qui ne ressemble en rien à celui de notre époque.

Le terrain carbonifère doit son nom aux amas de charbon fossile qu'on y rencontre en abondance, mais on y trouve en alternance dans toute son épaisseur des poudingues, des grès et quelquefois même des schistes ardoisiers. Les assises de houille apparaissent nettement stratifiées, mais leur observation démontre qu'elles ont été soumises après leur formation à des dislocations considérables.

Ces immenses masses de charbon sont les résidus de la décomposition d'une flore extraordinairement abondante, dont les vestiges, conservés jusqu'à nous, ne nous permettent pas seulement de nous représenter les espèces végétales qui la constituaient, mais nous autorisent à faire des conjectures plausibles sur le climat de l'époque houillère et sur les phénomènes naturels qui la caractérisent[1].

Les terres fermes en ces temps antiques ont gagné en étendue, principalement sur le continent européen. La température devait être élevée, l'humidité atmosphérique très abondante. L'air était sans doute très riche en acide carbonique, et favorisait singulièrement le développement d'une végétation luxuriante. Des pluies fréquentes apportaient encore au monde végétal l'élément de sa vie, et formaient des torrents qui glissaient

---

[1] Voyez *la Houille*, l'un des volumes de la *Bibliothèque des merveilles*.

avec impétuosité sur le sol et entraînaient au sein de leurs eaux des blocs de pierre, des galets et des sables, que l'on trouve presque partout aujourd'hui à la base des gisements houillers. La température était égale à la surface du globe; ce qui le prouve d'une façon certaine, c'est l'uniformité des débris de végétaux houillers; les mêmes plantes se retrouvent dans les amas de charbon fossile du Nord et dans ceux du Sud, depuis les gisements du Spitzberg jusqu'à ceux du centre de l'Afrique.

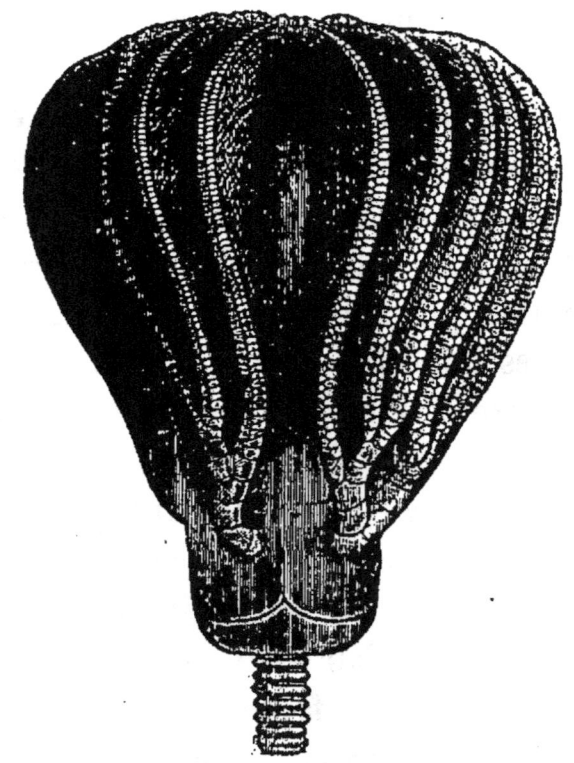

Fig. 25. — *Platycrinus*.

A l'époque houillère, la terre était couverte de forêts luxuriantes, coupées d'immenses fondrières et de lacs ou d'étangs qui étalaient à la surface du sol de vastes nappes d'eau. Des poissons placoïdes y trouvaient l'existence et vivaient à côté de nombreux gastéropodes. Les mers renfermaient un grand nombre de zoophytes, qui consistaient essentiellement en polypiers et en crinoïdes. Les encrines étaient abondantes et le genre *Platycrinus* (fig. 25) a laissé de nombreux témoins de son existence. Les océans étaient encore remplis à profusion d'une innombrable série d'espèces de mollusques, de quelques crustacés et de poissons. Les polypiers figurent pour une grande part dans cette liste des êtres vivants aux temps carbonifères, et les foraminifères microscodiques y jouent un rôle considérable.

Les reptiles commencent à se montrer sur les continents de cet âge du monde, et leur présence signale un nouveau progrès dans l'échelle de l'organisme, mais ils n'y apparaissent qu'à de rares intervalles, car la plupart appartiennent aux reptiles marins et font des eaux océaniques leur domaine habituel. Au milieu des forêts, l'air est parfois traversé par des insectes ailés, des orthoptères voisins des blattes et des sauterelles; au pied des arbres touffus, quelques batraciens analogues à des salamandres ou à des grenouilles rampent au milieu d'une verdure abondante. L'*Archegosaurus* (fig. 26), dont la tête a été trouvée dans les bassins houillers de Saarbruck, peut nous donner une idée de ces étranges populations animales de l'époque carbonifère.

La flore houillère est la plus riche de celles qui se sont montrées sur les continents avant la belle flore tertiaire, dont nous envisagerons plus tard le tableau grâce aux magnifiques recherches de MM. Ad. Brongniart, Gœppert, Schimper, Corda, Lindley et plus récemment M. Grand'Eury, les espèces végétales dont les débris ont formé les houillères, peuvent en grande partie apparaître à nos yeux.

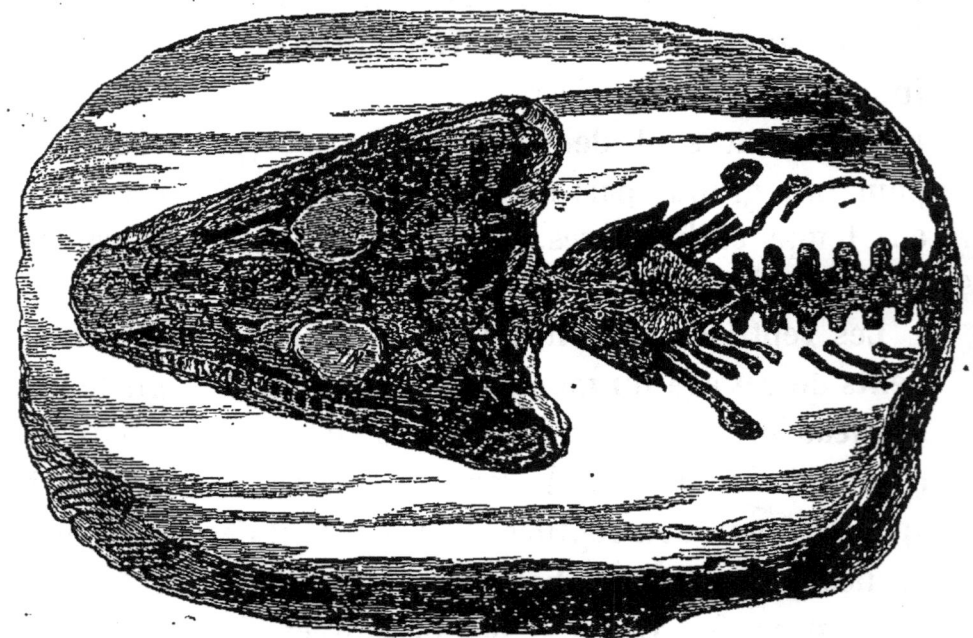

Fig. 26. — Tête d'Archegosaurus (1/2 grandeur naturelle).

« Parmi les empreintes végétales du charbon de terre, les plus fréquentes sont produites par des feuilles de fougères; mais ces fougères du monde primitif ne sont pas celles qui croissent encore dans nos climats, car il n'en existe pas actuellement plus de trente à quarante espèces, et les contrées en nourrissaient alors plus de deux cents, toutes beaucoup plus analogues à celles qui habitent maintenant entre les tropiques [1]. »

[1] Brongniart, *Flore antédiluvienne*.

Des palmiers énormes, des calamites aux troncs élancés (fig. 27), prêles géantes qui atteignaient jusqu'à dix ou douze mètres d'élévation, des *Sigillaria* dont le tronc cannelé (fig. 28) était surmonté d'un panache de feuilles étroites, des *lepidodendrons* aux tiges bifurquées

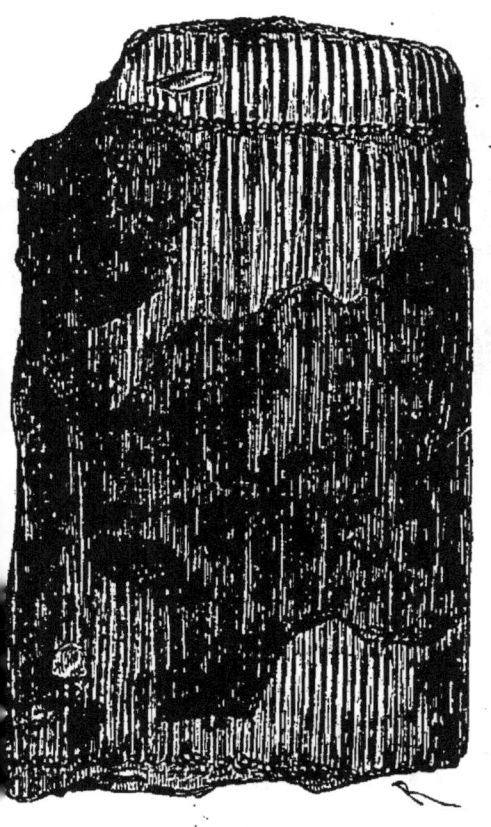 

Fig. 27. — Tronc d'un calamite. Fig. 28. — Tronc d'un sigillaria.

(fig. 29), des *astérophyllites* aux rameaux délicats (fig. 30), des *Odontopteris* au feuillage touffu (fig. 31), des lycopodes arborescents, abritaient la surface terrestre d'un ombrage épais.

M. Grand'Eury a récemment fait de la flore des terrains houillers supérieurs, et surtout de ceux du bassin de Saint-Étienne, l'objet d'une étude importante qui a

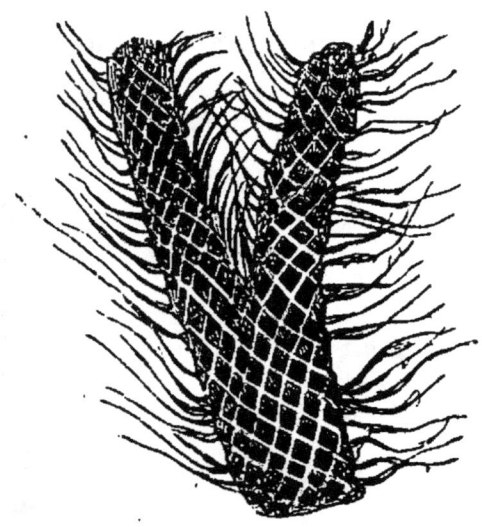

Fig. 29. — Lepidodendron.

jeté une vive lumière sur ces anciens représentants du monde végétal.

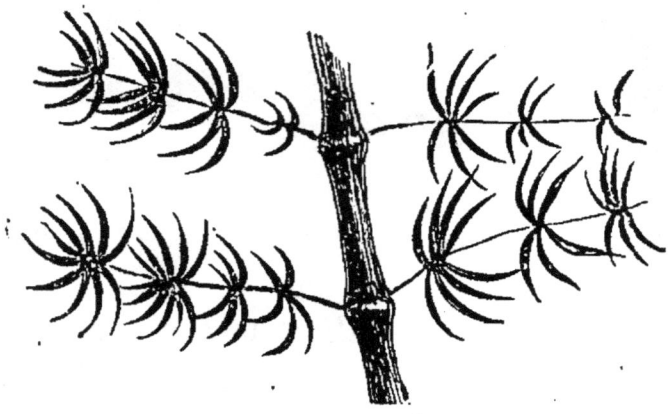

Fig. 30. — Asterophyllites.

Le caractère essentiel de cette flore ancienne, celui qui contribue le plus à la physionomie particulière du paysage, est la prépondérance des cryptogames vasculaires, qui comprennent les Fougères, les Lycopodiacées, les équisétacées. Les Fougères constituaient la famille la plus nombreuse en espèces, dont un grand nombre

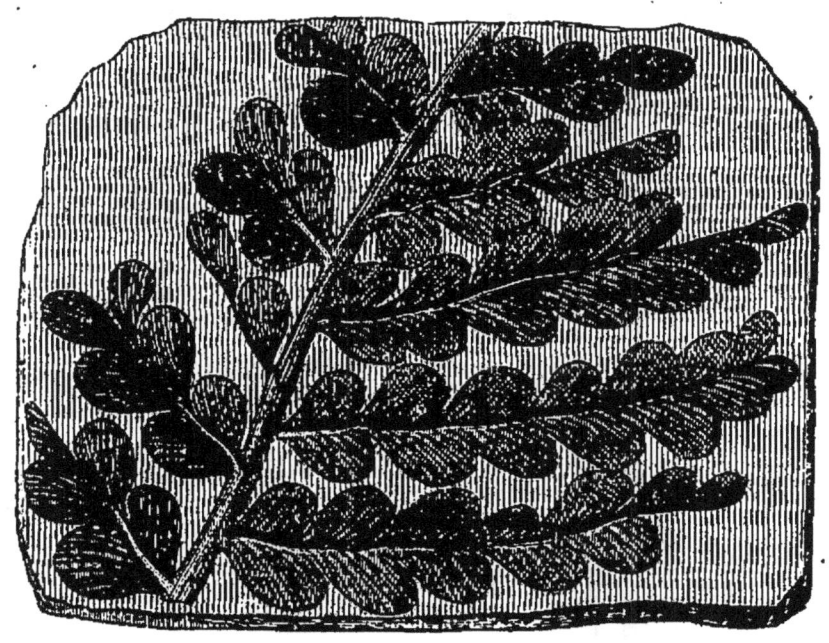

Fig. 31. — Fougère houillère (*Odontopteris*).

avaient des dimensions considérables. M. Grand'Eury a trouvé des fructifications d'*Odontopteris* qui permettent de ranger ce genre dans la tribu des Marattiées.

Les prêles gigantesques étaient abondantes et atteignaient des dimensions considérables (fig. 32). Tous ces végétaux se reconnaissent à leurs tiges marquées d'articulations dont les intervalles sont sillonnés de stries parallèles. Les travaux de M. Grand'Eury ont conduit ce savant à établir une division entre les vraies *Calamites* et les *Calamodendrées*.

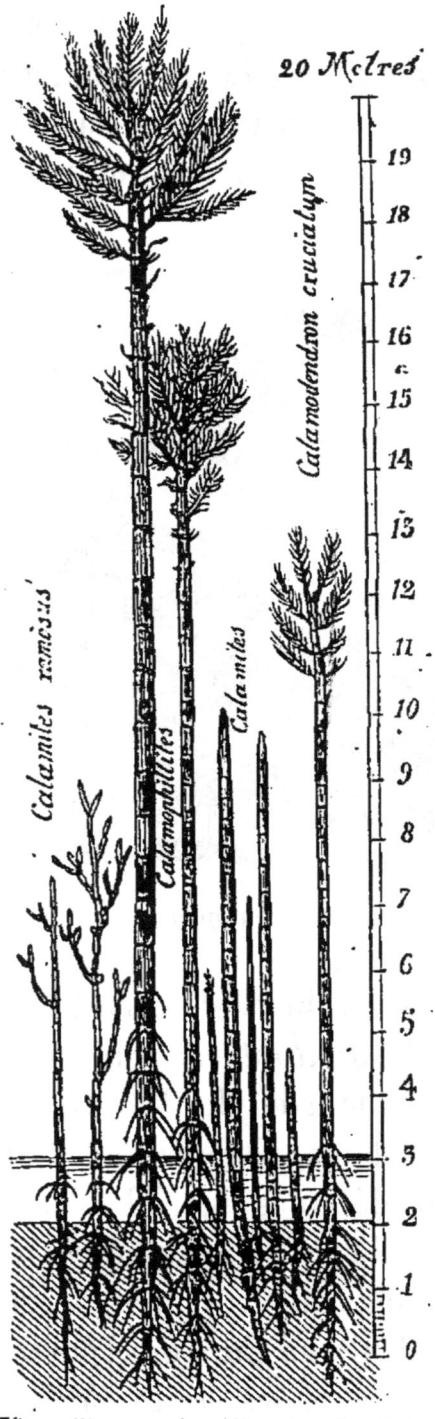

Fig. 32. — Flore carbonifère des houillères de la Loire, d'après M. Grand'-Eury.

Les Calamodendrées sont des équisétacées arborescentes, dont les rameaux et les jeunes tiges portent des feuilles verticillées et dont les tiges contiennent un cylindre ligneux entourant une large moelle. Elles renferment deux genres distincts : les *Calamodendrons* et les *Arthropitys*. Sous le nom provisoire de Calamophyllites, M. Grand'-Eury décrit des tiges portant des feuilles longues et étroites, verticillées, dressées, souvent appliquées contre la tige, et qui paraissent être identiques avec les anciens Astérophyllites. Les Dicotylédonées gymnospermes (Conifères et Cycadées) paraissent avoir formé la plus grande partie des végétaux terrestres et ont beaucoup contribué à la formation de la houille. Le *Flabellaria brassifolia*, qu'on avait pris autrefois pour un palmier, est devenu le type du genre *Cordaïtes*, à côté duquel vient se placer le genre *Noggerathia*. Ces derniers sont rares dans le bassin de Saint-Étienne, mais les *Cordaïtes* y sont très abondants et très variés ; ils ont des feuilles sessiles, rétrécies à la base, et ressemblent aux *Dammara* de la végétation actuelle par leurs organes végétatifs, et par leurs fructifications aux *Taxinées* ; les rameaux sont très divisés et forment des embranchements successifs, à divisions alternes, dressées ou étalées. C'étaient des arbres d'un port majestueux, qui atteignaient une élévation de vingt à trente mètres. Le tronc était droit, nu ; la couronne très ramifiée et les branches se terminaient chacune par un bouquet de longues feuilles comme celles des *Yucca*, ou, dans d'autres cas, plus courtes, elliptiques, comme celles des *Dammara*.

Les *Sigillaria*, qui paraissent devoir se classer parmi les Dicotylédonées gymnospermes, à côté des Cycadées, avec leurs racines connues sous le nom de *stigmaria*, sont également très fréquents. On voit que, grâce aux persévérantes recherches de M. Grand'Eury, de véritables richesses fossiles sont sorties des bassins houillers, et la flore antédiluvienne s'est accrue de documents nouveaux et importants.

Cette flore de l'époque houillère remonte, on peut le dire, jusqu'à l'origine du règne végétal ; les végétaux dont on trouve les restes dans les terrains de transition qui précèdent les bassins houillers sont peu nombreux et ne diffèrent guère des végétaux de l'époque houillère ; ceux-ci peuvent donc être considérés comme la végétation primitive.

Dans les temps antérieurs, comme nous l'avons vu, les terres émergées nourrissaient un certain nombre de plantes ; cette végétation pauvre et peu nombreuse a augmenté progressivement et n'a atteint son maximum de développement que vers la fin de l'époque houillère, où elle est représentée par ces vastes forêts qui recouvraient presque entièrement les terres émergées.

M. Élie de Beaumont a calculé la quantité de carbone que produisent annuellement nos forêts actuelles; d'après ces calculs, il ne pourrait se former sur l'étendue des dépôts houillers que $0^m,016$ de ce combustible en un siècle. Dumont a compté à Liège quatre-vingt-cinq couches de houille, dont quelques-unes ont deux mètres au moins d'épaisseur. Admettons pour ces couches une épaisseur moyenne de $0^m,60$, et nous aurons un dépôt pour la formation duquel il n'aura pas fallu moins de l'existence de nos forêts actuelles pendant trois cent mille années consécutives.

L'examen de la flore houillère nous met encore en présence de deux faits d'une importance de premier ordre ; malgré la différence qui existe entre ces végétaux anciens et ceux qui couvrent actuellement notre globe, les lois générales d'organisation végétale n'ont nullement changé, et les formes qu'on y rencontre se rattachent plus ou moins directement à quelques-unes des formes qui existent encore de nos jours[1].

[1] *Ann. des sciences nat. Botanique.* — *La Nature*, Ire année, 1873.

II

Affaissement du sol après les temps carbonifères. — Période permienne. Les descendants des végétaux houillers. — Faune permienne.

L'étude des massifs géologiques démontre qu'après les temps carbonifères, le sol a dû subir des dépressions; il paraît s'être abaissé en amenant à sa surface les eaux de la mer, au moins sur une grande partie de l'Europe; cela n'est pas douteux pour la Russie, pour le centre de l'Allemagne et une notable partie des Vosges. Ces phénomènes ont dû se manifester peu à peu, sans commotion violente, car la faune et la flore permiennes nous offrent des espèces végétales et animales qui ne diffèrent pas sensiblement de celles que nous a présentées l'époque antérieure. Il est à remarquer que les plantes offrent des caractères intermédiaires entre ceux qui distinguent les végétaux de la houille et les types que nous allons voir apparaître à l'âge qui va suivre.

Les Fougères se rencontrent encore dans les terrains permiens, qui tirent leur nom du pays de Perm en

Russie, où ils forment une grande partie du massif géologique de cette région. Les Lycopodiacées y abondent, et parmi les Noggerathiées, arbres à la cime élevée, dont la forme peut se placer entre celle des Cycadées et celle des Conifères, nous citerons le *Noggerathia expansa*, dont nous représentons un vestige fossile (fig. 33).

Dans les mers permiennes, les groupes semblent se distinguer par les signes d'une décadence réelle. On y trouve un genre de reptile particulier, qui offre cer-

Fig. 33. — Feuille de *Noggerathia.*   Fig. 34. — *Productus.*

taines analogies avec quelques-uns de nos crocodiles, c'est le *Protosaurus*; on y rencontre des polypiers assez abondants, des spirifer, dont l'un deux, le *Productus horridus* (fig. 34), est caractéristique des terrains où il a laissé des vestiges. Les céphalopodes se réduisent à quelques genres peu abondants, et les crustacés ne sont plus représentés que par un trilobite, qui figure pour la dernière fois dans la faune terrestre.

On pourrait réunir ensemble les terrains carbonifères et permiens, parce qu'ils offrent de grandes analogies au point de vue paléontologique; ils se subdivisent, comme ceux qui les précèdent dans les temps primaires, en plusieurs zones distinctes, que nous passerons sous silence, car nous ne pouvons entreprendre ici qu'un tableau très sommaire et très condensé des connaissances paléontologiques.

On a vu toutefois que la nature organique a fait des progrès bien saillants à la fin des temps primaires, et que les végétaux, surtout, ont pris un accroissement remarquable.

Ces plantes croissaient abondamment sur tous les continents, et leurs tiges rapprochées formaient une végétation luxuriante au sein des marécages et des tourbières, où vivaient déjà des coquilles d'eau douce. Cette flore était surtout remarquable par le nombre des végétaux, par leur extraordinaire vigueur, mais elle aurait offert au regard un spectacle monotone. Aucune plante, quelle que soit la richesse de son feuillage, n'est encore pourvue de fleurs, et ces riches parures du monde végétal ne vont apparaître que dans les âges postérieurs.

Ainsi, nous pouvons nous représenter les continents d'alors, cachés sous la verdure de forêts épaisses; mais les végétaux à fleurs n'embaument pas l'atmosphère de leurs parfums, et les campagnes ne sont pas embellies par ces couleurs vives et brillantes que nous y admirons aujourd'hui. Les reptiles n'étaient pas encore puissants et variés; le chant des oiseaux, le cri des mammifères, ne se faisaient pas entendre.

Pendant combien de siècles le tableau de la vie des âges primitifs recouvrit-il la surface terrestre? C'est ce qu'il est impossible de savoir, car les limites du temps, comme celles de l'espace, sont en dehors de la portée humaine. Pénétrons-nous bien de cette pensée que la durée des époques géologiques est immense, si on la compare, non pas seulement à la vie de l'homme, mais à celle de l'humanité tout entière. Quand nous voulons apprécier les distances qui séparent entre eux les corps célestes, nous reconnaissons que les mesures terrestres deviennent insuffisantes par leur extrême petitesse. Ce qui est vrai pour l'étendue, l'est aussi pour le temps. Qu'est-ce que la durée de l'histoire des hommes à côté de celle que la nature met en œuvre pour élaborer la grande suite de sa propre histoire?

CHAPITRE IV

L'AGE DES REPTILES

I

Période triasique. — Apparition des ammonites. — Empreintes de pas fossiles. — Labyrinthodontes. — Le Ceratodus et les fossiles vivants. — Les tortues à dents, ou dicynodontes. — Les anomodontes du professeur Owen.

Avec les terrains permiens, nous abandonnons les temps primaires et nous arrivons à une époque nouvelle dans cette magnifique histoire de la création des êtres terrestres. Jusqu'ici, dans les âges que nous venons de passer en revue, nous avons aperçu des forêts immenses, des mers étendues, peuplées de poissons particuliers, mais les traces des animaux terrestres ne se sont pour ainsi dire pas offertes à notre investigation. Le globe a appartenu au monde des eaux, aux crustacés, aux poissons ; il va devenir le théâtre d'une génération nouvelle et se présenter comme la grande scène où l'on apercevra des êtres bizarres, des reptiles formidables et fantastiques qui s'y développeront dans la suite des temps.

Le terrain inférieur de l'époque secondaire est désigné sous le nom de trias, parce qu'il est formé de trois parties distinctes, le grès bigarré, le calcaire conchylien et les marnes irisées, qui sont échelonnées de bas en haut, dans l'ordre où nous les mentionnons.

On trouve dans la faune du trias un certain nombre des types anciens, mais on va les voir s'éteindre peu à peu, en même temps qu'en apparaîtront d'autres en quantité prodigieuse.

Dans les mers, il faut signaler d'abord la présence des *Ceratites*, que l'on peut considérer comme le point de départ des *Ammonites*, si importants dans l'étude des terrains, et qui ont joué un rôle considérable dans l'histoire primitive

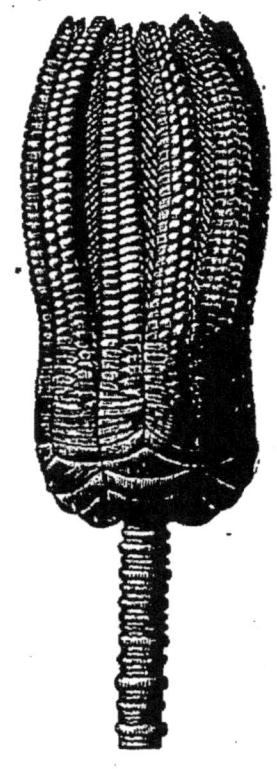
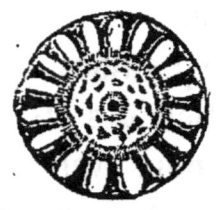

Fig. 35.
Encrinus liliiformis.

de notre monde. Les *spongiaires* et les *polypiers* deviennent très nombreux, et parmi les échinodermes, l'*Encrinus liliiformis* laisse des vestiges d'une extraordinaire abondance. La faune ichthyologique n'est pas en progrès, mais les reptiles commencent à se développer et à prendre une remarquable vigueur. Non seulement ces êtres singuliers ont laissé jusqu'à nous des débris de leur squelette, mais des traces bien plus fugitives de leur passage sur la terre nous sont encore révélées. Sur les terrains sablonneux du terrain conchylien, sur les grès du Massachusets et du Connecticut, on aperçoit parfois ces empreintes de pas dont nous avons parlé dans un des chapitres précédents, et qui apparaissent comme de précieux vestiges de ces animaux formidables. C'est surtout en Amérique que de si étranges trouvailles ont été faites à plusieurs reprises différentes, et ont fourni à la paléontologie plus de cinquante espèces distinctes. D'heureux chercheurs ont mis la main sur une plaque portant des traces irrécusables de pas d'un batracien ou d'un reptile, dont on a retrouvé une partie du squelette : c'est le *Labyrinthodonte*, animal de dimensions énormes, dont le crâne atteint parfois 1^m,30 de longueur, et qui paraît intermédiaire entre les reptiles et les batraciens. La matière osseuse de ses dents, quand on en a fait une coupe transversale, présente une série d'enchevêtrements très compliqués, qui rappellent les circuits d'un labyrinthe; ce caractère a présidé au baptême du curieux être triasique.

La figure 36 représente l'empreinte fossile d'un pied d'animal de grande taille, à côté duquel on voit la marque de gouttes de pluie, gravées sur une plaque de grès du trias provenant des États-Unis. M. Hitchkook rapporte cette empreinte à trois doigts, au pied d'un grand oiseau qu'il nomme *Orchitichnite*[1]. Ce savant naturaliste a retrouvé une grande quantité de ces remarquables empreintes, qui lui ont permis d'entrevoir une trentaine d'espèces différentes. L'une d'elles signale un

Fig. 36. — Empreinte d'un pied d'oiseau dans le grès du trias aux États-Unis.

animal qui devait atteindre une dimension colossale, puisque en mesurant la distance de ses pas, on s'assure qu'il faisait des enjambées de plus de deux mètres !

[1] Nous avons déjà parlé précédemment des empreintes fossiles de gouttes de pluie, au sujet desquelles il serait permis d'émettre des doutes, si elles n'avaient été particulièrement étudiées par des observateurs tels que Cunningham, Hitchcsk, Lyell, etc. M. Cunningham notamment, que cite spécialement Alcide d'Orbigny, dans son remarquable *Cours de paléontologie*, décrit les empreintes de pluie qu'il a observées dans les

Un autre naturaliste, M. Deane, a fait connaître des traces de pas, dont un certain nombre indiquent nettement qu'elles proviennent d'un pied palmé et qu'elles seraient dues par conséquent à un oiseau.

L'étude des terrains sédimentaires triasiques nous apprend d'une façon certaine que le mouvement des terres et des mers s'est continué à travers les siècles ; vers le milieu de cette longue période, c'est-à-dire au moment où elle a pris l'apogée de son développement, le centre et l'ouest de l'Europe formaient le fond des océans. Le lieu où Paris devait s'élever était enfoui sous

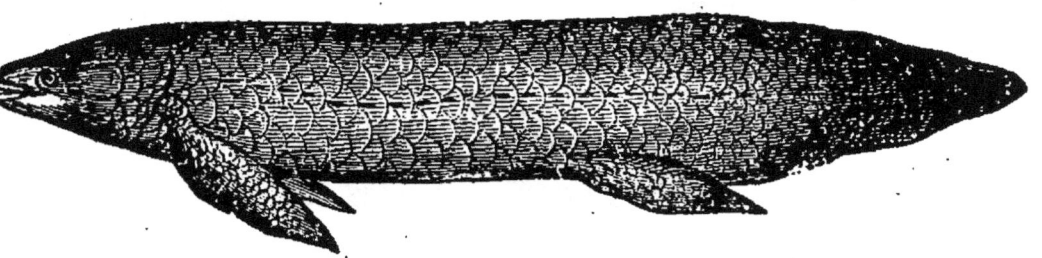

Fig. 57. — Ceradotus de la Nouvelle-Hollande.

une épaisse couche liquide ; les rivages de la mer triasique atteignaient les Vosges et le plateau central. Les océans étaient l'asile de poissons divers, et parmi ceux dont on a recueilli les débris fossiles, nous citerons le Ceratodus. Agassiz a défini ce poisson en étudiant ses

carrières de Storeton Hill, et il en explique très bien la formation par des phénomènes récents : « Les effets d'une pluie, tombant sur des cendres très fines du Vésuve, s'y font remarquer en globules arrondis, semblables à ceux que produirait l'eau d'un arrosoir sur un parquet couvert de poussière. Même phénomène a été observé sur les grès de Storeton Quarry. En certains cas, les globules sont petits et circulaires, comme s'ils eussent été produits par une pluie légère ; en d'autres, ils sont plus gros, de forme moins régulière, indiquant une pluie plus violente. »

dents, que l'on rencontre fréquemment, soit en Wurtemberg, soit en Lorraine, et il lui a donné le nom que les paléontologistes ont admis depuis. Mais, il y a quelques années, quelle ne fut pas la surprise de M. Krefft, directeur du Muséum de Sidney, quand il pêcha dans les fleuves d'Australie le Ceratodus vivant! On en a pris qui ne mesurent pas moins de $1^m,20$ de longueur. Le Ceratodus actuel est anologue à celui qui vivait aux premiers âges du monde; il a donc résisté aux modifications si nombreuses qui se sont accomplies à la surface de notre globe. Nous représentons (fig. 37) le Ceratodus actuel de la Nouvelle-Hollande, qui offre une grande analogie avec le Ceratodus des mers triasiques. « Ces animaux, dit M. le professeur Gervais, qui en a fait une étude très minutieuse, joignent à l'apparence extérieure des anguilles la présence de fortes écailles, ainsi que des ouïes plus largement ouvertes, et leur conformation intérieure s'éloigne notablement de celle des anguilliformes. »

Le Ceratodus offre cette particularité remarquable de présenter des poumons, organes spéciaux de respiration aérienne, en même temps que des branchies lui servent à la respiration dans l'eau. Il a les poumons d'un reptile aérien, les branchies d'un poisson aquatique; aussi peut-il vivre alternativement dans l'air et dans l'eau. Il constitue un troisième genre de *dipnés* (qui signifie double poumon).

C'est encore à cette singulière faune du trias qu'il faut rapporter les tortues à dents, dont des recherches récentes dans l'Afrique australe ont fait connaître la forme étrange, et dont nous représentons les plus remarquables échantillons (fig. 38 et 39).

Les premières découvertes de reptiles fossiles dans les couches triasiques du Cap sont dues à M. Andrews Geddes Bain ; elles furent poursuivies par plusieurs géologues émérites, parmi lesquels nous citerons le professeur

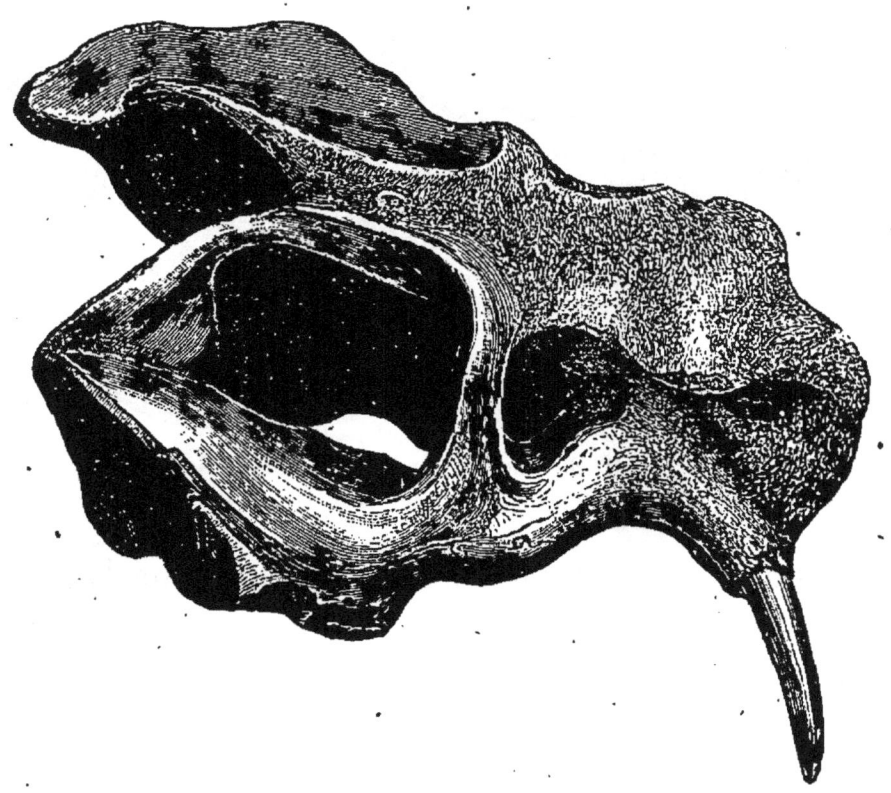

Fig. 38. — Dicynodon tigriceps (Owen) (1/6 grandeur naturelle).

Owen ; en France, les débris de ces reptiles fossiles se sont éclairés d'une vive lumière, grâce aux savantes investigations de MM. P. Gervais, A. Gaudry et Fischer. Cette faune erpétologique est caractérisée par des crocodiles, des labyrinthodontes, des dinosauriens, qui atteignent des dimensions prodigieuses, et qui nous révèlent de véritables géants, puisque leurs vertèbres sont deux fois plus grandes que celles de nos éléphants !

Les individus les plus curieux de cette population singulière sont les tortues à dents, dont le crâne

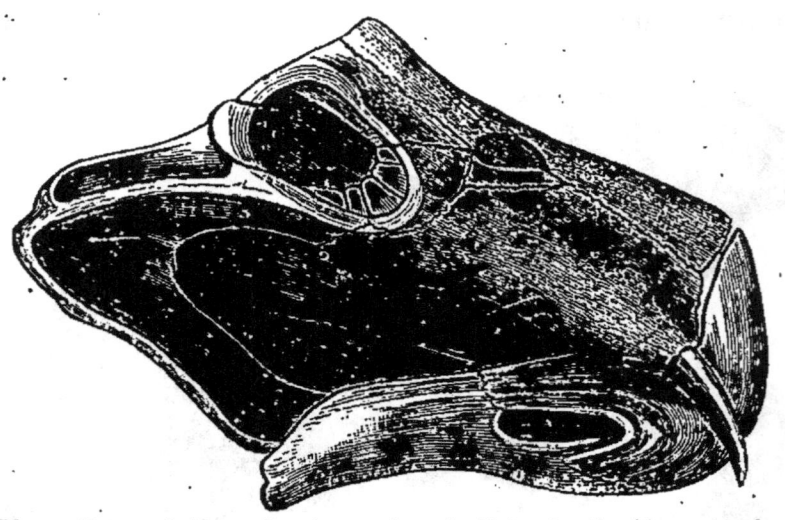

Fig. 39. — Tortue à dents. Ptychognathus declivis; fossile découvert dans les couches triasiques du cap de Bonne-Espérance (1/6 grandeur naturelle).

présente deux longues défenses courbées, rappelant un peu celles des morses actuels. Ce caractère les a fait désigner sous le nom de dicynodon, ce qui veut dire en grec : *deux dents de chien.*

D'après les études de ces fossiles, M. le professeur Richard Owen a trouvé que les dicynodontes se rapprochaient des tortues par certains caractères saillants, et qu'ils s'en éloignaient sous d'autres rapports, pour offrir quelques analogies avec les lézards. M. Huxley confirme cette dernière opinion, et prétend que ces animaux, à jamais disparus, devaient être munis d'une longue queue.

A côté de ces êtres, qui, mis en parallèle avec ceux de notre faune actuelle, nous paraissent vraiment bizarres, la flore du trias est pauvre et ne mérite guère de fixer notre attention ; c'est à peine si elle compte une centaine d'espèces végétales, qui se rattachent toutes aux familles antérieures, et parmi lesquelles dominent les Fougères.

Pendant longtemps la terre a gardé sa végétation primitive ; c'est bien lentement que des formes nouvelles apparurent à sa surface et purent s'y développer.

II

Le terrain jurassique. — Le monde des océans. — Les Ammonites et les Bélemnites. — Les reptiles gigantesques. — Les poissons-lézards-crocodiles. — Ichthyosaure et Plésiosaure. — Les lézards volants. — Les différents étages des terrains jurassiques. — Apparition des premiers oiseaux. — Terre végétale fossile.

Le terrain jurassique a pris son nom des montagnes du Jura; il consiste essentiellement en massifs argileux et calcaires, de formation presque entièrement marine. Çà et là, il présente à différents niveaux quelques assises ferrugineuses et des rognons siliceux. La période jurassique est certainement une des plus importantes dans l'histoire de notre sphéroïde; ses gisements ne nous offrent pas moins de 4700 espèces fossiles, qui attestent comme une recrudescence énergique dans les manifestations de la vie [1].

[1] On a proposé un très grand nombre de divisions des terrains jurassiques; les unes sont déduites de la présence de tel ou tel fossile dominant; les autres sont basées sur la couleur de la roche. C'est ainsi que l'on comprend dans les terrains jurassiques le lias, l'oolithe inférieur, l'oolithe moyen et l'oolithe supérieur. Dans un aperçu rapide comme celui que nous présentons au lecteur, nous ne pouvons insister sur ces divisions que certains paléontologistes émérites, comme M. Alcide d'Orbigny, ont

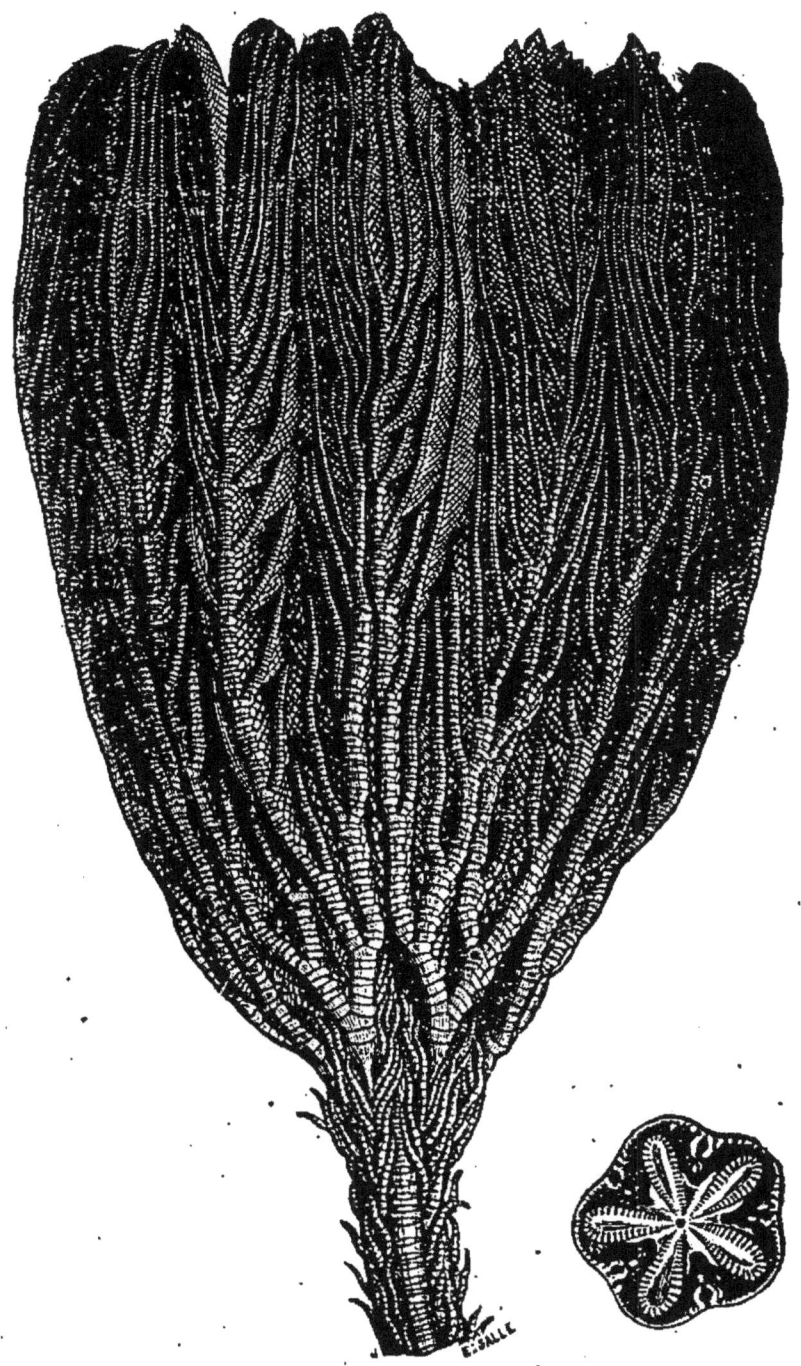

Fig. 40. — *Pentacrinus fasciculosus* (grandeur naturelle).

Les mers jurassiques qui se sont succédé pendant la longue formation que nous étudions, abondent en polypiers immenses, qui, pour la première fois, s'offrent à nos yeux avec la puissance de véritables récifs. — Les zoophytes les plus remarquables sont le *Palæocoma Fustembergii* et le *Pentacrinus* (fig. 40), dont les vestiges se rencontrent très abondamment. — Les mollusques céphalopodes commencent à prendre une certaine importance, et appartiennent pour la plupart à la famille des Ammonitides.

Les Ammonites, qui pullulent pendant une longue suite de siècles, ont complètement disparu aujourd'hui. Le nom de ces fossiles provient de la ressemblance qu'ils présentent avec la corne d'Ammon.

C'étaient des mollusques à coquille circulaire enroulée en spirale, dont les genres fossiles sont pour ainsi dire innombrables. Les figures 41 et 42 en représentent deux formes bien distinctes; mais s'il fallait donner les images de toutes celles que l'on connaît aujourd'hui, un livre comme celui que le lecteur a sous les yeux ne suffirait pas à les contenir. La spirale de la coquille était divisée en une série de cavités, dont le corps de l'animal n'occupait que quelques-unes, les autres restant vides (fig. 43). Un tube particulier, qui traversait ces cavités, pouvait se remplir d'eau, et l'animal, en expulsant ou en attirant le liquide, se rendait à volonté plus ou

---

fait plus nombreuses encore. Disons une fois pour toutes que notre modeste ouvrage n'a pas la prétention d'être un traité de paléontologie ; il ne peut être qu'une série de tableaux représentant quelques êtres ayant vécu aux diverses époques géologiques.

moins dense, de telle façon qu'il se dirigeait facilement dans les différents niveaux océaniques. De nos jours, le *Nautile* est pourvu d'un mécanisme analogue.

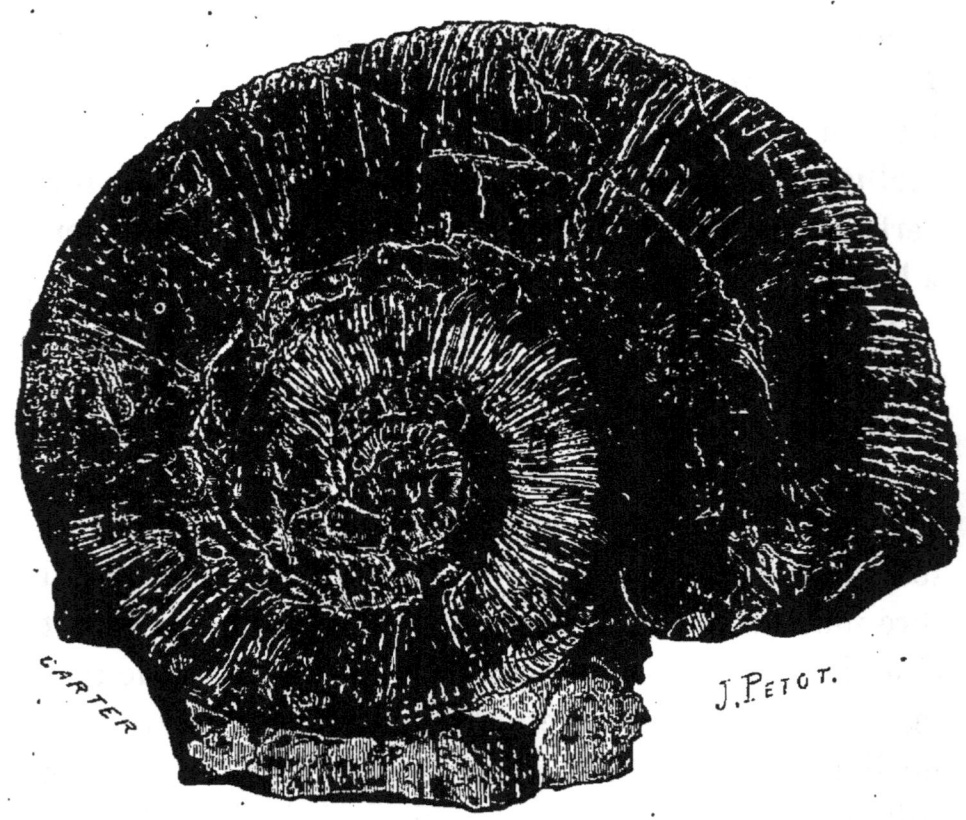

Fig. 41. — Ammonite du terrain jurassique.

L'Ammonite ne nous a laissé que sa coquille ; aussi quelques détails de son organisation font-ils peut-être défaut ; on a pu cependant reconstituer ce mollusque étrange, et nous en reproduisons l'aspect complet, tel qu'on aurait pu le voir de son vivant (fig. 44). Les Ammonites de la période jurassique sont d'une diversité remarquable, et quelques-unes revêtent une forme gracieuse et élégante.

Les Bélemnites fossiles du terrain jurassique ne sont

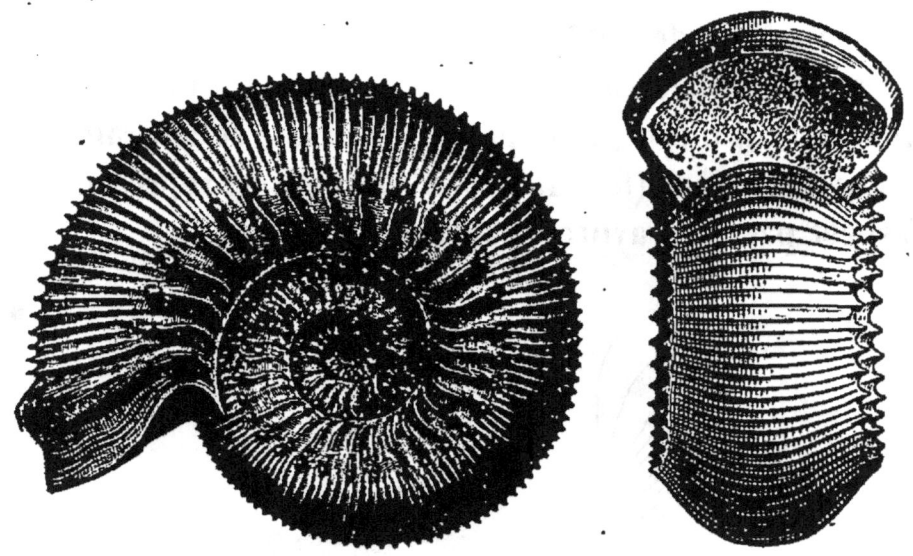

Fig. 42. — Ammonites Humpriesianus, d'après A. d'Orbigny.

autre chose que la partie osseuse des poulpes, des

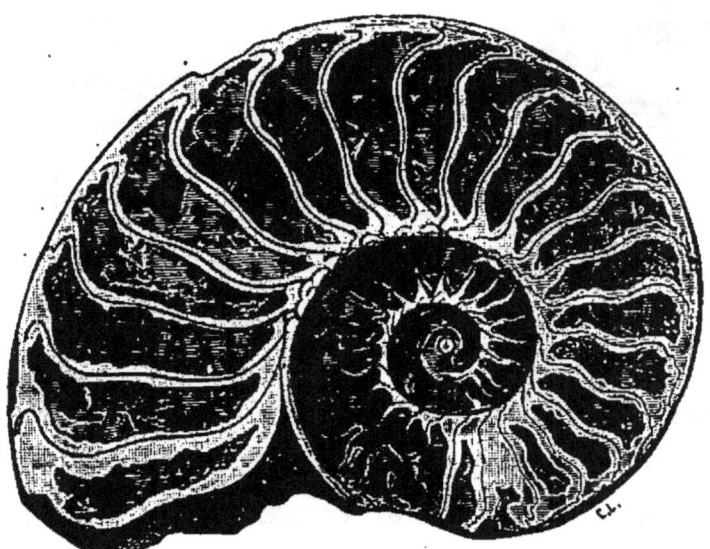

Fig. 43. — Ammonite jurassique sciée par le milieu.

seiches qui vivaient en grand nombre dans les mers de

ces temps si lointains; elles ne sont pas moins curieuses que les Ammonites; elles offraient quelque ressemblance avec la seiche de notre temps.

On en trouve les débris sous forme d'un osselet allongé, qui n'est que la partie terminale et centrale de l'individu vivant (fig. 45), dont on peut se représenter l'aspect par la gravure ci-après (fig. 46).

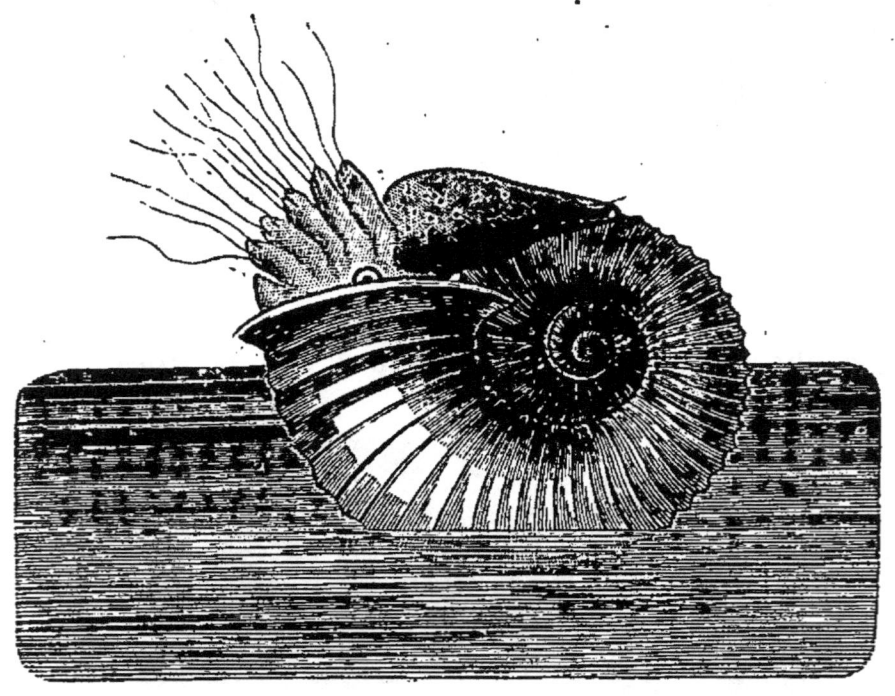

Fig. 44. — Ammonite restaurée.

Les anciens désignaient les Bélemnites sous le nom de pierre de tonnerre, parce qu'ils croyaient que ces pétrifications étaient dues au passage de la foudre dans les roches où elles se rencontraient. Ces corps allongés et durs ont bien longtemps tenu en échec la sagacité des naturalistes : les uns les considéraient comme des stalactites anciennes; les autres y croyaient voir les pétrifications de dattes ou de branches d'étoiles de mer. C'est à de Blainville et d'Orbigny que revient l'honneur d'avoir établi la véritable nature de ces singuliers fossiles; d'avoir fait revivre ce poulpe des âges antérieurs, avec ses dix bras flexibles s'agitant autour de la bouche. En 1844, M. Owens retrouva l'animal en entier, et transforma brillamment, ainsi, les belles hypothèses des deux paléontologistes français, en faits irrécusables.

Mais passons rapidement sur ces hôtes marins des temps secondaires, pour arriver aux vrais maîtres de la création à l'époque jurassique, aux gigantesques reptiles, aux formidables sauriens, qui seraient certainement la terreur des hommes, s'ils vivaient encore aujourd'hui, et qui nous offrent le témoignage d'une puissante manifestation de la vie.

Le squelette d'un *Ichthyosaure* (fig. 47) rappelle à la fois un énorme poisson et un cétacé de petite taille. Sa tête est pointue,

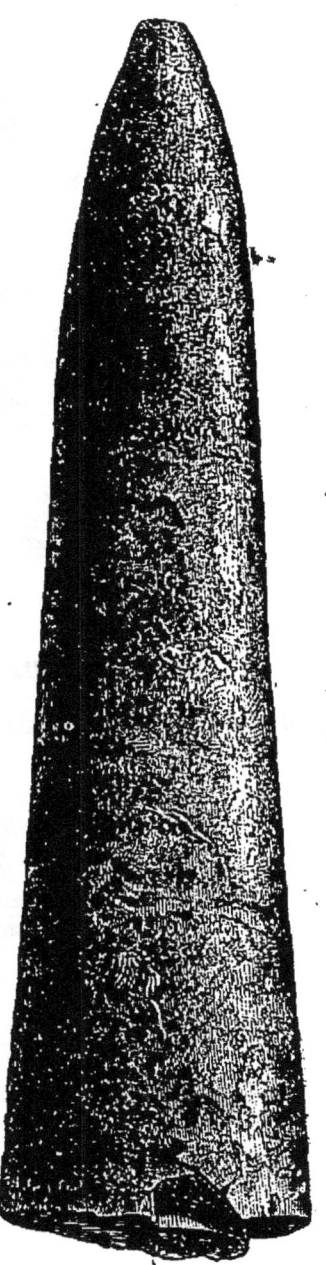

Fig. 45. — Bélemnite du terrain jurassique. — Étage oolithique inférieur. du Wurtemberg.

et ses yeux sont vraiment monstrueux, ses dents formidables, serrées les unes contre les autres, se

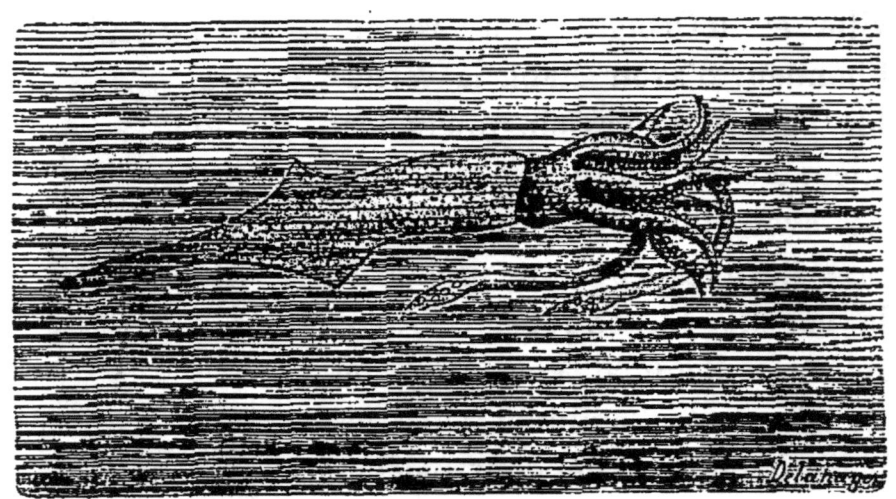

Fig. 46 — Bélemnite restaurée.

comptent au nombre de 180; la longueur totale du monstre dépasse quelquefois douze mètres. Ce lézard

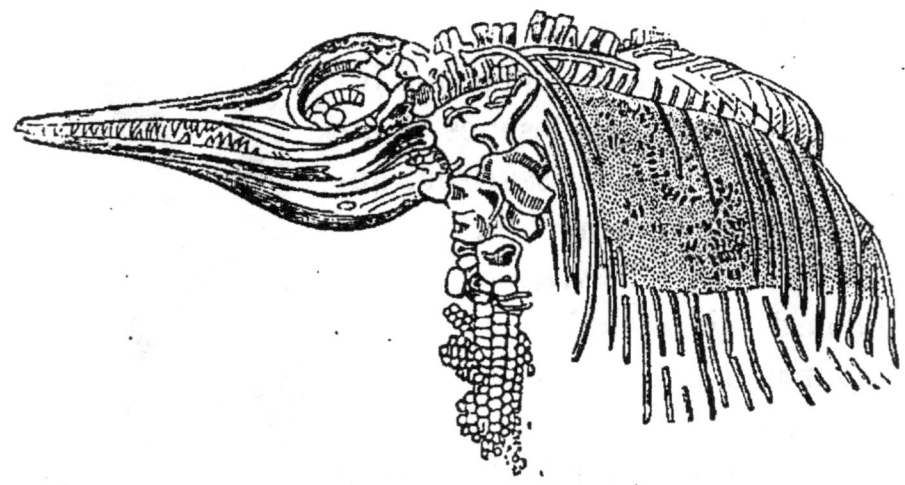

Fig. 47. — Ichthyosaure.

marin devait être d'une extraordinaire férocité, si l'on en juge par sa mâchoire d'ogre; mais les faits nous permettent de passer à cet égard des conjectures à l'affirmation, car on a trouvé au milieu de son squelette, à l'endroit qu'occupaient jadis les parties molles de son intestin, des *coprolithes*, c'est-à-dire les résidus de sa digestion, qui renferment encore les débris de ses aliments. Ces coprolithes renferment en abondance des écailles de poisson et de reptiles, auxquels le monstre devait faire une chasse impitoyable; ils contiennent même des ossements d'autres Ichthyosaures plus petits, nous prouvant ainsi que ce vorace personnage dévorait jusqu'à ses enfants.

Les Plésiosaures étaient plus gigantesques encore que ce dernier colosse; leurs nageoires étaient plus puissantes, et leur cou, grêle, mince, allongé, avait l'aspect d'un serpent. Cet être tenait à la fois du lézard, du crocodile et du serpent; il devait être très agile et causait sans doute l'effroi des petits habitants des eaux. On a trouvé des squelettes de Plésiosaures qui avaient une longueur de 10 mètres, et qui ont permis de se représenter exactement un animal marin, dont nulle forme vivante ne saurait donner idée. Ses pattes faisaient l'office de palettes ou de rames qui permettaient au reptile de fendre les vagues ou de plonger au sein des eaux; sa queue, quoique assez courte, servait de gouvernail.

« Le Plésiosaure, dit Cuvier, offre l'ensemble des caractères les plus monstrueux que l'on ait rencontrés parmi les races de l'ancien monde. » On ne peut mieux indiquer les caractères étranges d'un animal qui diffère sous tant de rapports de tout ce que nous montre la création actuelle.

Nous n'avons pas fini d'énumérer les surprises de ce monde jurassique, qui nous révèle encore d'extraordinaires lézards volants : les *ptérodactyles*, véritables dragons de la fable.

La figure 48 représente un ptérodactyle trouvé en Angleterre. On voit que la mâchoire est munie d'un bec garni de dents aiguës et saillantes, analogues à celles des sauriens, et que son corps le rapproche des

Fig. 48. — Ptérodactyle (1/2 grandeur naturelle).

reptiles. Ses membres antérieurs, impropres à la marche ou à la nage, se terminent par un doigt d'une longueur prodigieuse, qui devait servir de support à une membrane analogue à celle de la chauve-souris. Le corps n'est pas d'une dimension extraordinaire, et ne dépasse pas, chez les plus grands individus, la taille d'un de nos cygnes.

Les tortues, que nous avons déjà vues apparaître aux époques précédentes, fournissent des espèces nouvelles dans les terrains jurassiques. La *Chelonemys plana*

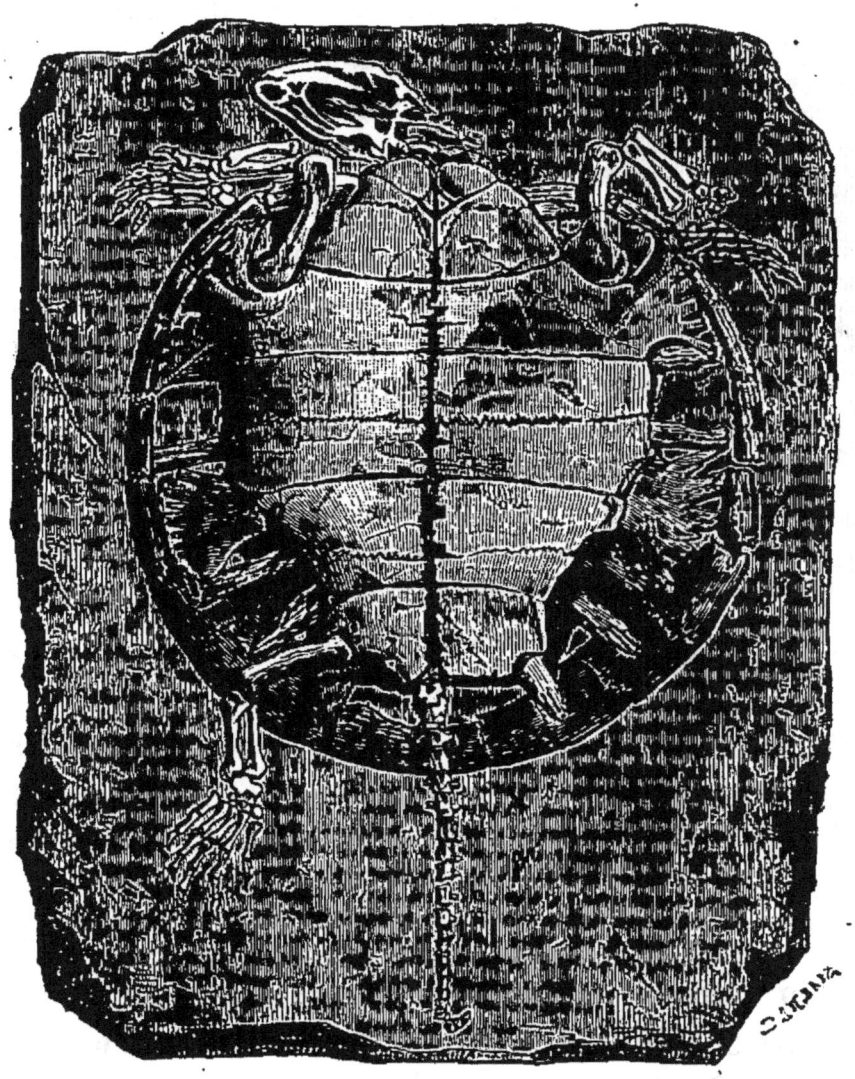

Fig. 49. — Tortue (*Chelonemys plana*), d'après A. d'Orbigny.

(fig. 49), spécialement étudiée par le professeur Jourdan, en est un remarquable exemple.

A côté de cette richesse dans la faune, l'époque jurassique se signale d'abord par une pauvreté notable dans sa flore; il est vrai que les débris jusqu'ici recueillis des végétaux jurassiques inférieurs ne sont pas nombreux et ne doivent nous donner qu'une idée très imparfaite des végétaux contemporains des reptiles étranges dont l'image a été reconstituée par la science. On voit ci-contre la représentation d'un fossile végétal de cette époque, qui existe souvent dans nos collections (fig. 50).

Fig. 50.
Pachypteris lanceolata.

A mesure que l'on s'élève dans les étages successifs des terrains jurassiques, on voit la flore continentale acquérir peu à peu une importance plus considérable. Dans quelques-unes des couches que les géologues désignent sous le nom d'oolithiques, elle devient d'une remarquable richesse. Les Fougères y figurent toujours, avec les *Pantanées* qui apparaissent, et dont on retrouve à l'état fossile les beaux fruits volumineux et sphériques. Les *Cycadées* et la grande famille des *Conifères*, à laquelle se rattachent les pins et les sapins de notre époque; les *Taxiles*, qui offraient quelque ressemblance avec nos ifs; les *Brachyphyllum*, qui se rapprochent des *Arthrotaxis* de la Terre de Van Diemen et des *Widdringtonia* de notre Afrique australe, commencent à étaler leurs rameaux verdoyants sur les continents de ces âges lointains.

La puissance des terrains jurassiques est telle, les faunes et les flores successives qui s'y sont développées, et dont on retrouve les vestiges fossiles au sein des étages multiples qui les constituent, sont si riches, si abondantes, qu'il faut renoncer à en donner une énumération même incomplète. D'après Alcide d'Orbigny, les formations jurassiques comprennent huit étages distincts, qui présentent leurs fossiles spéciaux, dont les espèces, comme nous l'avons dit précédemment, se comptent par milliers. L'ensemble de ces terrains sédimentaires superposés atteint une puissance de plus de 1500 mètres. Cette assise formidable de roches a été lentement déposée au sein des eaux, et ces dépôts sédimentaires ne s'accroissent que d'une épaisseur bien minime en quelques siècles. S'il est possible d'imaginer la durée de ces formations, c'est par millions qu'il faudrait entasser les siècles pour s'en faire quelque idée. Les mers ont changé de place à plusieurs reprises, les êtres ont apparu et se sont éteints ; puis d'autres ont succédé à ceux-ci, à travers l'immensité du temps. Comment retracer exactement cette longue histoire, dont les innombrables documents que le géologue possède aujourd'hui ne forment sans doute que quelques pages isolées, entre lesquelles manquent des chapitres entiers ?

Dans les étages moyens des terrains jurassiques apparaissent les premiers mammifères ; mais ils offrent une organisation spéciale ; ce sont des animaux analogues à nos sarigues, à nos kangurous, à nos ornithorhynques. Au sein des océans oolithiques, voici des Ammonites, des gastéropodes, des acéphales, des mol-

Grandeur naturelle.   Partie grossie.

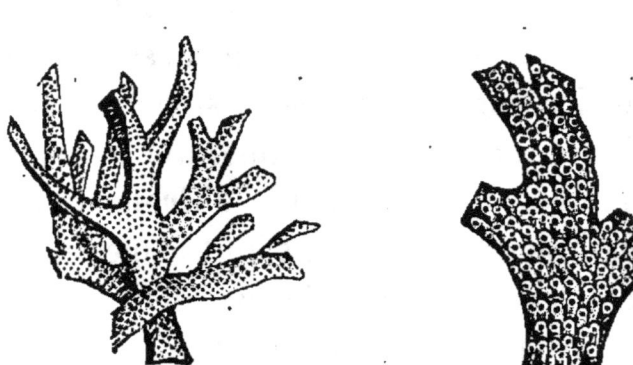

Fig. 51. — *Bidiastopora cervicornis.*

lusques bryozoaires, aux rameaux élégamment ramifiés (fig. 51 et 52). — Les échinodermes existent en nombre prodigieux (fig. 53), et les polypiers pullulent

Grandeur naturelle.   Partie grossie.

Fig. 52. — *Entalophora cellarioïdes.*

(fig. 54). Ces polypiers jurassiques ont acquis une importance des plus remarquables; ils se présentent en masses compactes de plusieurs mètres de circonférence, et formaient au milieu des océans des bancs, des récifs et des îlots. Les zoophytes infimes travaillaient alors, comme aujourd'hui, à l'édification d'*attols* ou de bancs de rochers à la surface des flots en mouvement.

L'étude de tous les étages du terrain jurassique démontre d'ailleurs que les lois physiques qui régissaient le monde d'alors étaient celles que nous voyons aujourd'hui présider aux transformations de la nature actuelle.

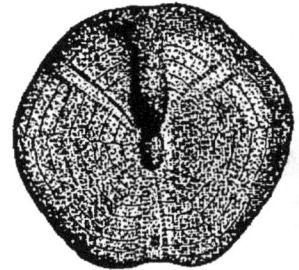
Fig. 53.
Hyboclypus vu en dessus.

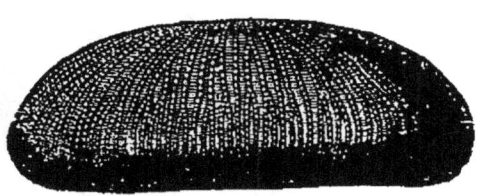
Fig. 54.
Anabacia orbulites vu de profil.

Il y avait jadis, comme aujourd'hui, des continents et des mers; ces mers présentaient des rivages, des régions sous-marines, voisines des côtes, ou profondes. Alors, comme à notre époque, la vague montait à l'assaut de la falaise, les courants océaniques sillonnaient l'étendue des eaux, les sédiments se déposaient dans les golfes. L'écorce terrestre était soumise, comme de nos jours, à des oscillations lentes, qui déplaçaient peu à peu les bassins océaniques; la nature et la diversité des sédiments, c'est-à-dire des anciens fonds de la mer, nous en donnent une certitude absolue.

Nous avons déjà traversé plusieurs étages de l'époque secondaire; mais en s'élevant encore dans les terrains jurassiques, on arrive à d'autres formes, à d'autres espèces ; on gravit quelques échelons dans la succession de l'organisme. De nouveaux reptiles, de nouveaux crustacés, de nouveaux mollusques, ap-

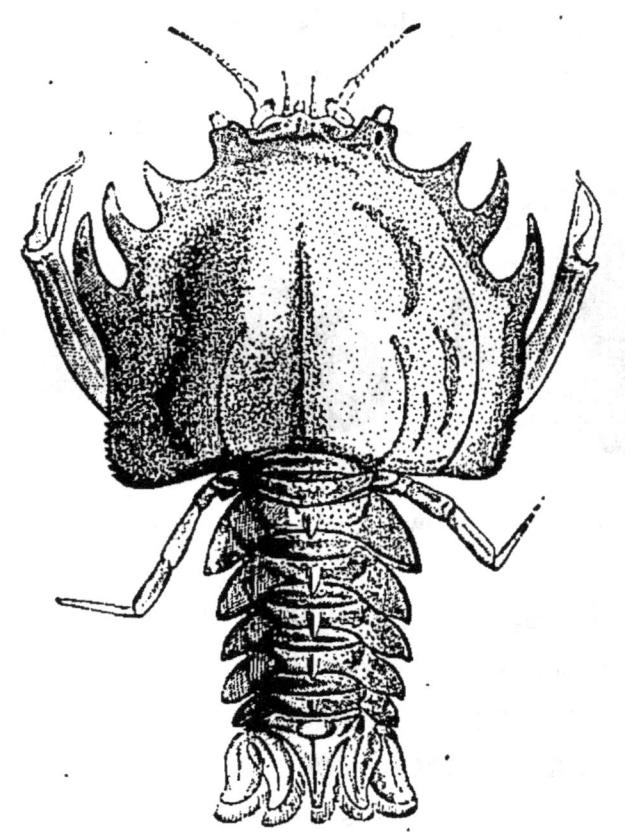

Fig. 55. — *Eryon arctiformis* (1/2 grandeur naturelle).

paraissent. Mentionnons rapidement l'*Eryon arctiformis* (fig. 55) parmi les crustacés, le curieux *Hemicidaris* parmi les échinodermes (fig. 56), le gracieux *Cribrospongia* parmi les spongiaires (fig. 57), et le singulier *Thecosmilia* parmi les polypiers (fig. 58).

Mais ne nous arrêtons pas encore dans les fouilles

opérées au sein des terrains jurassiques ; soulevons les feuillets de ces sédiments, véritables ossuaires

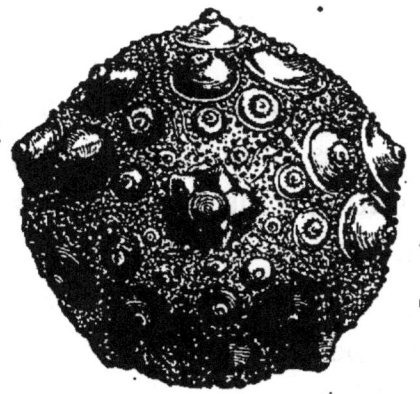

Fig. 56. — *Hemicidaris crenularis.*

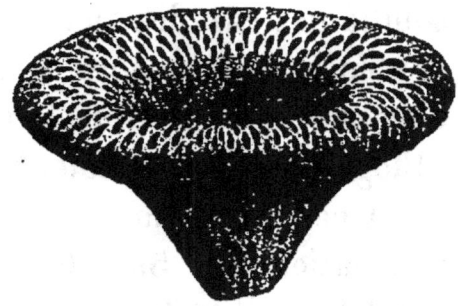

Fig. 57. — *Cribospongia reticulata.*

des organismes disparus ; élevons-nous jusqu'à la limite supérieure de ces assises formidables. Le décor va changer encore une fois sur la scène du monde, et les êtres vont s'élever vers de nouveaux progrès. A l'origine des temps jurassiques, les formes animales sont d'abord simples, élémentaires, et se rapprochent de celles des temps primitifs; au milieu de cette longue époque, les premiers mammifères semblent s'essayer à la vie; ils

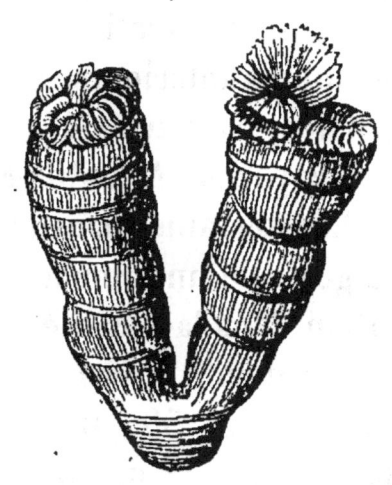

Fig. 58.
Thecosmilia annularis.

prennent place au soleil, d'abord imparfaits, sous la forme de marsupiaux. Mais les siècles s'écoulent, et le progrès suit son cours; voici les premiers oiseaux qui sillonnent l'air de leur vol léger. Pourquoi ces êtres gracieux, chez lesquels l'amour maternel est si profondément développé, apparaissent-ils si tard sur la scène du globe? Est-ce parce que l'air était encore souillé des gaz des temps primitifs? On l'ignore; mais il n'en est pas moins vrai que des plumes et des os d'oiseaux ont d'abord été rencontrés dans les calcaires lithographiques de Solenhofen, et que les chercheurs n'ont pas tardé à mettre la main sur un squelette presque entier (fig. 59). Par ses proportions générales, le squelette de l'*Archæopteryx* (c'est le nom qui a été donné à cet oiseau fossile) se rapproche jusqu'à un certain point de celui de quelques gallinacés. Les ongles de cet animal sont, en effet, assez robustes, soit pour lui permettre de percher, soit pour gratter la terre. Les dimensions relatives des membres postérieurs et des membres antérieurs, ainsi que celles de chacune de ces parties examinées à part, confirment cette opinion, émise par M. A. Milne-Edwards [1].

Les terrains jurassiques supérieurs offrent encore à la géologie une remarquable particularité; c'est l'apparition dans la localité de Portland d'une terre végétale qui remonte à ces temps anciens. Cet humus n'a pas moins de $0^m,30$ à $0^m,40$ d'épaisseur; il est noir, et renferme çà et là des lignites. On y voit encore les troncs pétrifiés des conifères qui y vivaient jadis; cette couche de terre ou de boue (*dirt-bed*) est horizontale à l'île de Portland, mais plus loin elle se trouve très sensible-

---

[1] Alphonse Milne-Edwards. *Mémoire sur la distribution géologique des oiseaux fossiles et description de quelques espèces nouvelles.*

ment inclinée, et les troncs d'arbre, à la substance desquels le temps a substitué la silice, sont inclinés aussi, mais parallèles les uns avec les autres. Cette observa-

Fig. 59. — *Archæopteryx* (oiseau de Solenhofen).

tion curieuse est un bel exemple des redressements des strates primitivement horizontaux ; elle nous indique nettement encore l'immense durée des temps géologiques. Chaque lit de boue, dont la puissance est insignifiante devant celle des terrains jurassiques, a cependant exigé pour sa formation bien des milliers d'années. En effet, comme le fait judicieusement observer sir Ch. Lyell, les plus vieilles forêts des tropiques laissent à peine sur le sol qui les a nourries quelques centimètres d'humus !

C'est ainsi que les enseignements se multiplient à mesure que l'on étudie les feuillets superposés de l'écorce terrestre ; l'intérêt va croissant dans l'histoire du globe, et l'observateur, qui suit la longue chaîne des êtres, rencontre à chacun des anneaux qu'il examine quelque nouveau sujet d'étonnement et d'admiration. Les formes organiques, d'abord élémentaires, se perfectionnent peu à peu ; les êtres se suivent, et leur organisation s'élève ; après le règne des articulés, vient celui des vertébrés, avec les poissons ; la dynastie des reptiles lui succède bientôt, puis les premiers oiseaux prennent naissance ; d'autres événements importants, d'autres modifications profondes, vont encore s'accomplir dans les formes vivantes, jusqu'au jour où l'apparition des mammifères sera le prélude de l'avènement des temps modernes.

III

Les océans crétacés. — Puissance de leurs formations sédimentaires. — Formation de la craie. — Son inspection microscopique. — Les coquilles des mers crétacées. — Lézards et sauriens gigantesques. — Le mégalosaure. — L'iguanodon. — Le mosasaure ou grand animal de Maestricht. — Végétaux crétacés.

Quoique les terrains crétacés appartiennent, comme les terrains jurassiques, à l'époque secondaire, nous en ferons l'objet d'une étude spéciale, car ils nous révèlent, à n'en pas douter, une nouvelle phase dans la vie de notre planète. Ces immenses massifs de craie (carbonate de chaux, ces terrains dont la puissance atteint parfois 4000 mètres, et qui se rencontrent en si grande abondance dans l'écorce terrestre, ont été formés au sein des mers qui, pendant une suite de temps incalculable, ont étalé leurs eaux à la superficie du globe. Prenez un microscope, et, muni de cet œil artificiel, examinez un fragment de craie ; vous n'y verrez plus une poudre informe et grossière, mais tous les grains vont prendre une forme régulière. Voilà des fragments de coquilles, des Ammonites lilliputiennes et toute une armée de foraminifères (fig. 60 et 61). Tout ce monde des eaux antiques apparaît sous le microscope ; ce massif de craie n'est pas autre chose que l'entassement séculaire de ces populations marines d'un autre âge !

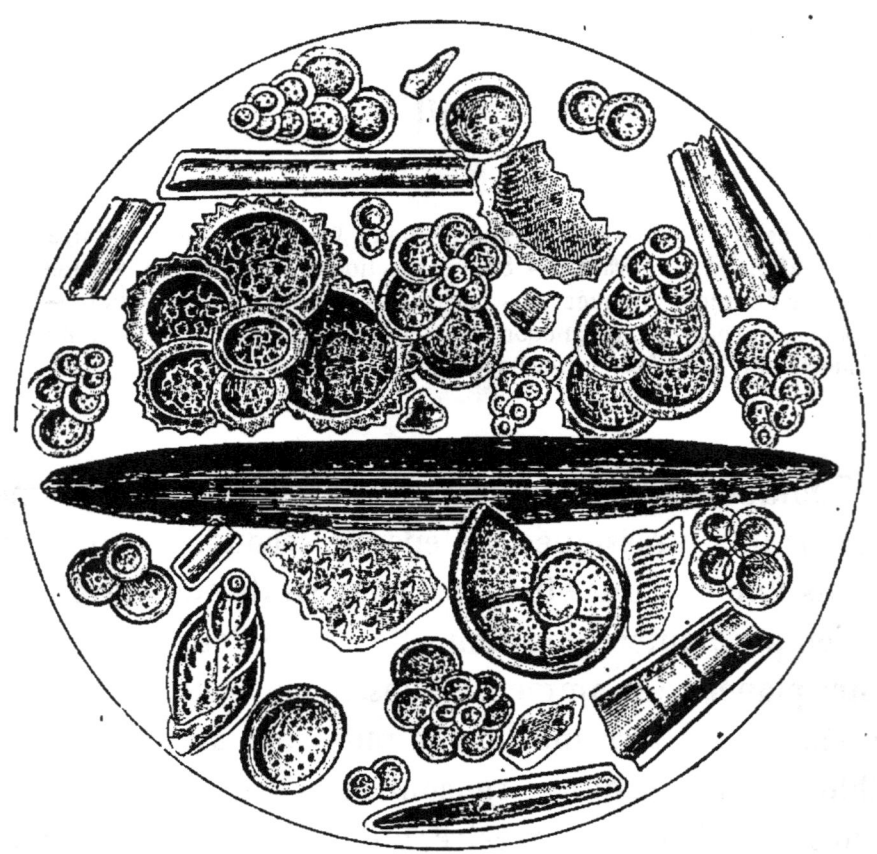

Fig. 60. — Craie de Gravesend vue au microscope, d'après Erhenberg.

La substance de ces innombrables petits êtres n'était-elle pas, comme cela se passe encore sous nos yeux, empruntée au carbonate de chaux tenu en dissolution dans les eaux à la faveur d'un excès d'acide carbonique ? Un semblable phénomène ne se passe-t-il pas actuellement au sein des océans modernes ? Ne voyons-nous pas les polypiers construire tous les jours ces récifs qui s'élèvent peu à peu, qui prennent sans cesse un développement progressif, et formeront peut-être les gisements qu'étudieront les géologues de l'avenir ?

Fig. 61. — Craie de l'île Moën (Danemark) vue au microscope, d'après Erhenberg

Il n'est pas toujours nécessaire de recourir au microscope pour entrevoir les vestiges d'un ancien organisme dans les bancs crayeux. Des coquilles de grande dimension, des empreintes de poissons, des ossements de reptiles existent çà et là dans leurs gisements. Les polypiers, les zoophytes, les bryozoaires, les gastéropodes, les ammonites y pullulent, et l'on en compte aujourd'hui plus de cinq mille espèces distinctes, dont nous passerons rapidement en revue quelques-uns des types les plus saillants.

Les *Hamites* et les *Ancyloceras* (fig. 62 et 63) sont deux belles espèces parmi les mollusques céphalopodes ;

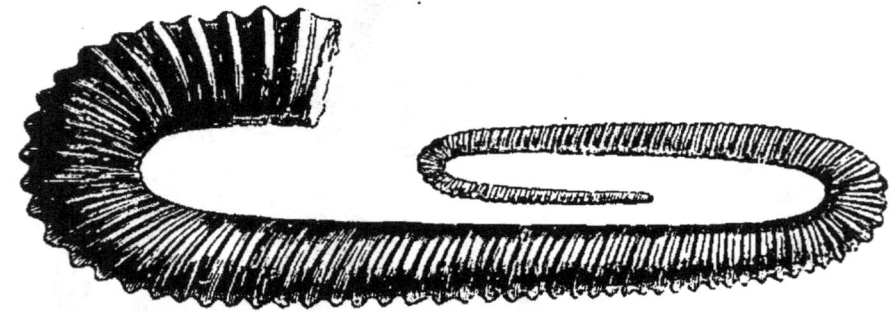

Fig. 62. — *Hamites*.

le *Pterocera Océani* (fig. 64) est un remarquable exemple de gastéropode des mers crétacées ; la *Janira atava*

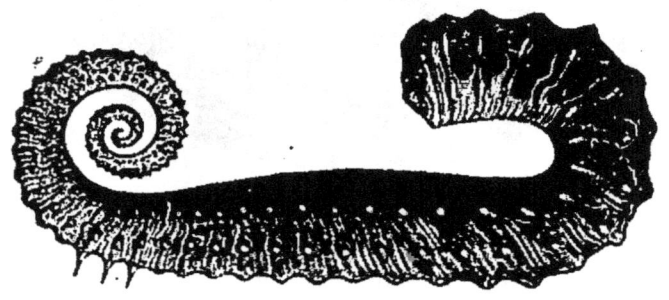

Fig. 63. — *Ancyloceras*.

(fig. 65) appartient aux acéphales, et la *Terebratella* (fig. 66) aux brachiopodes ; ces coquillages se rencontrent surtout dans les étages inférieurs du terrain crétacé. En s'élevant un peu plus haut, on voit paraître des *turrilites* (fig. 67), des polypiers d'une forme par-

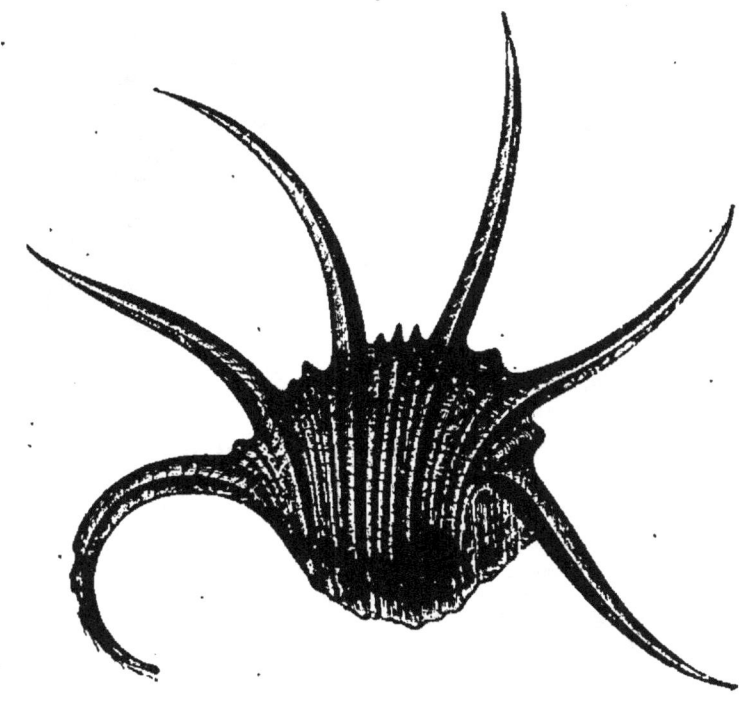

Fig. 64. — *Pterocera oceani.*

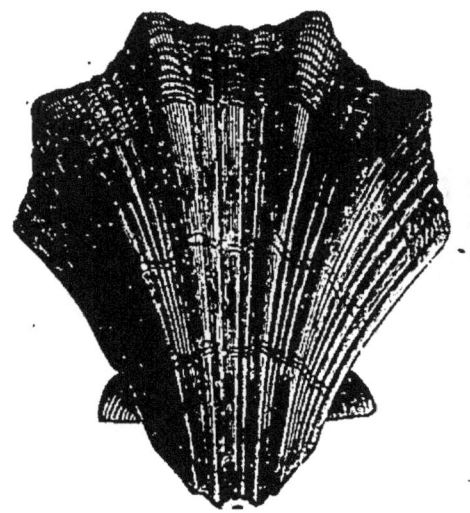

Fig. 65. — *Janira atava.*

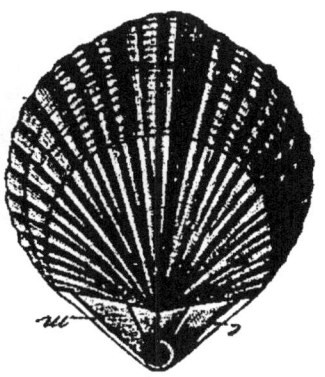

Fig. 66. — *Terebratella.*

ticulière et une quantité d'autres coquilles remarquables. Dans la période crétacée supérieure des bélemnites

Fig. 67. — *Turrilites catenatus.*

(fig. 68), des volutes allongées et de forme gracieuse,

Fig. 68. — Bélemnites.

des coquilles coniques et cannelées, des polypiers qu'on

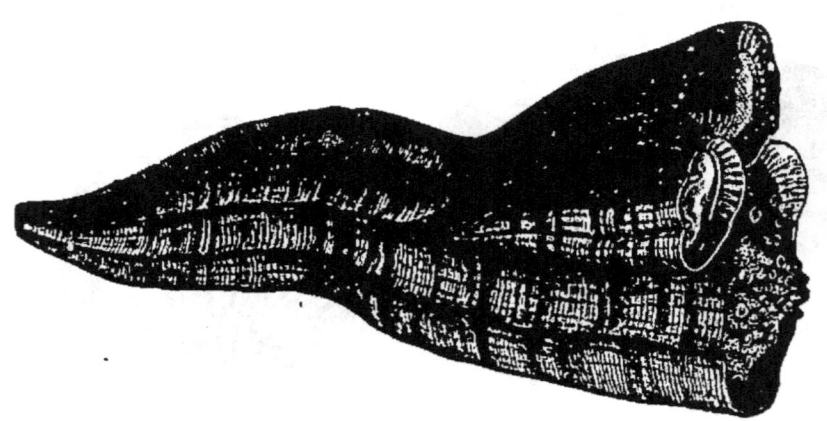

Fig. 69. — *Hippurites toucasiana.*

dirait sculptés par la main d'un artiste, se montrent aux yeux du géologue. On y trouve encore parmi les brachiopodes, l'*Hippurites* (fig. 69), et parmi les polypiers le remarquable *Synhelia* (fig. 70).

Les empreintes de poissons apparaissent fréquemment dans les terrains crétacés, mais les *ganoïdes* des âges précédents sont en pleine décadence. Ce sont à présent des genres nouveaux, à écailles cornées (*téléostéens*), qui vivent au sein des océans crétacés et qui se distinguent souvent par l'étrangeté de leur forme. Tels sont parmi ceux-ci le *Beryx Lewesiensis* et l'*Osmeroides Mantellii* (fig. 71).

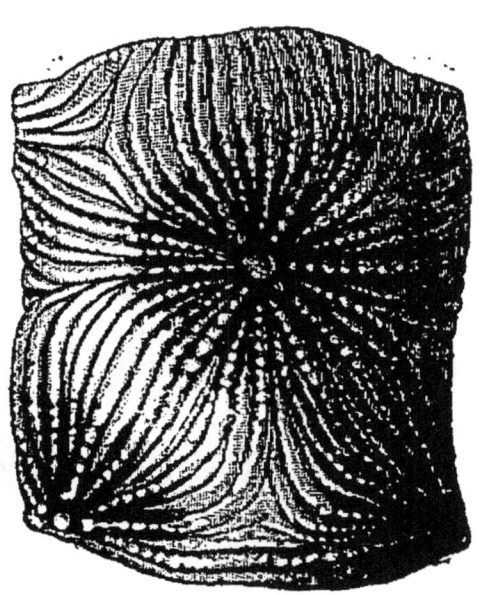

Fig. 70. —*Synhelia Sharpeana*.

Aux étages inférieurs de la craie, voisins de l'époque jurassique, on rencontre encore quelques gigantesques reptiles, derniers représentants de ceux qui ont vécu aux temps antérieurs. Le *mégalosaure*, dont le nom signifie *grand lézard*, est un des plus remarquables d'entre eux. « Avec les formes des lézards, et particulièrement des monitors, dont il a aussi les dents tranchantes et dentelées, dit Cuvier, le Megalosaurus était d'une taille si énorme qu'en lui supposant les proportions du monitor il devait passer soixante-dix pieds de longueur : c'était un lézard grand comme une baleine. »

Les dents et la mâchoire de ce monstre offrent un

aspect particulier en même temps qu'ils témoignent d'une force colossale. Buckland, qui a découvert le Mégalosaure en Angleterre, l'a décrit avec soin, et voici ce qu'il dit au sujet des dents remarquables de cet animal : « Avec des dents ainsi construites, de façon à

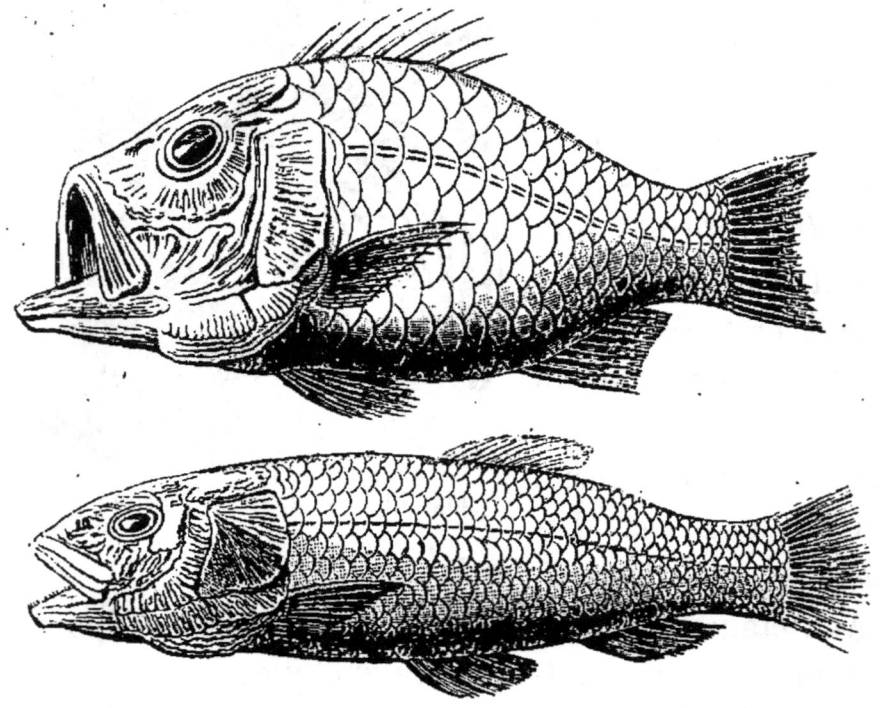

Fig. 71. — Poissons de la période crétacée.

couper de toute la longueur de leur bord concave, chaque mouvement des mâchoires produit l'effet combiné d'un couteau et d'une scie, en même temps que le sommet opère une première incision comme le ferait la pointe d'un sabre. »

L'*Iguanodon* (animal aux dents d'iguane) était un crocodile plus gigantesque encore, et sa taille atteignait jusqu'à 16 mètres de longueur !

On conçoit que dans les siècles précédents, alors que les notions de la géologie n'étaient pas encore créées, la vue de tels ossements au sein de la terre devait exciter un étonnement profond et donner naissance à de singulières hypothèses. Le *Mosasaurus* de Camper (fig. 72),

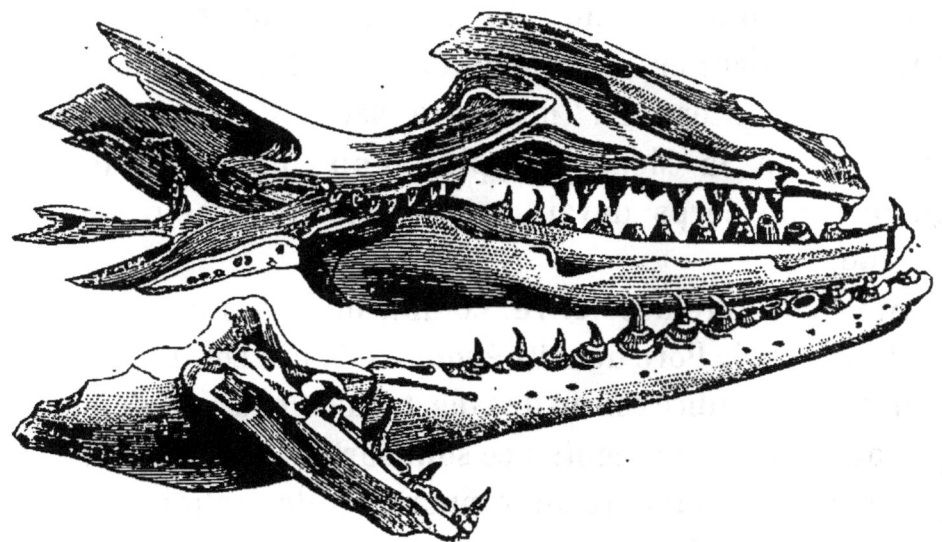

Fig. 72. — Tête du Mosasaure de Camper.

formidable saurien des terrains crétacés supérieurs, a une histoire curieuse, qui est digne d'être rapportée. Pendant longtemps, il fut connu sous le nom de Grand animal de Maëstricht, parce que c'est aux environs de cette ville que l'on en rencontra les débris. Cet échantillon paléontologique des plus remarquables excita vivement l'imagination des faiseurs de théories ; les uns y voyaient la tête d'un crocodile, d'autres celle d'une baleine.

Quand, en 1795, Kléber s'empara de Maëstricht, Faujas de Saint-Fond, attaché à l'armée du Nord comme *commissaire des sciences*, réclama la précieuse relique fossile et l'expédia avec tous les soins possibles au Muséum d'histoire naturelle de Paris. Il allait appartenir plus tard à un naturaliste émérite, Adrien Camper, de démontrer que l'animal de Maëstricht n'était ni un poisson ni une baleine, ni un lézard, mais bien un saurien particulier, qui tenait tout à la fois de l'iguane et du monitor. La mâchoire seule du Mosasaure (saurien de la Meuse) a plus d'un mètre de longueur ; son corps devait avoir environ 8 mètres d'étendue.

Si la faune crétacée offre, comme on le voit, un puissant intérêt ; la flore de cette époque est, par contre, assez pauvre. Le nombre connu des végétaux crétacés ne s'élève pas au delà de trois cents : ce sont surtout des fougères, des conifères, quelquefois rapportés à des palmiers. Le règne végétal n'a plus la puissance et l'ampleur qu'il présente aux âges précédents ; la plante paraît dégénérer, tandis qu'au contraire l'animalité prend une vigueur extraordinaire.

Ainsi l'aperçu rapide des temps secondaires nous offre encore de précieux enseignements au sujet de la formation des êtres vivants ; les reptiles, qui se placent dans nos classifications après les poissons, sont nés ; ils se sont développés avec une vitalité extraordinaire ; ils vont bientôt dégénérer. Des mammifères ont en même temps commencé à paraître, mais ce sont des mammifères incomplets, didelphes, où les petits sont en quelque sorte greffés, comme chez nos sarigues, à la mamelle de leur mère.

CHAPITRE V

L'AGE DES MAMMIFÈRES

I

L'époque tertiaire. — Apparition de la faune actuelle. — Terrains éocènes, miocènes et pliocènes. — Extraordinaire richesse de ces terrains en fossiles. — Dix-sept mille espèces. — Les foraminifères. — Les mammifères. — Les pachydermes. — Cuvier et les mammifères de Montmartre.

A l'époque tertiaire, une nouvelle faune apparaît; les êtres vivants se dépouillent des formes anciennes des âges précédents; une génération inconnue jusqu'ici va se mouvoir à la surf e des continents; et pour la première fois les animaux vont offrir une ressemblance marquée avec ceux de la faune actuelle. Aussi certains naturalistes ont-ils cru pouvoir affirmer que nous vivons encore à l'époque tertiaire,

Parmi les vertébrés, la classe des mammifères l'emporte sur toutes les autres, et dans le règne végétal ce qui domine ce sont les plantes à fruits, analogues à celles de notre époque.

Malgré la présence des vertébrés sur les continents, les océans ne se dépeuplent pas. Les êtres marins de toutes classes y fourmillent ; ils ne le cèdent en rien par leur nombre, par la variété de leurs formes, aux populations des mers modernes. Mais les nouveaux mollusques à coquilles qui en traversent les flots, offrent désormais une ressemblance frappante avec ceux que le naturaliste étudie aujourd'hui. On ne voit plus depuis longtemps dans les mers, ni les trilobites des âges antérieurs, avec leur tête comprimée, munie de grands yeux à facettes; on n'y rencontre plus les nautiliens, avec leurs chambres cloisonnées, enfermés dans leur belle enveloppe, qui se parait à l'infini de délicates ciselures et de charmantes arabesques. Ils ne sont plus, ces rois du monde des mollusques ; il ne reste de leur gloire passée que des dépouilles, des empreintes ou des coquilles ! Mais les lois immuables qui gouvernent les mondes existent toujours, la succession des êtres se continue ; les formes organiques changent sans cesse ; la terre n'en est pas moins belle pour avoir d'autres habitants. Au contraire, elle se revêt de charmes nouveaux avec l'apparition des mammifères, qui va précéder celle de l'humanité ! Le progrès n'est pas un vain mot, et dans cette imposante histoire terrestre, nous voyons l'intelligence se développer peu à peu dans la suite des âges.

Les sédiments stratifiés déposés pendant la période tertiaire n'ont pas une très grande puissance et sont bien inférieurs aux trois groupes des terrains précédents. Aussi les trois systèmes que l'on admet dans le terrain tertiaire : *éocène* ancien, *miocène* moyen et *pliocène* récent, ne sont-ils pas toujours faciles à distinguer l'un de l'autre.

Les fossiles de ces trois périodes successives des temps tertiaires sont d'une grande richesse : on n'en compte pas moins de dix-sept mille espèces. Ils comprennent des animaux à sang froid et présentent un grand nombre d'êtres appartenant aux embranchements inférieurs du règne animal. Les foraminifères se multiplient avec une prodigieuse fécondité, les polypiers et les échinodermes abondent, ainsi que les mollusques et les gastéropodes.

Ce n'est pas en descendant le plus bas possible dans l'échelle des êtres que nous verrons diminuer notre admiration ; si les grands mammifères fossiles nous surprennent par la puissance de leur squelette, les formes microscopiques anciennes ne sont pas moins saisissantes par la beauté de leur structure, par l'abondance de leurs vestiges, par l'énormité du travail qu'elles ont été appelées à accomplir ici-bas. La nature se joue avec l'infini et recèle le mécanisme imposant de ses créations, aussi bien derrière les nébuleuses que derrière les atomes. Les infusoires ont contribué à l'édification des bancs de craie. Malgré l'infime ténuité de leurs débris, leurs dépouilles ont formé des massifs sédimentaires, auprès desquels les ossuaires d'éléphants ne sont rien. Ces infiniment petits ne restent pas inactifs dans les temps tertiaires, où ils donnent naissance à des dépôts d'une extraordinaire puissance. Un grand nombre d'entre eux ont produit par leurs débris un sable siliceux, tout blanc, presque impalpable. Il n'est pas un grain de cette poussière qui n'ait appartenu à un de ces petits êtres vivants, dont le vêtement siliceux est aussi bien sculpté que celui des anciens ammonites ; l'observateur recule de stupeur quand il contemple à travers le microscope les admirables vestiges de ces « atomes vivants. » Le plus petit grain de ce sable est tout un monde, que le grand Erhenberg, ce Galilée de l'infiniment petit, a révélé à la science. L'immense plaine septentrionale de l'Allemagne est entièrement recouverte par les cadavres d'animalcules, qui en font aujourd'hui de vastes plages de sable fin. Ces infusoires, marins et calcaires, abondent dans les terrain tertiaires. Erhenberg a su débrouiller ce chaos ; il s'est pris de passion pour l'étude de ces petits êtres ; il fit pour eux ce que Cuvier avait fait pour les colosses fossiles ; il les classa méthodiquement et en représente les formes singulières. Quelques coquilles du goupe des foraminifères, le plus important de ous, offren sous l'œil du microscope une analogie frappante avec la maison cloisonnée des nautiles. Leur coquille, se petite, qu'elle n'excède pas souvent la dimension de la plus fine pointe d'une aiguille, est ouverte de trous innombrables, à travers lesquels passaient de nombreux pieds mobiles, hérissés comme une touffe de racines.

« Les coquilles des foraminifères à l'état fossile

forment à elles seules des chaînes entières de collines élevées et des bancs immenses de pierre à bâtir. Le calcaire grossier des environs de Paris est dans certains endroits tellement rempli de ces dépouilles, qu'un centimètre cube des carrières de Gentilly, carrières par couches d'une grande épaisseur, en renferme au moins vingt mille, ce qui fait, par mètre cube, le chiffre énorme de *vingt milliards*. Quand nous passons près d'une maison en démolition, ou d'un édifice que l'on construit, et que nous sommes enveloppés par un nuage de poussière qui pénètre dans notre gosier, nous avalons souvent, sans nous en douter, des centaines de ces infiniment petits. Comme tous les édifices de Paris et une grande partie des maisons des départements voisins sont bâtis avec des pierres extraites des carrières des environs, il est évident que, sans exagération, la capitale de la France et beaucoup de villages et de villes tout autour sont construits avec des carcasses de foraminifères..... Les foraminifères ont donc sécrété une partie du sol sur lequel nous marchons, des maisons qui nous abritent et des édifices que nous léguons à la postérité. Chaque animalcule a fourni son grain solide, chaque race a déposé sa couche imperceptible, et Dieu, qui préside à ce mystérieux travail, a rassemblé ces grains et ces couches dans la durée des siècles, et en a composé des masses importantes[1]. »

C'est encore aux terrains tertiaires qu'il faut rapporter les débris des plus grands des foraminifères, les nummulites, ainsi désignés par les géologues, parce

[1] Moquin Tandon.

qu'ils offrent l'aspect d'une petite pièce de monnaie. Les formations nummulitiques atteignent souvent des dimensions gigantesques ; elles constituent la partie méridionale de l'Europe, des Alpes aux Apennins ; elles se retrouvent dans les Carpathes, dans le Maroc, dans l'Asie Mineure et jusque dans l'Inde [1].

Tous les fossiles des temps tertiaires nous indiquent bien en quelque sorte les premiers débuts de l'âge actuel, les reptiles se rapprochent visiblement de ceux qui vivent aujourd'hui ; les oiseaux laissent de leur passage sur la terre à cette époque d'assez nombreux débris.

Mais, comme nous l'avons indiqué précédemment, ce sont surtout les mammifères qui méritent de fixer l'attention du naturaliste. Tous les ordres y apparaissent ; leur importance devient tout à fait prépondérante, et forme le plus saillant caractère de cet âge du monde. Tout d'abord ce sont des *pachydermes* appartenant à quelques genres éteints, des *carnassiers* et des *rongeurs*, puis viennent des *proboscidiens* avec des *amphibies*, des *ruminants* et des *insectivores*, des *quadrumanes* et peut-être même des *bimanes*, c'est-à-dire l'espèce humaine. Les fossiles abondent dans toutes les couches tertiaires, mais c'est à l'aide de l'étude de leur distribution verticale que l'on a pu établir leurs subdivisions en trois périodes distinctes, auxquelles nous n'attachons d'ailleurs qu'une faible importance, car nous ne saurions trop répéter que ces divisions admises par la science, pour faciliter l'étude, sont

[1] Alcide d'Orbigny. *Paléontologie des coquilles et des mollusques.*

absolument artificielles. Quoi qu'il en soit, jamais l'ordre progressif dans la formation de l'organisme n'a mieux apparu qu'aux temps tertiaires, jamais le nombre des vestiges de l'animalité n'a été aussi abondant.

Les couches inférieures de l'époque tertiaire sont caractérisées par la prépondérance numerique des pachydermes ; une véritable légion de ces animaux sont enfouis aux portes mêmes de notre capitale, dans les carrières de Montmartre ou de Pantin, où pas un bloc de pierre n'en est exempt, et qui furent pour Cuvier l'occasion de quelques-unes de ses impérissables découvertes. C'est là que le grand naturaliste puisa les plus importantes ressources de la science des êtres fossiles, et qu'il apprit à faire revivre ces *mammifères de Montmartre*, dont quelques rares ossements lui suffisaient pour en faire la résurrection. Les pachydermes les mieux connus, les *Palæotherium*, les *Anoplotherium* et les *Xiphodon* apparurent de la sorte aux yeux de la science. Un grand nombre de découvertes postérieures allaient venir confirmer les vues de Cuvier, quelques autres aussi, et notamment celle toute récente du *Palæotherium magnum*, de Vitry, devaient y apporter des rectifications importantes.

Il n'est pas sans intérêt de bien faire ressortir l'ordre de succession des mammifères aux temps tertiaires ; l'étude si importante, si minutieuse qui a été faite des terrains superposés de ces âges anciens, nous autorise à essayer de donner le tableau chronologique des formes qui y ont vécu aux diverses périodes.

SUPERPOSITION DES TERRAINS TERTIAIRES	SUPERPOSITION CHRONOLOGIQUE DES MAMMIFÈRES FOSSILES.
TERRAINS PLIOCÈNES (tertiaires supérieurs ou *subapennins*).	Cet étage est caractérisé par ses *rhinocéros*, ses *éléphants* et ses *hippopotames*. Apparition de singes du genre *Pythecus*, abondance de *chauves-souris*, de *lièvres*, de *castors*. — Rongeurs (*marmotes, compagnols*, etc.). — Carnivores (*ours*). — Genre *Hipparion*, très voisin du cheval. — *Antilopes*. — Nouveaux *éléphants*, nouveaux *mastodontes*. — Cétacés (*baleines, dauphins, cachalots*). — Apparition probable de *l'homme*.
TERRAINS MIOCÈNES tertiaires moyens).	Cet étage est caractérisé par des animaux de taille gigantesque, des énormes probiscidiens, éteints aujourd'hui, et tels que le *mastodonte* et le *dinotherium*. — Apparition de 148 genres nouveaux. Nouveaux pachydermes (*rhinocéros, cochon, tapir, hippopotame*, etc.). — Ruminants (*cerf, antilope, chameau, girafe, brebis, bœuf*, etc.). — Carnassiers (*hyène, chat, loutre*, etc.). — Rongeurs (*rat, castor ; porc-épic*, etc.). — Insectivores (*musaraignes, taupe, hérisson*, etc.). — Singes. — Lamantins. — Cétacés.
GYPSE DE MONTMARTRE (éocène supérieur ou étage *parisien*).	Genres restaurés par Cuvier. Abondance des pachydermes (*Palæotherium, Xyphodon, Paloplotherium*, etc.). — Nouveaux genres de carnassiers (*chiens*, etc.). — Rongeurs (*écureuils, loirs*, etc.). — Cheiroptères (*chauves-souris*).
Couches de CALCAIRE GROSSIER (ou éocène moyen).	Pachydermes (*Palæotherium, Diphiodon*, etc.). — Chauve-souris. — Singe. — Sarigue. Les terrains *parisiens* offrent environ 120 genres nouveaux inconnus dans les terrains *suessoniens*.
TERRAINS INFÉRIEURS de l'étage *éocène*. — Terrains tertiaires inférieurs (éocène) — (étage *suessonien* ou *nummulitique* de M. A. d'Orbigny).	Apparition des monadelphes. — Pachydermes (genres *Coryphodon* et *Artocyon*). — Carnassiers (genre *Palæonictis*). — Ces terrains ont offert plus de 150 genres nouveaux, inconnus dans les terrains crétacés.

Ferons-nous de ces êtres si nombreux, si variés, une étude complète? Non. Ce serait nous engager dans le domaine de la zoologie. Mais nous choisirons parmi ces animaux fossiles quelques-uns de ceux qui n'ont plus de représentants sur la terre actuelle, et qui caractérisent particulièrement l'époque à laquelle ils ont appartenu. Nous poursuivrons cette étude en envisageant surtout les découvertes les plus récentes et les moins connues.

II

Le palæotherium magnum de Vitry. — Importance de cette découverte. — Photographie de son empreinte. — Ce qu'est le palæotherium. — Observations de M. P. Gervais. — L'anoplotherium. — Le xiphodon. — L'oiseau à dents de l'argile de Londres. — Les poissons fossiles de Puteaux. — L'hemirhynchus.

Les collections paléontologiques du Muséum se sont enrichies d'un squelette entier d'un de ces animaux les plus remarquables des temps tertiaires, du *Palæotherium magnum* ; les os sont en quelque sorte incrustés dans un grand bloc de gypse et de marne, exposé dans la salle d'entrée des galeries d'anatomie (fig. 73).

Nous reproduisons au sujet de cette pièce d'un haut intérêt les documents qui nous ont été communiqués par un naturaliste éminent, d'après les observations de M. P. Gervais, et qui offrent un intérêt particulier en ce sens qu'ils modifient singulièrement les idées que l'on s'était faites jusqu'ici sur un des êtres les plus importants des temps tertiaires [1].

[1] Voyez *Comptes rendus de l'Académie des sciences*, séance du 22 décembre 1873.

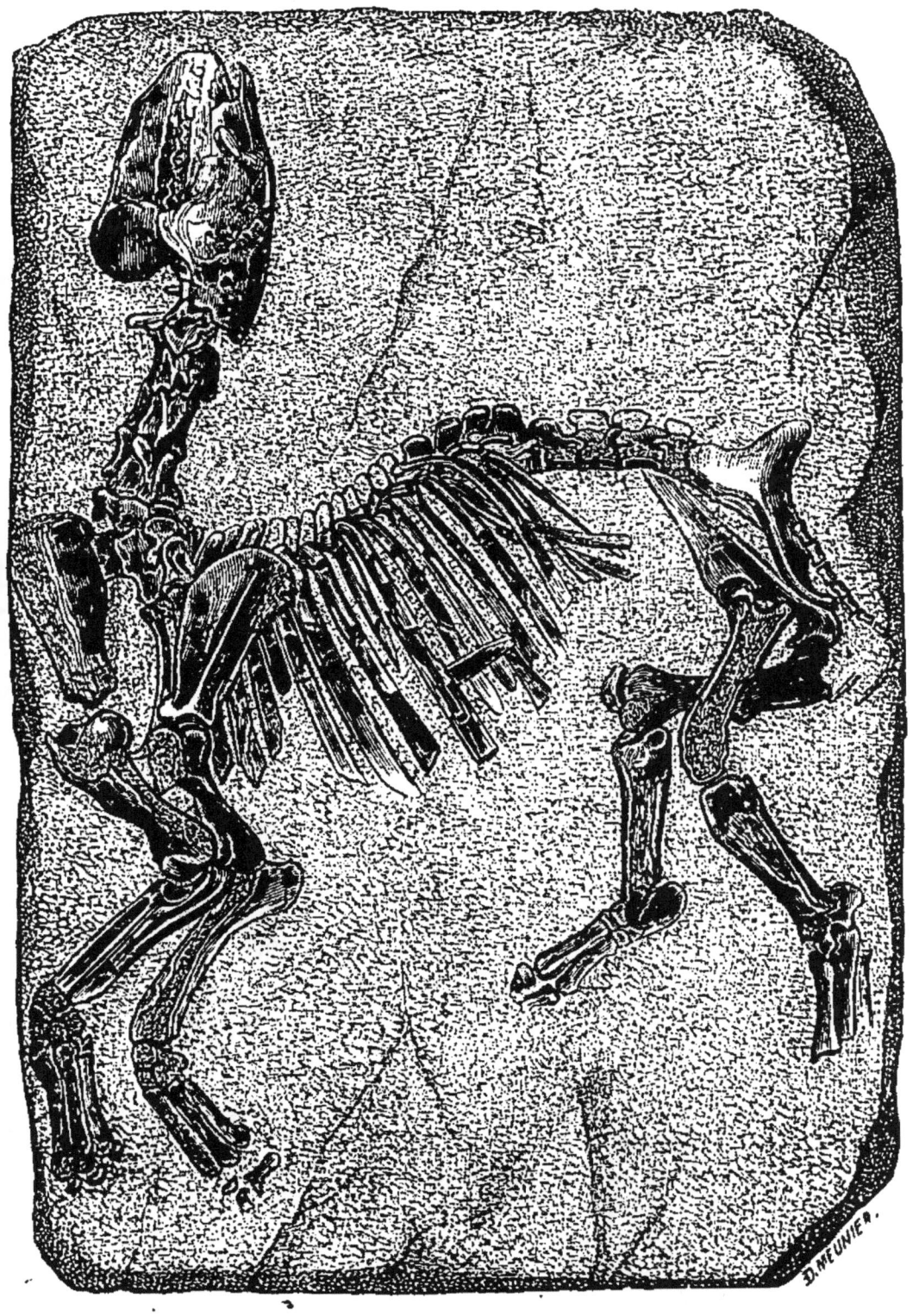

Fig. 75. — *Palæotherium magnum* de Vitry.
(Muséum d'histoire naturelle de Paris.)

Le *Palæotherium magnum*, dont le nom signifie animal ancien, se rattache à l'ordre des jumentés, c'est-à-dire au groupe d'animaux qui comprend, entre autres, dans la nature vivante, les rhinocéros, les tapirs et les chevaux. Toutes les collections paléontologiques, même les plus humbles, étaient abondamment pourvues depuis longtemps de débris ou de parties plus ou moins complètes de ce fossile, mais on n'avait pas encore eu la bonne fortune d'en découvrir un squelette entier. Le résultat de l'examen de la nouvelle pièce fossile a démontré que l'on s'était fait jusqu'ici une idée très inexacte de ce qu'était cet animal en lui attribuant les proportions et la conformation du tapir, ainsi que l'avait supposé Cuvier. Loin d'être lourd et presque massif, comme on le pensait, le *Palæotherium magnum* vient de se révéler comme un animal très gracile, d'un port fort élégant, dont l'encolure est encore plus allongée que celle du cheval, et qui semble assez exactement modelé extérieurement sur le même type que le lama. Sans vouloir aborder l'étude détaillée de sa structure ostéologique, nous dirons seulement que le *Palæotherium magnum* était un peu plus petit qu'un cheval de taille moyenne. On compte trois doigts à chaque pied ; la tête, à peu près conforme à celle du tapir, avait probablement aussi un rudiment de trompe ; le fémur porte un troisième trochanter ; le système dentaire est composé, à chaque mâchoire de six incisives, quatre canines et quatorze molaires, ces dernières ayant de l'analogie avec les mêmes dents chez les rhinocéros;

Le *Palæotherium magnum*, comme tous ses congénères, dont on connaît aujourd'hui une dizaine d'espèces environ, était herbivore et vivait sans doute par grands troupeaux. Son existence, comme nous l'avons dit, remonte à la partie moyenne de la période éocène; qui comprend les dépôts de gypse ou leurs équivalents géologiques, où l'on rencontre ses restes, ainsi que ceux de toutes les autres espèces du même genre. Cependant il avait fait apparition avant la formation gypseuse, et l'on a observé sa présence jusque dans les lits du calcaire grossier qui sont inférieurs à cette même formation et par conséquent plus anciens qu'elle.

Le nouveau Palæotherium provient d'une plâtrière située près de Vitry, et a été donné au Muséum par le propriétaire de cette exploitation, M. Fuchs.

La carrière de Vitry est souterraine ; on y pénètre par un long couloir qui s'étend au-dessous d'un massif considérable. L'exploitation a taillé dans le bloc de pierre des galeries qui s'entre-croisent à angle droit et qui donnent naissance à une série de chambres rectangulaires, qui séparent des piliers. Les restes du Palæotherium se sont rencontrés sur le plafond d'une de ces chambres. M. P. Gervais, avant de proposer à l'administration du Muséum le transport dispendieux d'une pièce de cette importance, en fit prendre un cliché photographique. Nous représentons, d'après des documents authentiques, cette intéressante opération, qui a été exécutée par MM. Molteni et Serrin, sous les yeux même de M. P. Gervais. Une lampe électrique lance ses rayons sur les débris du Palæotherium, et tandis qu'un

Fig. 74. — Photographie à la lumière électrique du Palæotherium magnum, dans les carrières de Vitry.

objectif photographique, incliné de bas en haut, va recevoir l'image du fossile, et la recueillir sur la plaque collodionnée. Le Palæotherium de Vitry s'est rencontré dans la carrière, couché sur le flanc, et dans une situation parfaitement horizontale, comme s'il avait trouvé la mort par la submersion dans l'eau. Depuis combien de siècles ce squelette était-il emprisonné dans le massif de pierre? C'est ce que nul ne saurait dire, mais bien des générations se sont succédé sur le globe, depuis le jour où cet être parcourait les prairies verdoyantes, jusqu'au moment où un appareil photographique se trouva braqué sur ses débris.

Le Palæotherium, vivait sur les continents tertiaires, avec un grand nombre d'autres animaux, dont nous passerons en revue les plus curieux.

L'*Anoplotherium* se compte au nombre de ses contemporains; c'est un herbivore qui devait avoir la taille d'un âne; il se distingue par une queue d'une longueur démesurée, et qui lui servait à se diriger quand il nageait au sein des fleuves et des lacs, où il cherchait sans doute un pâturage aquatique. « D'après ses habitudes de nager et de plonger, l'Anoplotherium, dit Cuvier, devait avoir le poil lisse comme la loutre; peut-être même sa peau était-elle demi-nue. Il n'est pas vraisemblable non plus qu'il ait eu de longues oreilles, qui l'auraient gêné dans son genre de vie aquatique, et je pense qu'il ressemblerait à cet égard à l'hippopotame et aux autres quadrupèdes qui fréquentent beaucoup les eaux. » Il existait des Anoplotheriums de dimensions très différentes, on en trouve de la taille des lièvres, on en rencontre même qui ne sont guère plus gros qu'un de nos rats.

Le *Xiphodon* était d'une grande délicatesse de forme et devait être aussi léger que la gazelle. « Sa course n'était point embarrassée par une longue queue ; mais comme tous les herbivores agiles, il était probablement un animal craintif, et de grandes oreilles très mobiles, comme celles du cerf, l'avertissaient du moindre danger. Nul doute enfin que son corps ne fût couvert d'un poil ras, et par conséquent il ne manque que sa couleur pour le peindre tel qu'il animait jadis cette contrée où il a fallu en déterrer, après tant de siècles, de si faibles vestiges[1]. »

Au premier temps de l'époque tertiaire, l'air était peuplé d'oiseaux, comme l'attestent quelques fossiles, notamment le *Gastornis parisiensis*, dont les débris ont été recueillis à Montmartre, par M. Gaston Planté.

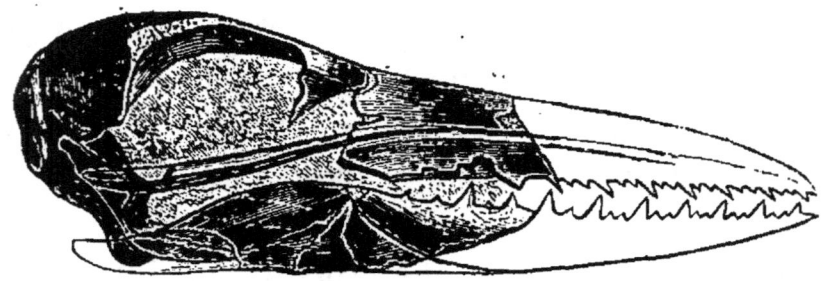

Fig. 75. — Crâne de l'oiseau à dents de l'argile de Londres.
(*Odontopteris*. — R. Owen.)

C'est au terrain éocène inférieur qu'appartient encore le remarquable crâne de l'oiseau à dents de l'argile de Londres, découvert à Sheppey, et auquel M. le professeur

[1] Cuvier, *Les ossements fossiles.*

Owen a consacré de longs travaux. Nous représentons cette pièce curieuse (fig. 75) en reconstituant les parties incomplètes qui n'ont pas été retrouvées. Ce crâne présente, comme on le voit, le long du bord des mandibules des dents ou plutôt des protubérances osseuses, qui lui donnent au premier abord quelque ressemblance avec l'ancien Ptérodactyle. Mais ici il s'agit d'un oiseau et non pas d'un reptile, comme l'a démontré d'une façon irrécusable le savant paléontologiste anglais. Cet oiseau, bien digne d'intérêt, a été nommé l'*Odontopteris*.

Les mers sont habitées par de nombreux poissons qui n'offrent plus les caractères des anciennes espèces, et dont l'épine dorsale s'arrête à la nageoire terminale, comme chez les poissons modernes. Quelques-uns de ces organismes des temps éocènes offraient une conformation des plus singulières ; on en jugera par le *Semaphorus velicans* d'Agassiz (fig. 76).

C'est encore aux portes de Paris que l'on a mis tout récemment la main sur un objet précieux, sur un banc de trois mètres de longueur, et entièrement rempli d'empreintes de poissons fossiles, qui, quoique d'une époque moins ancienne que les précédents, n'en sont pas moins remarquables : ils sont gravés sur une plaque de calcaire grossier qui appartient à l'âge moyen des temps éocènes, et qui s'est trouvée dans des carrières de craie. La découverte s'en est faite à Puteaux et a d'abord été examinée par M. Stanislas Meunier, à qui nous céderons la parole pour en faire la description.

« Je me rendis à Puteaux, dit le savant aide-naturaliste du Muséum, et je pus admirer encore en place la merveilleuse trouvaille. Les poissons, conservés jusque dans les moindres détails de leur squelette et de

Fig. 76. — *Semaphorus velicans* (1/8 de grandeur naturelle).

leur tégument, étaient accumulés les uns sur les autres et semblaient avoir succombé à la suite d'une action

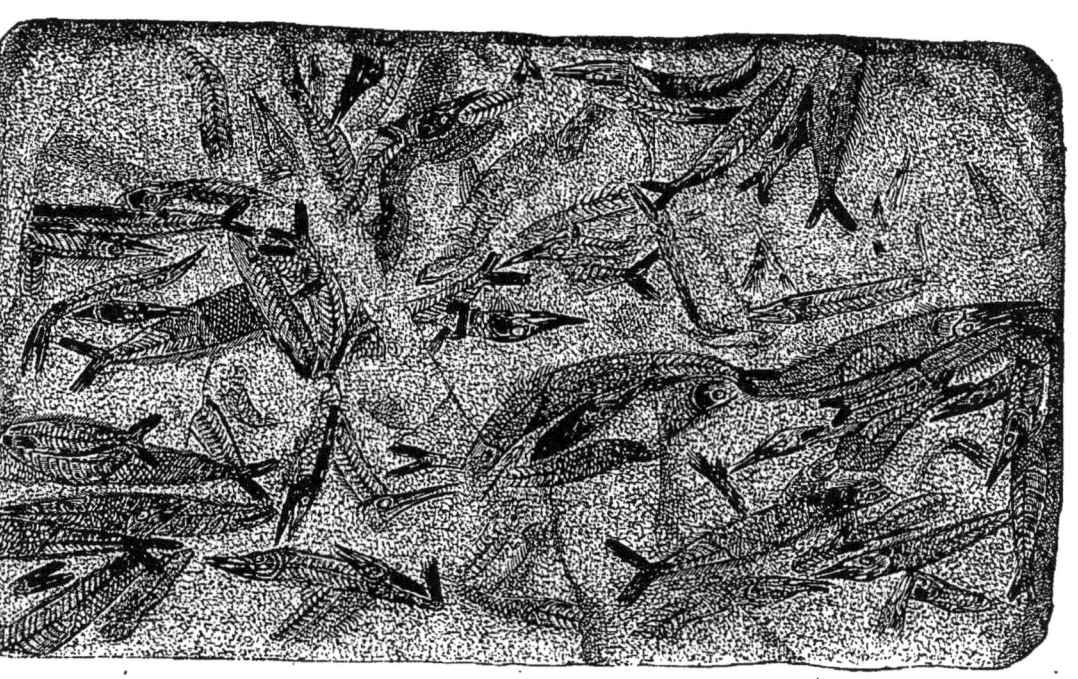

Fig. 77. — Les poissons fossiles de Puteaux. (Pièce paléontologique du muséum d'histoire naturelle de Paris.)

violente. On aurait dit qu'un cataclysme local avait subitement desséché la mer qu'ils habitaient ou que l'arrivée d'émanations empoisonnées en avait tout à coup rendu les eaux mortelles. Du moins n'expliquerait-on pas aisément d'une autre manière les contorsions que présentent souvent ces animaux et qui rappellent les allures tourmentées des poissons fossiles du Mansfeld et d'ailleurs. Je pris parmi les débris entassés par les carriers un certain nombre de morceaux bien conservés, qui furent déposés dans la collection du Muséum, et leur étude montre que l'animal dont les vestiges étaient ainsi retrouvés n'est autre que l'*Hemirhynchus Deshayesi*, d'Agassiz, poisson rarissime jusque-là.

« Quand il créa le genre *Hemirhynchus*, Agassiz n'avait à sa disposition qu'un échantillon incomplet ; aussi écrivait-il : « Il est à regretter que cette espèce, si importante en ce qu'elle établit un passage entre deux types assez différents, ne soit pas connue dans tous ses détails. Nous n'en connaissons jusqu'ici que la tête et une partie de la colonne vertébrale, mais à en juger par sa physionomie générale, il paraît que c'était un poisson très allongé. » Depuis cette époque, M. le professeur Paul Gervais a inséré dans son bel ouvrage, *Zoologie et Paléontologie françaises*, une figure d'un échantillon beaucoup plus complet de l'Hemirhynchus, ou peut-être d'un poisson un peu différent, qui, ayant les deux mandibules sensiblement égales, doit se ranger dans le genre *Palæorhinchus* de Blainville. En 1855, M. Hébert retrouva trois échantillons incomplets de l'*Hemirhynchus* à Nanterre, et montra que réellement les mâchoires sont inégales, comme l'avait signalé Agassiz en asseyant sur ce fait la caractéristique du genre qu'il créait. Enfin, l'année dernière, M. Van Beneden signalait dans le terrain bruxellien un fragment de poisson qui paraît appartenir à l'hemirhynchus et dont les vertèbres sont admirablement conservées ; mais c'est à peu près tout ce qu'on savait jusqu'au moment de la découverte de Puteaux au sujet de cet animal.

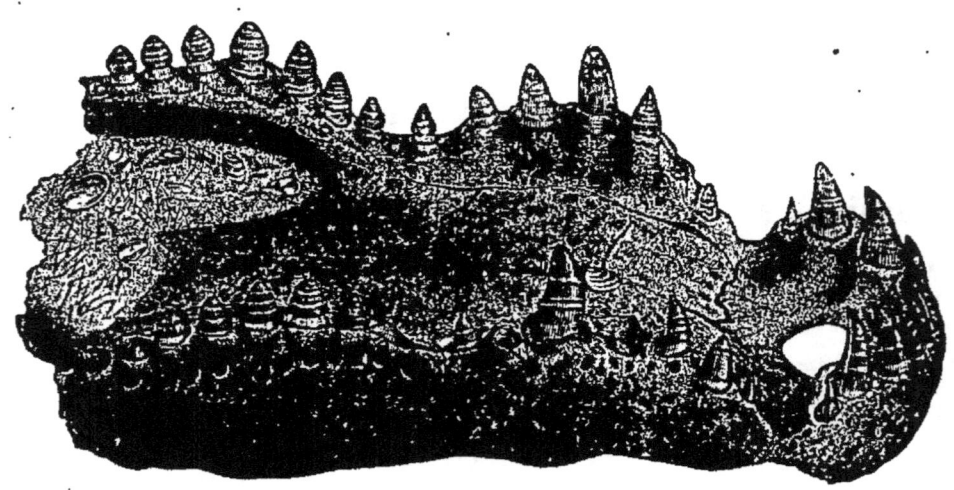

Fig. 78. — Mâchoire de l'alligator de l'Ile de Wight.

« On conçoit combien il était désirable d'assurer la conservation des empreintes de Puteaux, en les faisant figurer au Muséum de notre grande collection nationale. Mais des difficultés de plus d'un genre s'opposèrent pendant longtemps à leur acquisition. C'est seulement au bout de deux années que la grande plaque, de plus de trois mètres de côté (fig. 77), put être enfin transportée au Jardin des Plantes. »

Les batraciens, les grenouilles, qui apparaissent pour la première fois, les salamandres se rapprochent des formes actuelles, les tortues et les crocodiles remplissent encore les océans tertiaires ; parmi ceux-ci quelques-uns nous ont laissé des débris très complets, comme l'atteste la belle pièce paléontologique dont nous donnons l'aspect, et qui représente la mâchoire d'un animal, formidable, désigné sous le nom d'*Alligator de l'île de Wight* (fig. 78).

III

Le dinotherium ou le plus grand mammifère terrestre. — Le mastodonte ou animal de l'Ohio. — Le père des bœufs. — Dents en forme de mamelon. — Les animaux fossiles de l'Attique. — Recherches de M. A. Gaudry. — Les singes fossiles. — Apparition des troupeaux. — Les oiseaux des terrains miocènes de l'Allier. — Travaux de M. A. Milne-Edwards. — Le rhinoceros tichorinus. — L'homme tertiaire.

Quittons ces vestiges de poissons et de batraciens, quelque intérêt qu'ils puissent offrir; abandonnons ces continents peuplés de palæotheriums agiles, ces océans remplis de poissons bizarres, ces rivages que sillonnent les crocodiles ; montons d'un degré dans les terrains tertiaires; gravissons un nouvel étage dans cette sublime superposition de musées naturels ; envisageons les êtres nouveaux qui vont s'offrir à nos regards. Parmi ceux-ci, nous trouverons un grand nombre de mammifères, des singes, des chauves-souris, des rongeurs, nous aurons à jeter les yeux encore sur une population d'oiseaux et de reptiles, dont les caractères se rapprochent de plus en plus des animaux de l'époque moderne. Mais nous allons tout d'abord nous arrêter devant de véritables géants, les plus formidables qui se soient jamais montrés dans l'échelle des êtres.

Parmi les mammifères se présentent en effet des qua-

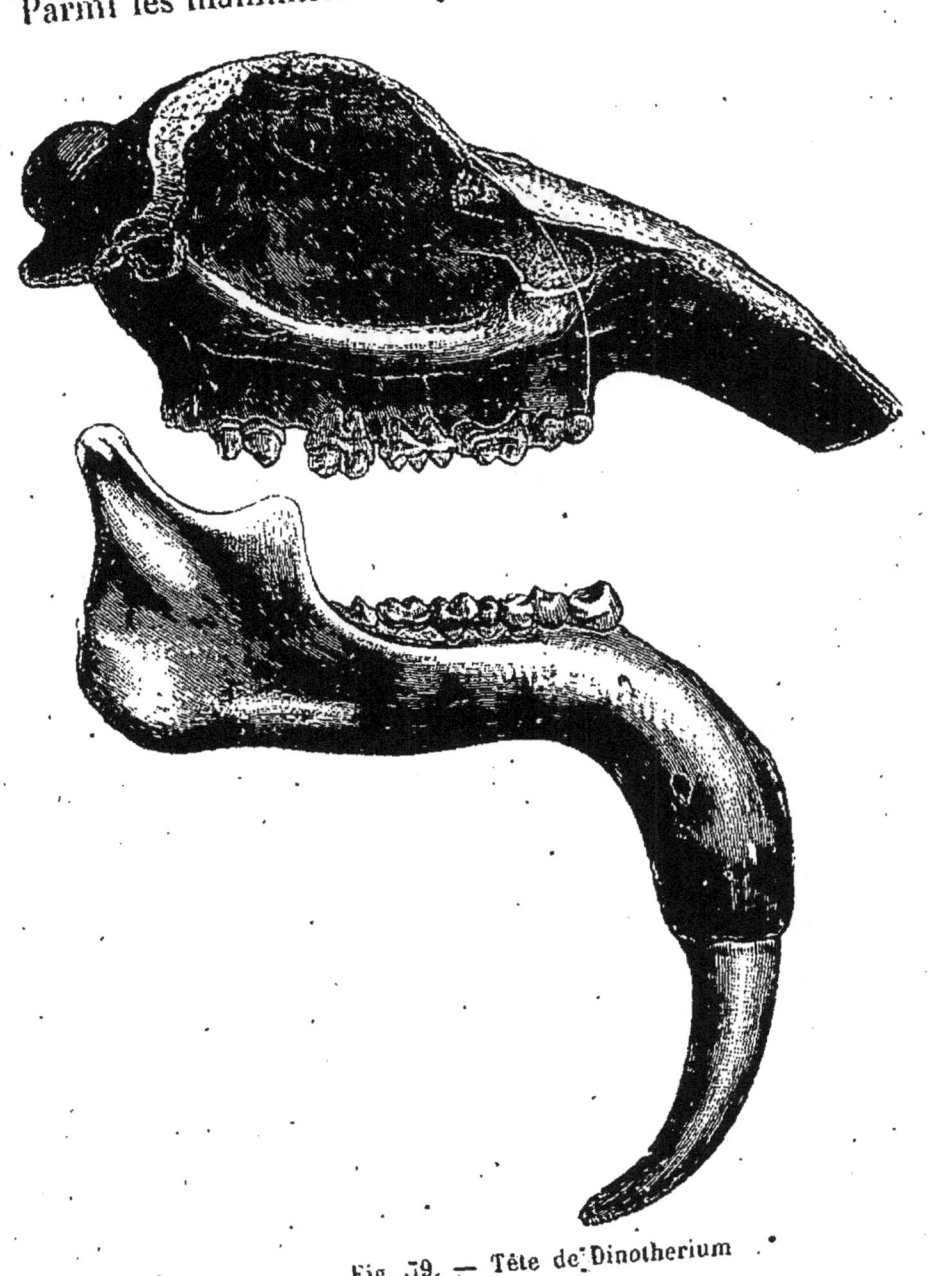

Fig. 59. — Tête de Dinotherium

drupèdes remarquables par leurs dimensions extraordinaires. Le *Dinotherium* (terrible animal) est le

plus digne de fixer notre attention : c'est le plus colossal habitant de la surface des continents.

La tête que nous représentons (fig. 79) a été découverte en 1836 dans les terrains miocènes du grand-duché de Hesse-Darmstadt ; elle atteint presque la longueur du corps d'un homme et mesure 1^m,50 de longueur sur un mètre de large. Les défenses, dignes de la bête, sont portées à l'extrémité inférieure du maxillaire inférieur, et recourbées de haut en bas comme chez les morses. La présence de trous sous-orbitaires très apparents permet de supposer que l'animal devait être muni d'une trompe.

Le Dinotherium est un pachyderme énorme, qui, comme bien des géants, avait probablement des mœurs assez douces : malgré l'énorme dimension de sa taille, il ne semble pas qu'il dût être féroce, car il était herbivore comme notre éléphant ; comme lui, il recueillait à l'aide de sa trompe, les herbes qui lui servaient de nourriture. Il s'en prenait innocemment aux végétaux et n'offrait pas la cruauté de ces terribles reptiles des temps jurassiques.

Le *Mastodonte*, quoique moins grand que le *Dinotherium*, n'en offre pas moins une dimension respectable ; c'est encore un des animaux dont les géologues ont depuis longtemps recueilli les plus abondants débris. Il ne dépassait pas la hauteur d'un éléphant, et comme cet animal il devait être muni d'une trompe. Ses défenses, très allongées, sont au nombre de quatre. Ses dents molaires constituent le caractère le plus saillant de son organisme : elles sont rectangulaires et présentent à la surface de leur couronne des tubérosités saillantes et arrondies, qui les rapprochent de celles de l'hippopotame.

Les premiers ossements fossiles de mastodonte ont été découverts en Amérique, en 1705, dans un sol qui constitue actuellement l'État de New-York ; ils furent trouvés dans un marais tourbeux, et rapportés en France, où Daubenton et Buffon les étudièrent ; Buffon le décrivit sous le nom d'*Animal de l'Ohio*, mais il s'égara dans les appréciations que lui suggéra l'examen des dents, et il crut pouvoir affirmer que cet être disparu était six ou huit fois plus grand que notre éléphant actuel.

En 1801, un naturaliste américain, Peale, trouva au bord de l'Hudson plusieurs squelettes de mastodontes ; l'un d'eux, reconstitué, fut exposé à Philadelphie : quelques années plus tard, le professeur Barton découvrit un grand nombre de vestiges de mastodontes dans le sol de la Virginie. Les restes de ce grand animal ne sont pas rares dans l'Amérique du Nord, et les sauvages du Canada et de la Louisiane les connaissent depuis la plus haute antiquité ; ils les considèrent comme les ossements d'une créature fantastique qu'ils appellent le *père des bœufs*.

C'est à Cuvier qu'il allait appartenir de marquer la vraie place de ce fossile dans l'échelle des êtres : il l'appela *mastodonte*, nom dérivé de deux mots grecs qui signifient *dents en forme de mamelon*. Ce grand mammifère a laissé des traces nombreuses de son passage sur la terre. Il y a plus de deux cents ans, d'après ce que nous rapportent les chroniques du dix-septième siècle, ses os pourraient bien avoir été confondus avec ceux du roi barbare Teutobochus. En 1613, on trouva, en effet, dans une sablonnière du Dauphiné, les ossements formidables de ce roi-géant, et, d'après leur description, toute grossière qu'elle soit, il semblerait qu'ils dussent appartenir à un antique mastodonte.

Quand on connut en Europe les ossements du premier mastodonte de l'Ohio, on crut d'abord que ce remarquable fossile se rattachait à un groupe spécial et nettement défini. Mais depuis quelques années, des naturalistes ont signalé dans les Indes de nouvelles espèces, qui se rapprochent de l'éléphant actuel par les caractères de leurs dents, et qui ont permis à quelques paléontologistes de réunir les mastodontes et les éléphants en un seul et même genre.

Les singes apparaissent dans les terrains miocènes; des travaux récents, dus à M. Lartet et à M. Albert Gaudry, ont jeté une vive lumière sur ce point, en même temps qu'ils ont fourni à la paléontologie des documents très précieux sur d'autres races fossiles non moins intéressantes. Dans le gîte ossifère de Sansas, M. Lartet a découvert des ossements de singes tertiaires. M. Gaudry en a trouvé d'autres dans les terrains de Pikermi.

C'est en Grèce, dans l'Attique, que le savant géologue français a fouillé ce véritable ossuaire d'animaux tertiaires, devenu si célèbre à la suite de remarquables investigations; c'est à Pikermi que M. Gaudry, après des recherches patientes et dignes des plus grands éloges, n'a pas rassemblé moins de cinq mille pièces paléontologiques.

La faune de Pikermi a offert un intérêt tout particulier en apportant à la science plusieurs types spéciaux qui n'avaient jusque-là jamais été rencontrés antérieurement dans d'autres régions. On compte parmi ceux-ci un singe, trois carnivores, dont l'un est voisin des civettes, et dont les deux autres se rapprochent des martres, deux porcs-épics, un édenté de grande taille, un mastodonte particulier, une girafe, un chevrotin et six formes nouvelles d'antilope.

L'importance des fouilles de Pikermi consiste essentiellement dans l'apport de nouveaux types intermédiaires qui établissent des liens plus étroits entre les espèces fossiles et les espèces vivantes [1].

Un naturaliste émérite, M. Vignes, qui a écrit à ce sujet un travail fort remarquable, insiste sur ce caractère, d'une façon très judicieuse. Nous lui empruntons ses appréciations : « Si Pikermi est favorable à l'étude des types intermédiaires, c'est avant tout parce qu'en raison de la grande quantité de débris qu'il recélait, il a permis de baser les comparaisons sur la plus grande partie du squelette de ses différents hôtes. Il nous montre à combien d'erreurs on s'expose en voulant baser une détermination sur des pièces isolées, surtout si elles appartiennent à des vertébrés; chez ceux-ci la difficulté devenant bien plus grande à cause de la mul-

---

[1] Albert Gaudry, *Animaux fossiles de l'Attique.* — *Considérations sur les mammifères qui ont vécu en Europe à la fin de l'époque miocène.*

tiplicité et de la grande variété des éléments dont il faudrait tenir compte, et dont pourtant la plupart font le plus souvent défaut. L'histoire de la science est d'ailleurs là pour prouver que les véritables tours de force qu'a pu se permettre le génie de Cuvier, ne laissent pas d'être téméraires dans beaucoup de circonstances : tel animal a ainsi figuré dans les catalogues à la fois sous le nom de Chèvre et d'Antilope ou sous ceux de Glouton et de Loup ; tel autre a été placé dans la famille des Ours, tandis qu'il représente réellement le type le plus parfait de celle des Chats. La faune de l'Attique comprend un certain nombre de types qui, dans un état de conservation moins complet, auraient parfaitement pu se trouver passibles des mêmes approximations et des mêmes inexactitudes. Une science profonde et une vaste érudition ne sont pas des garants infaillibles puisque rien ne peut suppléer à l'absence de pièces matérielles de quelque importance. Tel animal dont une certaine partie est semblable à la partie homologue d'un type particulier n'est pas, par cela seul, très voisin de celui-ci, car une découverte ultérieure peut montrer qu'il a emprunté la disposition d'une seconde partie aussi essentielle que la première à un autre type plus ou moins éloigné du précédent. Nous en prendrons pour exemple le nouveau mésopithèque de l'Attique. »

Avant les recherches de M. Gaudry dans les terrains de l'Attique, on ne connaissait que de rares débris de singes fossiles, dont le premier ossement avait été signalé dans les couches tertiaires de l'Himalaya. Le singe fossile de Pikermi a pu être reconstitué d'une façon complète; et ce qui lui donne un intérêt tout particulier c'est que, par ses caractères mixtes, il se place entre deux genres actuellement vivants. Son crâne et ses dents, examinés isolément, sembleraient devoir en faire un semnipothèque, singe très mince et très élancé de l'Asie méridionale. Ses membres, beaucoup moins grêles que chez ce dernier, le rapprochent au contraire du Macaque. M. Gaudry a voulu rappeler cette double analogie en donnant au curieux singe fossile de l'Attique le nom de mésopithèque (μεσος qui est au milieu, πίθηξ singe).

Ce singe mesurait environ $1^m,50$, depuis la tête jusqu'à l'extrémité du bassin. La femelle était un peu plus petite que le mâle, comme cela se remarque habituellement chez nos singes actuels. Le nombre des individus recueillis à Pikermi, nous autorise à supposer que les singes tertiaires vivaient comme de nos jours en bandes nombreuses; mais il nous fournit encore d'autres curieux détails sur ces temps reculés. Si des singes, habitants des pays chauds, prospéraient jadis sur le sol qui devait donner asile à des Alcibiades et des Périclès, n'est-il pas probable que cette contrée était alors soumise à une température beaucoup plus élevée que dans les temps historiques? N'y a-t-il pas là une nouvelle preuve des modifications des climats à travers les âges géologiques, modifications qui ont dû jouer un rôle capital dans l'apparition et la disparition des espèces.

Nous ne quitterons pas l'ossuaire de Pikermi sans signaler encore l'Anchitherium et l'Hipparion, qui, comme le Mésopithèque se sont placés à la façon d'un trait d'union entre les Équidés et les Rhinocéridés. Il nous serait facile de multiplier les exemples de cette nature en puisant à la source féconde des observations de M. Gaudry.

Les travaux du paléontologiste français sont de ceux qui ont le mieux éclairé le tableau d'une des périodes les plus curieuses des temps tertiaires, en même temps qu'ils ont jeté une vive lumière sur quelques chapitres les plus intéressants du beau livre de la philosophie naturelle. M. A. Gaudry nous démontre encore par ses recherches que les herbivores prennent un grand développement à l'époque du miocène supérieur, que la girafe y atteint une taille considérable, que les antilopes et les cerfs se revêtent de formes très variées ou s'ornent de bois très compliqués. Ce développement tardif des herbivores est digne de fixer l'attention, car ces animaux représentent des types très perfectionnés ; ils signalent enfin une date importante dans l'histoire des êtres, c'est-à-dire celle de l'apparition des troupeaux.

« On doit noter aussi, dit M. A. Gaudry, que ces animaux comptent parmi les plus séduisants de la création, de sorte que non seulement ils ont donné plus de mouvement au monde animal, mais aussi ils ont contribué à l'embellir. Il est permis d'appliquer à la plupart d'entre eux ces mots que Brehm a dit des gazelles : *Elles ont une utilité esthétique.* Qui peut, en effet, voir, sans les admirer et même les aimer, ces bêtes dont le regard est si doux, la tête si fine, les allures si vives, toutes les formes si bien proportionnées ? Quand, par la pensée, on se transporte au pied du Léberon pendant la fin des temps miocènes, et qu'on se représente les bandes d'hipparions, de trajocères et de gazelles, on admet volontiers que depuis le commencement du tertiaire le monde animal a progressé en beauté. »

Quittons le monde terrestre et jetons les yeux sur le monde aérien, guidé par M. Alphonse Milne-Edwards, qui a retiré des terrains miocènes de l'Allier soixante-dix espèces d'oiseaux, appartenant aux groupes les plus divers, et dont un certain nombre ont disparu complètement du théâtre de notre monde. Des perroquets et des couroucous faisaient entendre leurs ramages sur la cime des arbres, des hirondelles salaganes fendaient l'air de leur vol rapide, des grands marabouts, des grues, des flamants, des ibis, des échassiers, des pélicans, des canards, des cormorans, se promenaient sur les rivages de cet âge ou sillonnaient la surface des eaux ; des nuées de mouettes et de plongeons traversaient l'espace [1]. Le *Palælodas ambiguus* est un des plus remarquables oiseaux des terrains de l'Allier (fig. 80). Il n'avait pas moins d'un mètre de haut ; et, par sa forme comme par ses proportions, il n'a plus de représentant dans la génération ornithologique moderne.

A combien de surprises ne faut-il pas s'attendre, en remuant les couches terrestres que pendant si longtemps l'homme a foulées du pied, sans soupçonner l'existence des merveilles qu'elles recèlent dans leur

---

[1] *Recherches sur les oiseaux fossiles*, par A. Milne-Edwards.

sein? Qui aurait pu croire, il y a un demi-siècle seulement que des bandes de singes ont autrefois peuplé la Grèce, et que des nuées de flamants ou d'ibis, ont jadis sillonné l'atmosphère qui couvre le sol de la France?

Sur les continents s'élèvent des végétaux qui ne ressemblent plus à ceux des temps précédents; ce sont à présent des fougères, des bambous, des palmiers, des bananiers, des figuiers, des érables, des noyers et des saules, qui protègent le sol d'un doux ombrage, en un mot, des plantes analogues à celles de nos pays chauds ou de nos climats tempérés.

« De cette époque datent des couches puissantes de lignites, résultat de l'accumulation séculaire de tous ces arbres différents. Il semble que la végétation arborescente atteigne alors son apogée. Des *smilacites* enlaçaient comme des lianes ces grands végétaux qui tombaient sur place de vétusté. Quelques parties de la terre nous offrent encore ces grandes scènes de végétation. Elles ont été décrites par les voyageurs qui ont parcouru les régions tropicales, où souvent la nature déploie le luxe le plus grandiose sous des rideaux de nuages qui ne permettent pas aux rayons du soleil de venir éclairer la terre. M. d'Orbigny en rapporte un exemple très intéressant : « J'avais atteint, dit-il, une zone (Rio Chapuré, Amérique du Sud) où il pleut régulièrement toute l'année. A peine aperçoit-on par intervalles les rayons du soleil à travers les rideaux de nuages qui le voilent presque constamment. Cette circonstance, jointe à la chaleur, donne un développement extraordinaire à la végétation. Les lianes tombent de

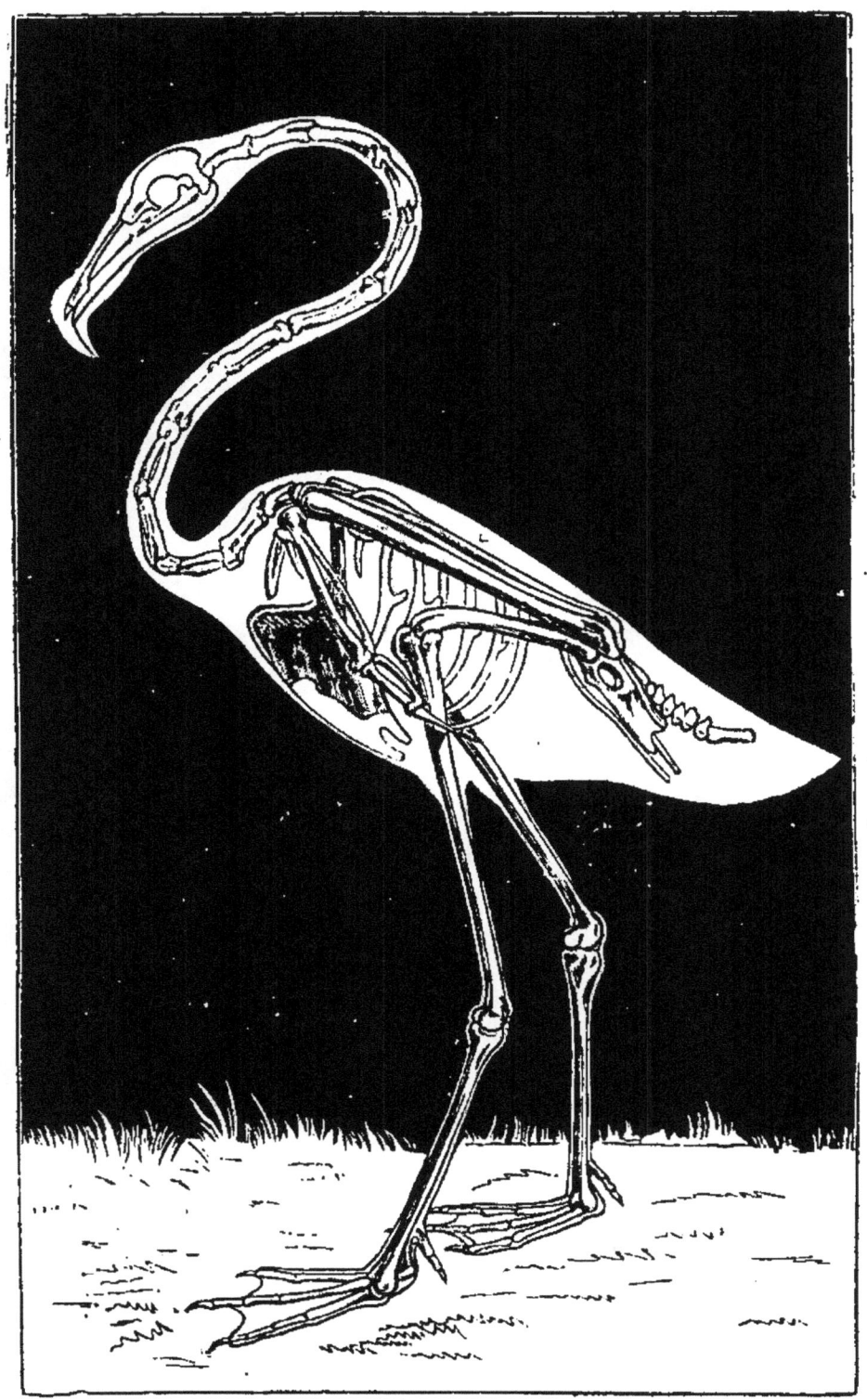

Fig. 80. — Squelette d'oiseau fossile des terrains tertiaires de l'Allier (*Palælodas ambiguus*, 1/10 grandeur naturelle, d'après M. A. Milne-Edwards).

toutes parts en guirlandes du haut des arbres dont le sommet se perd dans la nue [1]. »

On voit que la succession des êtres a été remarquable dans les temps tertiaires, mais nous n'avons pas encore examiné les terrains qui se sont formés pendant la dernière période pliocène. Les palmiers vont disparaître dans les parages européens; les érables et les chênes vont prendre un développement particulier. Parmi les mammifères, le *chameau*, l'*hippopotame*, le *cheval*, le *bœuf*, le *cerf*, etc., vont naître, les *rhinocéros*, les *singes* vont prendre un développement important, tandis que quelques espèces des périodes précédentes vont s'éteindre, comme le mastodonte.

Le *Rhinocéros tichorhinus* joue un grand rôle dans l'histoire des êtres vivants, et il est intéressant de signaler l'époque de son apparition. Son nom indique son caractère de *cloison osseuse du nez*, qui sépare les deux narines, disposition anatomique que l'on ne trouve plus chez le rhinocéros actuel. Le nez du rhinocéros fossile était surmonté de deux cornes, qui se sont détachées dans la tête dont nous donnons l'aspect (fig. 81).

Le Rhinocéros a déjà commencé à se montrer sur la terre à l'époque miocène; le *Rhinocéros pachyderme* est encore une des pièces les plus curieuses de l'ossuaire de Pikermi. Aux temps pliocènes, c'est le *Rhinocéros tichorhinus* qui apparaît en abondance. Le corps de ce curieux animal était couvert de poils, et sa peau n'offrait pas les callosités rugueuses de celle qui recouvre

---

[1] Lecoq, *Géographie botanique*.

aujourd'hui notre rhinocéros d'Afrique. L'aspect de cet être fossile est parfaitement connu, car le naturaliste Pallas, en 1772, eut la bonne fortune de recueillir dans les glaces de la Sibérie un Rhinocéros tichorhinus, tout à fait intact, entièrement complet, avec sa chair,

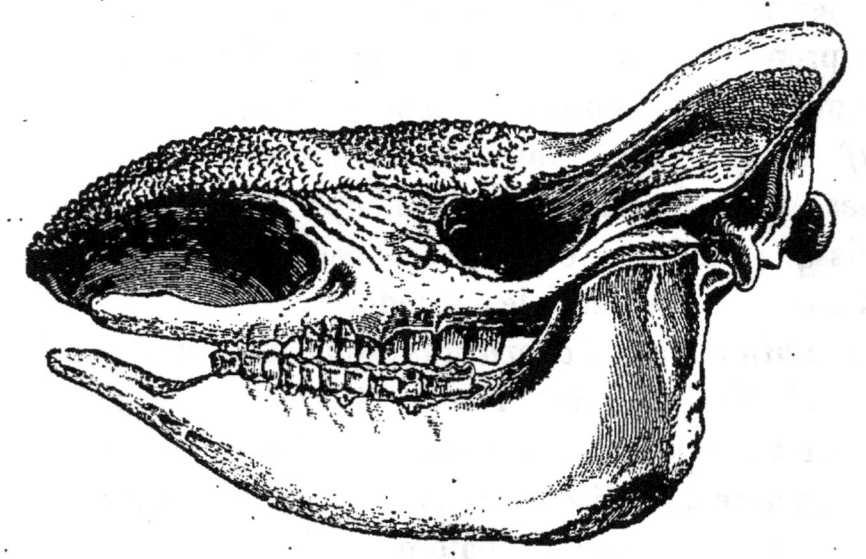

Fig. 81. — Crâne de rhinocéros tichorhinus.

sa peau et ses poils. Une semblable trouvaille est un fait trop rare dans les annales de la géologie pour que nous n'en reproduisions pas les circonstances intéressantes.

« Arrivé à Iakoustk (Sibérie), au mois de mars de l'année 1772, dit Pallas, une des premières choses curieuses qui me furent présentées, ce fut la tête fossile d'un animal énorme, encore pourvue de sa peau naturelle, et à laquelle adhéraient même de nombreux restes de muscles et de tendons. A sa forme et à ce qui restait des cornes, je reconnus sur-le-champ une tête de Rhinocéros. Frappé d'un fait si étrange, mais encore dans le doute, je fus bientôt confirmé dans mon opinion, quand on me montra aussi les pieds de l'animal, dont la partie de derrière était entière jusqu'au fémur. On voyait encore l'extrémité antérieure de ce pied. On reconnaissait dans tout cela non seulement les traits caractéristiques du rhinocéros, mais encore la peau, et qui plus est, les fibres les plus grosses des chairs durcies. Ces restes me furent donnés par Son Excellence le gouverneur de la province d'Irkoutsk et de toute la Sibérie orientale, le général Adam de Bril, chevalier de la Toison-d'Or. Ils me furent transmis ce même hiver de Iakoutsk par le préfet de cette ville, qui est située sur les bords du Viloui, fleuve qui coule sous le 64° environ de latitude nord, et se jette dans la Léna un peu au-dessous d'Iakoutsk. Je reçus à Iakoutsk, le 27 février 1872, la relation de la découverte de cet animal. Cette relation, composée par le préfet Jean Argounof, et écrite en langue russe, est datée du mois de décembre 1771, d'un petit bourg situé à l'embouchure du Viloui. J'en offris une copie textuelle à l'Académie : Le rhinocéros auquel les membres ainsi retrouvés ont appartenu, n'était ni des plus grands de son espèce, ni fort avancé en âge, comme l'attestent les os de la tête qui sont moins soudés que dans les crânes que j'ai décrits autrefois. Il était toutefois évidemment adulte, comparaison faite de la grandeur de son crâne avec ceux des animaux de même espèce plus âgés qu'on a trouvés à l'état fossile dans les diverses régions de la Sibérie. La longueur entière de la tête, depuis le haut de la nuque jusqu'à l'extrémité de sa mâchoire osseuse dénudée, était de deux pieds trois pouces et demi de France. Les cornes n'ont point été apportées avec la tête; elles avaient été sans doute enlevées par les eaux du fleuve ou par quelques-uns des chasseurs qui traversent ces contrées. On voit encore des vestiges évidents des deux cornes nasale et frontale. Le front inégal, un peu protubérant entre les orbites, d'une forme ovaire rhomboïdale, est dépourvu de peau, et seulement recouvert d'un léger périoste corné et hérissé de poils tout droits, durs comme de la corne [1]. »

On est loin de posséder des renseignements aussi complets sur tous les animaux fossiles des temps tertiaires; mais on connaît par leurs squelettes un grand nombre d'autres habitants non moins curieux des anciens continents de cet âge du monde terrestre.

C'est encore à l'époque pliocène que le plus grand de tous les cerfs prend naissance; ses ossements ont été trouvés dans les Indes, au sein des monts Sivaleks, où les habitants adorent une idole qu'ils appellent *Siva*; aussi l'a-t-on désigné sous le nom de *Sivatherium*; il atteignait la taille d'un de nos éléphants modernes.

Ce devait être un curieux spectacle que celui de ce formidable animal, parcourant les forêts et les plaines, avec les quatre bois divergents qui couronnaient sa tête. Deux de ces bois étaient solidement plantés en haut du front; et les deux autres presque horizontaux, s'élançaient au-dessus des sourcils; jamais disposition semblable ne s'est vue chez des animaux analogues.

[1] Mémoire de Pallas intitulé: *Sur quelques animaux de la Sibérie.*

Jetons encore les yeux sur d'autres parties du musée d'ossements entassés dans les terrains supérieurs des temps tertiaires ; faisons revivre ces antiques squelettes enfouis depuis tant de siècles dans les sédiments. Voici des salamandres énormes qui atteignent la taille de nos crocodiles ; voici, au milieu des mers, des cétacés, gigantesques mammifères marins, des dauphins, des baleines qui prennent leurs ébats au milieu des flots, voici des phoques et des narvals. Les ossements de baleines tertiaires ont été recueillis en grand nombre, en Écosse par M. Cortesi, et jusque dans le sous-sol de la cave d'un marchand de vins à Paris. En 1779, un cabaretier de la rue Dauphine mit à nu, en fouillant sa cave, des ossements d'une dimension prodigieuse que le naturaliste Lamnon étudia et qu'il reconnut pour les os de la tête d'un cétacé. Ces débris si extraordinaires firent la fortune du cabaretier, en attirant dans sa boutique une foule de visiteurs chez la plupart desquels la curiosité scientifique n'excluait pas la soif. Les ossements de la baleine parisienne furent bientôt achetés par le musée de Teyler, à Harlem, où on peut les étudier encore aujourd'hui.

On voit combien le monde tertiaire se rapproche du monde moderne. Parmi ces êtres si analogues à ceux de nos continents et de nos mers, l'homme existait-il ?

D'après certains géologues et paléontologistes, la réponse serait, à n'en pas douter, affirmative ; cette question de l'origine de l'humanité a une importance considérable, et des documents nombreux semblent en reculer la date jusqu'aux temps que nous venons de passer en revue. M. l'abbé Bourgeois est un des savants modernes qui ont le plus ardemment défendu la doctrine de l'homme tertiaire. Nous n'avons pas vu de près les pièces sur lesquelles M. Bourgeois fonde ses preuves, mais nous céderons à ce sujet la parole à un savant émérite, M. Ch. Contejean, qui les a soumises à une investigation minutieuse. « Les preuves, dit M. Contejean, consistent dans les silex taillés recueillis par M. l'abbé Bourgeois, à divers niveaux dans les faluns, les sables de l'Orléanais et les calcaires de la Beauce des environs de Pontlevoy (Loir-et-Cher). Je laisse de côté les os portant des entailles, M. Bourgeois ayant reconnu lui-même qu'elles doivent être attribuées à divers poissons carnassiers.... J'ai voulu visiter la belle collection de M. Bourgeois, j'en ai étudié, même à la loupe, les principaux spécimens, et je déclare que, dans ma conviction intime, tous les silex qui m'ont été soumis, sont taillés et portent manifestement la trace du travail de l'homme et quelquefois d'un long usage. Qu'il me soit permis d'affirmer à ce propos que je crois avoir une grande habitude des silex façonnés ; que je n'ai négligé aucune occasion d'en voir et d'en rechercher, et que j'ai étudié des milliers d'échantillons de toutes provenances. On a reproché aux gisements de Pontlevoy d'être superficiels. Dans de pareilles stations, il peut arriver, en effet, que des objets d'âge différent finissent par se trouver fortuitement réunis par les mêmes assises. Mais il y aurait d'abord à prouver que cette objection s'applique au cas particulier. En outre, l'argument perd une partie de sa valeur si l'on considère que plusieurs silex ont été retirés du fond d'un puits creusé dans des assises tertiaires bien en place, recouvertes par d'autres couches parfaitement intactes. D'ailleurs, pour appartenir aux types ordinaires, qui se reproduisent à toutes les époques, les silex tertiaires sont plus grossièrement façonnés, et se distinguent, à leur apparence, de ceux de l'époque quaternaire. Il est donc bien difficile de se refuser à admettre l'existence de l'homme tertiaire. »

Plusieurs des pièces les plus curieuses trouvées par M. l'abbé Bourgeois et par un autre savant non moins zélé, M. l'abbé Delaunay, sont actuellement exposées dans le magnifique musée de Saint-Germain. En les examinant attentivement, le doute ne semble guère possible : ce sont des pierres éclatées par le feu et polissées par le frottement ; ce sont encore des os d'Halitherium, sur lesquels on aperçoit des entailles faites avec un outil tranchant. Le travail de l'homme apparaît donc bien manifestement sur ces objets, qui ont été trouvés dans des assises non remaniées de l'époque tertiaire, et tellement anciennes que plusieurs séries d'êtres vivants se sont succédé depuis leur formation et celle des terrains quaternaires. Nous verrons dans la suite que quelques paléontologistes n'admettent pas ces affirmations, auxquelles ils opposent des réfutations énergiques.

IV

L'ossuaire fossile des montagnes Rocheuses. — Les découvertes du professeur Marsh. — Nouvelles espèces de mammifères fossiles. — Le *dinoceras* ou éléphant cornu. — Nouveaux oiseaux. — Odontornithes. — Brontotherium ingens.

Nous demanderons à nos lecteurs la permission d'interrompre momentanément la chaîne de l'histoire organique terrestre, de remonter un peu en arrière pour les entretenir de découvertes toutes récentes qui se sont accomplies en Amérique. Leur importance exceptionnelle nous autorise à les mentionner d'une façon spéciale, et le chapitre qu'on va lire nous permettra de mieux reprendre ensuite notre marche rapide à travers les mondes anéantis.

Une véritable population d'animaux d'espèces éteintes a été trouvée aux États-Unis dans les terrains tertiaires de la région des montagnes Rocheuses; quelques-uns des plus remarquables d'entre eux sont des mammifères gigantesques provenant des dépôts éocènes de Wyoming. Il importe de les faire connaître, et des renseignements exacts sur ces fossiles sont d'autant plus opportuns que des erreurs ont été commises à leur égard. Ces animaux égalaient presque l'éléphant par la taille. La tête, osseuse, longue et étroite, a trois paires de cornes bien séparées entre elles. La mâchoire supérieure est armée de grandes défenses courbes dirigées en bas, constituées par les canines et rappelant celles des morses, mais elle est dépourvue de dents incisives. Les molaires, au nombre de six, sont très petites et d'une forme particulière.

On a trouvé plusieurs espèces de ce type mammalien remarquable, mais toutes ne peuvent pas encore être décrites avec certitude. L'espèce typique du groupe, le *Dinoceras anceps*, fut découvert en septembre 1870. En 1872, le professeur Cope donna le nom de *Loxolophodon semicinctus* à une espèce analogue à celle dont il va être question.

Le musée de Yale-College possède aujourd'hui les débris d'une innombrable quantité d'individus appartenant à l'ordre des *Dinocerata*, auquel se rapportent les types de diverses espèces déjà décrites par le professeur Marsh[1]. Celles-ci sont toutes représentées par des pièces bien caractérisées, et l'une d'elles, le *Dinoceras mirabilis*, par une tête entière et un squelette presque complet. Cette circonstance a permis à l'auteur de déterminer avec certitude les caractères et les affinités de ce très singulier groupe d'animaux. La plupart des caractères crâniens ont été constatés sur une tête dans un état de conservation parfaite et que représentent les figures ci-contre.

[1] *American journal of Science and Arts*, 1873.

Cette tête est remarquablement longue et étroite (fig. 82, 83, 84). Les trois paires de cornes osseuses

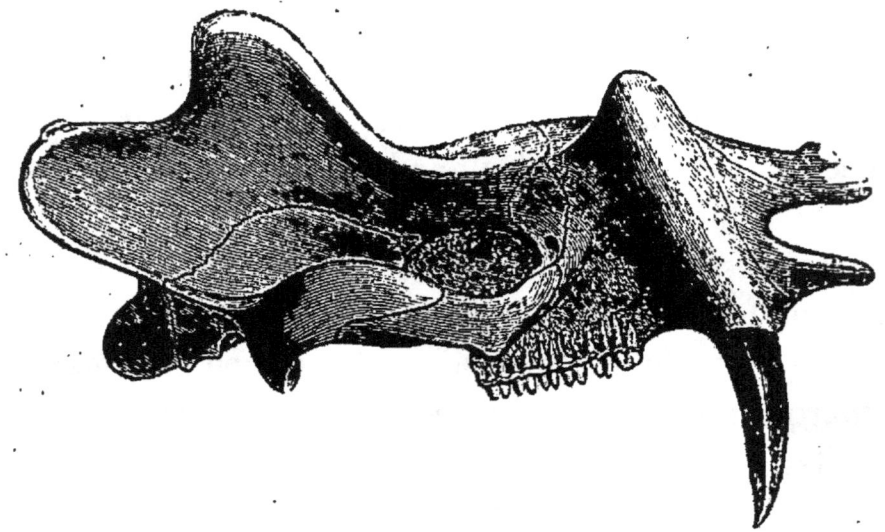

Fig. 82. — *Dinoceras mirabilis* découvert aux États-Unis. (Tête vue de profil.

qui la garnissent s'élèvent successivement l'une au-dessus de l'autre, et l'énorme crête qui entoure la cavité profonde du sinciput contribue, ainsi que les

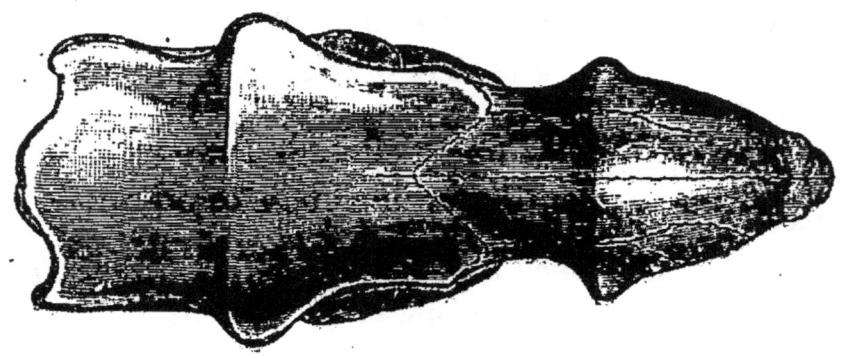

Fig. 83. — Tête du dinoceras vue en dessus.

grandes défenses décurrentes, à lui donner un aspect singulier dont aucun autre animal vivant ou fossile ne nous offre d'exemple.

Les cornes des Dinocerata constituent un caractère fort remarquable. Celles des os nasaux étaient probablement courtes et dermiques, à peu près comme celles des rhinocéros, mais plus petites; celles des os maxillaires coniques, très allongées, constituaient certainement des armes défensives puissantes. Les cornes postérieures étaient plus grandes, la forme comprimée de leur axe osseux indique qu'elles devaient être élargies et peut-être branchues [1].

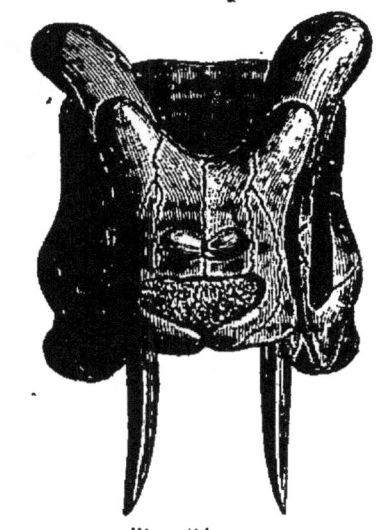

Fig. 84.
Tête du Dinoceras vue de face.

M. Alph. Milne-Edwards, en rendant compte de l'intéressante découverte du professeur Marsh dans une des réunions de la Société philomatique, a fait remarquer que, d'après la forme et la disposition de ces trois espèces de protubérances osseuses, il incline à penser qu'elles pourraient bien ne pas avoir porté de cornes, mais correspondre à des lobes dermiques analogues à ceux dont la tête des phacochères est garnie, et qui prennent chez les vieux mâles un développement considérable. M. Alph. Milne-Edwards a ajouté que, par la forme allongée de la tête, la concavité de la région frontale, ainsi que par l'existence de pièces osseuses qui semblent être comparables aux os du boutoir, le *Dinoceras mirabilis* offre certaines ressemblances avec les porcins.

[1] *Annales des sciences naturelles*, 5ᵉ série.

Les investigations du professeur Marsh n'ont pas été bornées à l'étude des mammifères : le savant paléontologiste de Yale-College a mis la main sur une nouvelle sous-classe d'oiseaux fossiles très remarquables, désignés sous le nom d'*Odontornithes*. Ces oiseaux sont pour la plupart pourvus de dents, et parmi les plus curieux nous citerons l'*Ichthyornis celer* qui a été entièrement reconstitué par le professeur Marsh. La découverte de ces fossiles est un progrès très important pour la paléontologie. Il tend en effet à faire tomber les vieilles distinctions entre les Oiseaux et les Reptiles, résultats auxquels l'*Archæopteryx* dont nous avons précédemment parlé, avait déjà contribué[1]. Le professeur Marsh, par ses beaux travaux, a ouvert la voie à de nombreux explorateurs qui continuent ses conquêtes, et ses découvertes doivent être rangées parmi les plus importants documents paléontologiques de notre époque.

Mais l'illustre savant de Yale-College devait encore se signaler à l'attention des géologues. Après avoir fait de si belles trouvailles dans les terrains éocènes de la partie orientale des montagnes Rocheuses (États de Dakoti, Nebraska, Wyoning, bas Colorado), il a eu l'heureuse fortune d'ajouter d'autres raretés à celles dont il avait précédemment doté la science. Les secondes espèces fossiles du professeur Marsh ont été rencontrées cette fois dans les couches miocènes des mêmes régions ; elles représentent un groupe d'a-

---

[1] *American journal of sciences and arts*. 1873.

nimaux qui diffèrent encore de toute forme connue.

Brontotherium ingens, tel est le nom que le professeur Marsh donne à l'animal; son crâne, qui n'a pas moins d'un mètre, et très long et singulièrement plat. Il est caractérisé par le développement d'une énorme paire de cornes qui partent presque entièrement des os du nez. Les membres du Brontothérium sont plus courts que ceux de l'éléphant, et le professeur Marsh a surtout fixé l'attention des naturalistes sur la large ouverture du nez, la rugosité des extrémités nasales. Il semble certain que ce curieux animal n'avait pas de trompe.

Le journal anglais *Nature*, auquel nous empruntons les intéressants détails qui précèdent, fait remarquer que la connaissance de ces types d'animaux doit donner lieu à maintes réflexions sur l'évolution des races. En effet, plus que tout autre fait, celui-ci indique nettement jusqu'à quel point sont encore incomplètes nos annales géologiques, et combien l'on doit tenir compte de l'imperfection de nos connaissances paléontologiques pour constituer la généalogie des mammifères.

Que de richesses en effet sont encore enfouies à notre insu dans les entrailles de la terre! Que de documents précieux pour l'histoire du globe sont à recueillir! Ce que nous savons n'est rien à côté de ce qu'il nous reste à savoir, et les découvertes faites jusqu'ici sont pauvres, si on songe à l'abondance de celles qu'il est dans la destinée humaine d'accomplir.

C'est surtout sur les continents éloignés comme l'Amérique ou les Indes que les chercheurs ont chance de faire des rencontres précieuses. A peine le professsur Marsh a-t-il ressuscité un monde nouveau, qu'une conquête non moins importante se signale encore aux États-Unis dans les territoires du Colorado, au milieu de régions fort curieuses désignées sous le nom de *mauvaises terres*.

Le professeur Cope, attaché à une expédition dans le Colorado, a récemment mis à nu, en creusant le sol des *mauvaises terres*, un véritable cimetière d'animaux fossiles, parmi lesquels un grand nombre d'espèces complètement inconnues. — C'est par centaines qu'il faut les compter, et c'est par milliers qu'il faut citer les ossements recueillis. Le professeur Cope fut frappé de stupeur en déterrant ces reliques d'un monde disparu, en retirant des excavations qu'il avait pratiquées dans le sol, depuis les ossements énormes du mastodonte, jusqu'aux os délicats de rongeurs de petite taille, jusqu'aux débris ténus d'insectivores et de talpidés. Ces vestiges d'un autre âge lui apparurent dans un état de conservation étonnant dû probablement à la nature exceptionnelle de ce sol étrange des *mauvaises terres*. — On rencontre là où M. Cope a opéré ses fouilles des restes innombrables de quadrupèdes, du cheval notamment, ce qui offre un grand intérêt, car cet animal n'existait nulle part en Amérique quand les Européens y mirent le pied pour la première fois. On a trouvé plus de sept rhinocéros distincts, dont un magnifique spécimen représenté par un crâne parfaitement intact, encore pourvu de toutes ses dents. Les carnivores abondent; les squelettes de caniens, de félins, se trouvent à profusion. Il faut signaler une espèce du genre chien très remarquable en ce sens qu'elle atteignait la taille d'un ours actuel. Toute une faune nouvelle de l'époque tertiaire a été ainsi révélée ; la géologie a rarement fait une moisson aussi féconde. — Non seulement les mammifères se rencontrent à foison dans les *mauvaises terres*, mais les reptiles se présentent aussi avec une richesse incroyable de formes. Tortues, lézards, serpents, sont sortis de terre sous les yeux des explorateurs ébahis. Cet antique ossuaire d'êtres disparus est assez abondant pour former à lui seul une magnifique galerie de paléontologie.

Nous ne quitterons pas les temps tertiaires, sans faire remarquer que l'étude de leur faune, nous montre les genres d'animaux de nos régions chaudes et torrides, vivant alors dans les lieux du globe qui sont actuellement tempérés ou froids. Ceci n'indique-t-il pas qu'une température uniforme, probablement due à la chaleur centrale de la terre, régnait à la surface entière de notre sphéroïde? Désormais, avec les temps nouveaux que nous allons envisager, les climats vont commencer à s'accuser, et l'abaissement de la température terrestre va se continuer.

Avant de jeter les yeux sur les temps modernes de l'histoire du globe, il est encore indispensable de nous arrêter sur un des caractères les plus saillants des âges tertiaires, sur les produits éruptifs de leurs terrains qui dévoilent comme un nouvel ordre de chose. L'époque néozoïque (c'est-à-dire celle des animaux les plus récents) inaugure l'ère des phénomènes volcaniques ; les roches ignées sont pour la plupart formées de trachytes, de laves, de porphyres, et vers la fin de la période tertiaire, on voit apparaître les volcans à cratères. Les volcans éteints de l'Auvergne, des bords du Rhin, de l'Asie Mineure, sont les plus sûrs témoignages de ces éruptions tertiaires ; les plus hautes montagnes du globe, les Alpes, l'Himalaya et les Cordillères se sont élevées dans ce même âge. Les terrains tertiaires offrent encore un intérêt particulier, sous le rapport des produits minéraux qu'ils renferment, car ils fournissent à l'art des constructions, la plupart des roches qu'il utilise. L'argile plastique, le calcaire grenu, le calcaire à ciment, la pierre à plâtre, les pierres meulières, les sables ferrugineux abondent notamment en France dans toutes les formations tertiaires. Paris, Marseille, Avignon, Nimes et Bordeaux, doivent leurs monuments aux matériaux qu'elles recèlent. Aussi le terrain parisien, où est assise notre capitale, est-il généralement considéré comme le type de la période tertiaire.

Élie de Beaumont a fait remarquer que la nature géologique du sol exerce une influence réelle sur le caractère des populations ; il y a là une conséquence originale à déduire des études de la géologie.

« Les deux parties principales du sol de la France, le dôme de l'Auvergne et le bassin de Paris, quoique circulaires l'une et l'autre, présentent des structures diamétralement contraires. Dans chacune d'elles, les parties sont coordonnées au centre, mais ce centre joue dans l'une et dans l'autre un rôle complètement différent. Ces deux pôles de notre sol, s'ils ne sont pas situés aux deux extrémités d'un même diamètre, exercent en revanche, autour d'eux, des influences exactement contraires; l'un est en creux et attractif; l'autre en relief, est répulsif. Le pôle en creux vers lequel tout converge, c'est Paris, centre de population et de civilisation. Le Cantal, placé vers le centre de la partie méridionale, représente assez bien le pôle saillant et répulsif. Tout semble fuir en divergeant de ce centre élevé, qui ne reçoit du ciel qui le surmonte que la neige qui le couvre pendant plusieurs mois de l'année. Il domine tout ce qui l'entoure et ses vallées divergentes versent les eaux dans toutes les directions. Les routes s'en échappent en rayonnant comme les rivières qui y prennent leurs sources. Il repousse jusqu'à ses habitants, qui pendant une partie de l'année, émigrent vers des climats moins sévères. L'un de nos deux pôles est devenu la capitale de la France et du monde civilisé; l'autre, est resté un pays pauvre et presque désert. Comme Athènes et Sparte dans la Grèce, l'un réunit autour de lui les richesses de la nature, de l'industrie et de la pensée; l'autre fier et sauvage, au milieu de son âpre cortège, est resté le centre des vertus simples et antiques, et fécond malgré sa pauvreté, il renouvelle sans cesse la population des plaines par des essaims vigoureux et fortement empreints de notre ancien caractère national [1]. »

[1] *Explication de la carte géologique de France*, par MM. Dufrénoy et Élie de Beaumont.

Londres, comme Paris est assise sur les terrains tertiaires; la capitale de l'Angleterre comme celle de la France est portée par un ban d'argile plastique. Magnifique spectacle que celui de la formation des anciens continents sous l'influence de la vie du passé, contribuant à assurer aux civilisations modernes leurs éléments de grandeur, de force et de prospérité!

CHAPITRE VI

L'AGE MODERNE

La faune des temps nouveaux. — L'ours des cavernes ou *ursus spelæus*. — Les éléphants fossiles ou mammouths. — Ossuaires d'éléphants en Sibérie. — Pallas et Adamus. — Mammouths retrouvés en entier dans la glace. — Les îles à ossements des mers glaciales. — Découverte d'un éléphant fossile dans le Gard par M. Cazalis de Fondouce. — La gigantologie.

L'époque quaternaire que l'on peut considérer comme le véritable âge moderne, est la suite naturelle des temps tertiaires. Il n'y a pas en quelque sorte de distinction réelle entre la fin des temps tertiaires et les commencements de ces temps nouveaux.

C'est probablement en considération de ces remarques qu'un grand nombre de naturalistes ont l'habitude de désigner l'époque quaternaire, sous les noms de période post-tertiaire ou post-pliocène : ne nous arrêtons pas sur les divisions artificielles, et quel que soit le véritable nom de cette dernière époque géologique contentons-nous de faire remarquer qu'elle n'est pas tant caractérisée par des terrains spéciaux que par sa faune particulière et par la série des phénomènes dont les traces sont manifestes. Ces phénomènes essentiels sont les *déluges* et l'apparition de grands *glaciers*, qui ont joué un rôle considérable à la surface des continents. C'est durant l'époque glaciaire que se produisit cet abaissement si extraordinaire dans la température, et qui eut pour effet l'extension des glaciers dans les zones tempérées. Il est à présumer que des pluies diluviennes ont précédé cette période ; quoi qu'il en soit, nous pouvons considérer les temps quaternaires comme un moment remarquable des grandes perturbations dans les climats.

Quelques naturalistes ont essayé de compter des subdivisions dans l'époque quaternaire, d'après la série des animaux qui s'y sont succédé. M. Lartet notamment a établi quatre âges, qui, pour n'être pas définitifs, n'en sont pas moins basés sur des observations d'une haute importance. Le premier âge est celui de l'ours de caverne, le second celui du mammouth et du rhinocéros à narines cloisonnées, le troisième celui du renne, et le quatrième celui de l'aurochs, qui vit encore dans les temps historiques.

La faune de ces âges, qui constituent l'histoire moderne de la terre, et que l'on peut appeler les temps nouveaux de notre planète, est surtout saillante par ses grands mammifères, dont un certain nombre, comme le mammouth, l'ursus, ont survécu aux derniers cataclysmes. Ce fait démontre bien qu'il y a un passage insensible de la faune quaternaire à celle de notre temps, qui ne diffère guère de celle-ci que par le repos des éléments, par l'absence des glaciers et des déluges. S'il est encore permis de ne pas admettre la présence de l'homme aux temps tertiaires [1], il est certain qu'il a

---

[1] Dans un remarquable travail que MM. Louis Lartet et Chaplain Duparc ont publié, il y a quelques années : *Une sépulture des anciens troglodytes des Pyrénées*, ces géologues combattent l'opinion des naturalistes qui admettent l'existence de l'homme tertiaire : « Assurément, disent MM. Lartet et Duparc, l'homme a pu exister pendant l'époque miocène. Qui s'y oppose? A prendre les choses en grand, ne vivons-nous pas encore dans la période tertiaire qui a vu se développer les principaux types de nos flores et de nos faunes actuelles? Suffit-il bien de la trace d'un abaissement accidentel de température, dans notre hémisphère, et de quelques soulèvements de chaînes montagneuses pour justifier la création d'une quatrième époque dans la vie du globe et de ses habitants? A la vérité, les conséquences de cette crise climatérique, ont été grandes, puisque on doit lui rapporter l'origine de nos vallées actuelles. Grands, aussi, ont été les changements relatifs des aires maritimes et continentales de cette époque. Cependant en se plaçant au point de vue général qui domine nos classifications géologiques, c'est-à-dire en considérant largement la succession des êtres organisés à la surface de notre globe, on serait conduit à admettre que la période tertiaire, cette troisième grande phase du développement de l'organisme, nous comprend et se poursuit encore. Nous n'avons donc aucune raison sérieuse, de rejeter *a priori*, la notion de l'existence de l'homme pendant cette époque, mais de là à croire que cette existence est démontrée, il y a encore fort loin. Or, jusqu'à présent, on n'a pu produire que de vagues indices, et aucun fait bien concluant n'est venu à l'appui de cette présomption... Nous ne voulons, en disant cela, nullement méconnaître l'intérêt des observations de savants aussi consciencieux et aussi autorisés que MM. les abbés Bourgeois et Delaunay, non plus que celles de M. le colonel Laussedat. L'interprétation de ces faits nous paraît seulement sujette à des difficultés, et dans une question d'une aussi haute importance, ils nous pardonneront de résister à tout entraînement et de n'admettre que des démonstrations d'une évidence parfaite. »

fait son apparition à l'époque quaternaire ; il vivait en Europe à côté des ours, du mammouth, des lions, des hyènes, des rhinocéros et des rennes, gigantesques représentants de nos espèces contemporaines, dont nous allons passer en revue les nombreux débris. Les continents étaient alors, comme actuellement, caractérisés par des faunes et des flores différentes ; aussi trouve-t-on dans le sol de l'Amérique des fossiles particuliers qui ne se rencontrent pas dans nos terrains ; parmi ceux-ci nous décrirons le *Megatherium*, le *Megalonyx*, le *Mylodon*, énormes édentés aujourd'hui complètement disparus de la surface du globe.

Parmi les plus abondants carnivores antédiluviens qui vivaient en Europe aussi bien que sur les autres continents, il faut citer l'ours des cavernes, qui dépassait de beaucoup la taille de nos plus grands ours modernes ; on en a trouvé des squelettes qui atteignent une hauteur de 2 mètres et qui n'ont pas moins de 2 mètres de longueur. L'*Ursus spelœus* a laissé partout de ses débris, en France, en Angleterre, en Belgique, dans un grand nombre de cavernes, notamment dans celles de l'Ariège. Le musée de Toulouse possède un admirable squelette d'*Ursus spelœus*, et le docteur Garrigou, un des plus laborieux chercheurs de notre époque, a réuni une magnifique collection de têtes de cet animal, dont il a trouvé les restes à profusion dans les cavernes de l'Ariège, avec un grand nombre de vestiges humains de la même époque. L'*Ursus spelœus* ainsi désigné par le naturaliste Blumenbach, l'*ours des cavernes*, ou à *front bombé* de Cuvier, est caractérisé effectivement en ce que chaque os frontal forme une protubérance arrondie, de telle sorte que relevée sur la partie postérieure du front, la ligne du profil tombe, par une pente inclinée, sur la base du nez [1] (fig. 85). Le tigre (*Felis spelœa*), l'hyène (*Hyena*

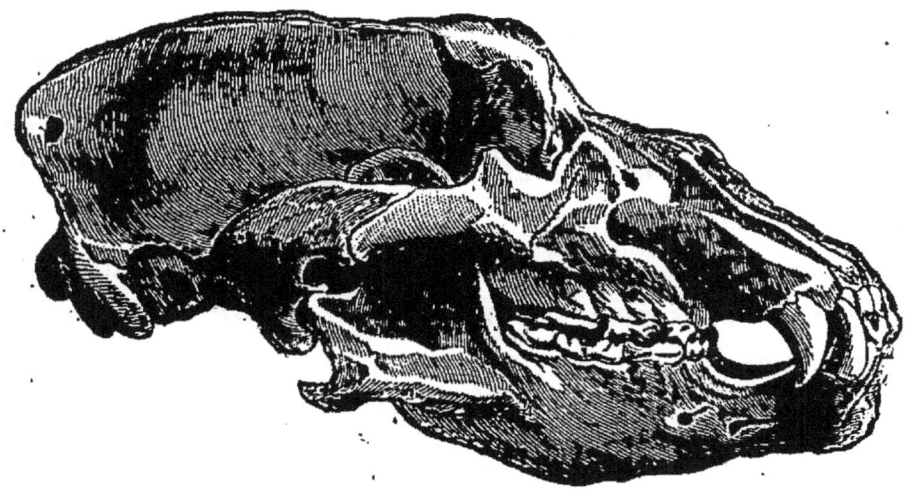

Fig. 85. — Tête d'ours des cavernes.

spelœa), et d'autres espèces non moins féroces parcouraient alors le sol du pays qui devait être la France. On en trouve des ossements abondants dans les cavernes.

Après l'ours des cavernes, l'histoire du mammouth ou *Elephas primigenius* de l'époque quaternaire est bien digne de fixer notre attention, en raison de l'abondance de ses débris, qui dénotent une extension considérable de l'espèce dans ces temps reculés.

On a très souvent déterré des ossements de mammouth. Mais ce qui offre un intérêt exceptionnel dans

---

[1] A. d'Orbigny : *Cours de paléontologie.*

l'histoire de ce fossile, c'est la découverte assez fréquente d'individus qui le représentent à l'état vivant, et conservés tout entiers dans les glaces des mers du Nord.

« En 1799, un pêcheur tongouse remarqua, sur les bords de la mer Glaciale, près de l'embouchure de la Léna, au milieu des glaçons, un bloc informe qu'il ne put reconnaître. L'année d'après, il aperçut que cette masse était un peu dégagée, mais il ne devinait pas encore ce que ce pouvait être. Vers la fin de l'été suivant, le flanc tout entier d'un animal était distinctement sorti des glaçons. Ce ne fut que la cinquième année que, les glaces ayant fondu plus vite que de coutume, cette masse énorme vint échouer à la côte, sur un banc de sable. Au mois de mars 1804, le pêcheur enleva les défenses, dont il se défit pour une valeur de cinquante roubles. On exécuta à cette occasion un dessin grossier de l'animal. Ce ne fut que deux ans après, et la septième année de la découverte, que M. Adams, adjoint de l'Académie de Saint-Pétersbourg et professeur à Moscou, qui voyageait avec le comte Golovkin, envoyé par la Russie en ambassade à la Chine, ayant été informé à Iakoutsk de cette découverte, se rendit sur les lieux. Il y trouva l'animal déjà fort mutilé. Les Iakoutes du voisinage en avaient dépecé les chairs pour nourrir leurs chiens. Des bêtes féroces en avaient aussi mangé ; cependant le squelette se trouvait encore entier, à l'exception du pied de devant. L'épine du dos, une omoplate, le bassin et les restes des trois extrémités étaient encore réunis par les ligaments et par une portion de la peau. L'omoplate manquante se retrouva à quelque distance. La tête était couverte d'une peau sèche. Une des oreilles, bien conservée, était garnie d'une touffe de crins : on distinguait encore la prunelle de l'œil. Le cerveau se trouvait dans le crâne, mais desséché ; la lèvre inférieure avait été rongée, et la lèvre supérieure détruite laissait voir les mâchelières. Le cou était garni d'une longue crinière. La peau était couverte de crins noirs et d'un poil ou laine rougeâtre ; ce qui en restait était si lourd que dix personnes eurent beaucoup de peine à le transporter. On retira, selon M. Adams, plus de trente livres de poils et de crins, que les ours blancs avaient enfoncés dans le sol humide en dévorant les chairs. L'animal était mâle ; ses défenses étaient longues de plus de neuf pieds en suivant les courbures, et sa tête, sans les défenses, pesait plus de quatre cents livres. M. Adams mit le plus grand soin à recueillir ce qui restait de cet échantillon unique d'une ancienne création ; il racheta ensuite les défenses à Iakoutsk. L'empereur de Russie, qui a acquis de lui ce précieux monument, moyennant la somme de huit mille roubles, l'a fait déposer à l'Académie de Saint-Pétersbourg [1]. »

Ce n'était pas la première fois que les voyageurs avaient fait une semblable trouvaille ; Pallas et Adams en citent de nombreux exemples. Il est même arrivé que des mammouths dépecés au milieu des glaces, ont servi de pâture à des chiens affamés (fig. 86). Il est pro-

---

[1] Cuvier, d'après les *Commentarii* de l'Académie de Pétersbourg.

bable que bien souvent aussi de semblables observations n'ont pas laissé de leurs traces par des documents écrits et authentiques. On sait toutefois que dans le nord de la Chine, on a fréquemment recueilli des débris d'ossements de l'éléphant fossile, et trouvé même, au dire d'un voyageur russe, Isbrant Ides, des animaux tout entiers.

C'est surtout dans la Russie asiatique que les restes de cette antique population se rencontrent avec une extraordinaire abondance; il est des îles de la mer Glaciale, situées au nord de la Sibérie, presque entièrement formées d'os de mammouth. On peut les considérer comme des ossuaires immenses, où les parties brisées et séparées du squelette sont soudées entre elles dans la glace, avec laquelle elles forment un bloc solide, d'une vaste étendue. Pendant l'été, la glace fond, et les ossements apparaissent de toutes parts; les habitants de la Sibérie vont chercher là l'*ivoire fossile*, qu'ils expédient dans les régions du Sud, au moyen de traîneaux attelés de chiens. D'après le célèbre naturaliste Pallas, il n'est pas de fleuve de la Russie asiatique, depuis le Don jusqu'au promontoire des Tchutchis, sur les rives desquels on ne puisse trouver des ossements d'éléphants ou d'autres animaux étrangers au climat.

Les restes de l'*Elephas primigenius*, pour n'être pas aussi prodigieusement abondants dans les autres parties de l'Europe, sont loin d'y faire défaut. On en a déterré des milliers dans la vallée de l'Arno supérieur (Piémont); on en a rencontré des débris extrèmement nombreux dans le centre de l'Allemagne; on en a

Fig. 86. — Mammouth fossile retrouvé au milieu des glaces de la Sibérie, avec sa chair et sa peau.

extrait du sol de la province d'Anvers, et là notamment s'est rencontré une des plus précieuses pièces de nos musées (fig. 9, page 25). La hauteur de ce mammouth est de 3^m,60, et dépasse d'un mètre celle des plus grands éléphants connus.

L'éléphant fossile se trouve en Amérique et même en France, comme le prouve encore une fois la belle découverte que M. Cazalis de Fondouce a faite dans le département du Gard.

Ce savant géologue a rencontré, dans le terrain néocomien des environs de Durfort, le squelette tout entier d'un éléphant fossile qui atteint des proportions prodigieuses ; sa hauteur au garot est de 4^m,10. La plus grande largeur du crâne est de 1^m,65. Les membres sont proportionnés à cette stature de géant ; le fémur n'a pas moins de 1^m,45 de longueur, et le tibia 0^m,85. La cuisse de ce monstre atteignait presque la taille d'un homme ! Le magnifique fossile de Durfort appartient à l'*Elephas meridionalis*.

Il résulte de tous ces faits, accumulés par les chercheurs, que le mammouth habitait toutes les régions du globe terrestre. Des troupeaux d'éléphants sillonnaient le sol de l'Europe et surtout de la Sibérie ; à côté d'eux vivaient encore des bandes innombrables de rhinocéros fossiles, dont nous avons déjà parlé précédemment.

Le mammouth différait de l'éléphant actuel par les longs poils qui recouvraient sa peau, par sa taille plus considérable, et par la courbure en demi-cercle de ses énormes défenses. Les dents du mammouth sont au nombre de quatre : deux à la mâchoire inférieure, deux à la mâchoire supérieure; on en a recueilli une grande quantité, dans les diverses régions de l'Europe, et nos collections paléontologiques en renferment souvent de fort volumineuses (fig. 87).

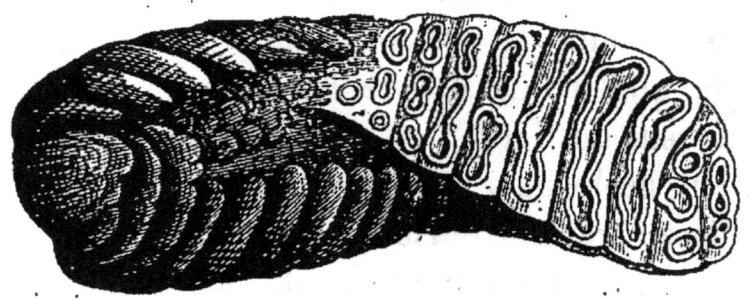

Fig. 87. — Dent de mammouth (1/5 de grandeur naturelle.)

Nous avons dit au commencement de cet ouvrage, l'étonnement causé jadis par les découvertes de coquilles fossiles. Dans les siècles de préjugés et d'ignorance, quelle stupéfaction devait causer l'apparition d'ossements gigantesques dans le sol de nos régions! On attribuait ces os énormes à des races disparues de héros ou de géants, et certains auteurs allaient même jusqu'à raconter les hauts faits de ces redoutables guerriers d'un autre âge. « On a trouvé en Crète, nous dit Pline le Naturaliste, un corps humain de quarante-six coudées dans une montagne entr'ouverte par un tremblement de terre. Les uns le prennent pour le corps d'Orion, les autres pour celui d'Otus. On croit sur la foi de certains monuments que le corps d'Oreste, qui fut exhumé par ordre de l'oracle, était de sept coudées. Et il y a déjà près de mille ans qu'Homère ne cessait de se plaindre que la taille des hommes de son temps, était sans comparaison, moindre que celle des hommes des siècles antérieurs [1]. »

Au moyen âge, des os et des dents énormes, qui n'étaient probablement que des antiques débris d'éléphants fossiles ont encore été regardés comme les vestiges d'hommes gigantesques, souvent rapportés à des saints. La dent de saint Christophe, que l'on montrait à Valence, il y a quelques siècles, était très probablement une molaire de mammouth.

Le chevalier Hans-Sloane, et le P. Joseph Tarrabia, ont écrit des volumes entiers sur la *Gigantologie* ; ils y rapportent toutes les trouvailles faites d'ossements aux proportions colossales. Cassianon a écrit aussi un *Traité des Géants,* où il fait la description de semblables prodiges. Au milieu même du siècle dernier, il y avait encore de nombreux partisans de la gigantologie, et voici ce que dit à ce sujet un contemporain de Buffon, l'historien Guettard :

« Ceux qui sont pour les géants, remontent jusqu'à la naissance du monde pour chercher des preuves qui leur soient favorables. Nos premiers parents, selon eux, étaient d'une grandeur, qu'aucune grandeur humaine n'a égalée ; et sans admettre les rêveries de certains rabbins qui voulaient qu'Adam et Ève portassent leur tête jusque dans les cieux, ils fixent la grandeur d'Adam à cent vingt-trois pieds, neuf pouces de haut, et celle d'Ève à cent dix-huit pieds neuf pouces trois quarts :

---

[1] *Histoire naturelle de Pline,* liv. VII, cap. XVI.

hauteur qui n'est rien en comparaison de celle que les rabbins les plus sages leur assignent voulant qu'Adam eût neuf cents coudées, ou treize à quatorze cents pieds de hauteur, comme on le lit dans la bibliothèque des rabbins. »

Toutes ces hypothèses, œuvres d'imaginations naïves et crédules, ont sans doute été suscitées à la vue des anciennes dépouilles des grands animaux des derniers temps géologiques. Avant les conquêtes de la science moderne, un grand nombre de philosophes croyaient à la diminution successive de la taille humaine. Cette pensée exprimée par Homère se retrouve encore nettement indiquée par Juvénal.

« D'où vient, dit l'auteur des satires, que ceux que vous mettez au monde, ne ressemblent pas à ceux qui ont été avant vous, et qu'ils sont plus petits ? Une mère vous répondra : autres sont ceux qui sont nés dans les jours de la force, et autres ceux qui sont nés au temps de la vieillesse, et de l'affaiblissement de la nature. »

Admirable victoire de la géologie, d'avoir dissipé ces ténèbres de l'erreur, pour faire apparaître à nos yeux, l'imposant et sublime spectacle de la vérité.

Nous avons déjà dit précédemment que l'homme existait au milieu de ces populations animales de l'époque quaternaire. Il avait à se mesurer avec ces mammouths formidables, avec le lion, avec les tigres, les animaux féroces et cela sans autre arme que celle qu'il savait fabriquer de ses mains débiles, mais que lui suscitait son intelligence. Nous étudierons spécialement l'homme fossile ; continuons pour le présent à suivre le cours du temps, et jetons les yeux sur la génération qui va succéder aux ours, aux élé-

Fig. 88. — *Cervus megaceros* (1/25 grandeur naturelle).

phants et aux rhinocéros. Voici d'abord des rennes qui couvrent la superficie de l'Europe entière, qui bondissent au milieu des glaciers quaternaires. Ces rennes fossiles ne différaient point de notre renne ordinaire. Il n'en est pas de même du célèbre *cerf à grands bois*, le *cervus megaceros*, dont les bois ne mesuraient pas moins de trois mètres d'envergure (fig. 88) ; il n'a plus aujourd'hui de représentant sur notre terre. Les bœufs (*bos primigenius*) vivaient encore en grand nombre côte à côte avec l'homme, puis l'aurochs, apparaît enfin sur les continents, où il va rester jusqu'au milieu des temps historiques. La science paléontologique n'a plus alors qu'à céder la place aux sciences historiques.

II

Les habitants quaternaires de l'Amérique du Sud. — Les Édentés. — Le mégathérium ou animal du Paraguay. — Description de la nouvelle pièce du Muséum. — Reconstitution du mégathérium. — M. Seguin. — Travaux de M. P. Gervais. — Le mylodon. — Le mégalonix et le glyptodon. — Les oiseaux fossiles de la Nouvelle-Zélande. — Le dinornis.

Nous n'avons étudié jusqu'ici que le sol quaternaire de l'Europe; en traversant les mers, nous allons voir d'autres êtres non moins dignes d'exciter notre curiosité. Car à présent, nous l'avons dit, les climats se sont formés et les fossiles quaternaires de l'Amérique du Nord, de l'Amérique du Sud, ceux de l'Australie ne ressemblent en rien à ceux de l'Europe. A ces âges du globe, chaque continent offrait sa faune particulière, sa population animale spéciale que le paléontologiste commence à connaître aujourd'hui. Celle de l'Amérique du Sud était caractérisée par une population d'Édentés remarquables qui étaient pourvus de dents rappelant celles des Paresseux, soit les Unaux, soit les Aïs ; le *Mégathérium*, le *Mylodon* et le *Mégalonyx* sont du nombre.

Le *Mégathérium*, a été retrouvé tout récemment dans des conditions particulières, et un magnifique squelette de cet animal jusqu'ici fort rare vient d'augmenter les richesses de notre Muséum.

Dans tous les musées du monde civilisé, on ne comptait que quatre squelettes de ce mammifère, souvent désigné sous le nom d'animal du Paraguay. L'un d'eux existe à Madrid, le second à Londres, le troisième à Buenos-Ayres, et le quatrième enfin, très incomplet, est conservé à l'École normale de Paris [1]. Il y a plusieurs années déjà que les os du nouveau colosse fossile ont été envoyés au Muséum, mais il a fallu les débarrasser complètement du limon durci des pampas, qui les couvrait d'une enveloppe épaisse, les classer, les réunir et souder leurs débris, pour ressusciter enfin le squelette primitif. Cette tâche laborieuse et savante a été récemment terminée. Désormais, le nombre des squelettes de Mégathérium reconstitués s'élève à cinq, mais le nouvel échantillon du Muséum est le plus remarquable de tous par son intégrité et par l'admirable état de la conservation des pièces qui le composent. Il est digne de la collection qui brille de l'éclat qu'y ont jeté les Cuvier, les Geoffroy-Saint-Hilaire et leurs illustres successeurs.

Le mégathérium n'a jamais été en France l'objet d'une publication détaillée, et les traités de paléonto-

---

[1] Les documents que nous publions ici sur le mégathérium nous ont été communiqués par un paléontologiste éminent qui a spécialement étudié cet intéressant fossile. Nous empruntons aussi des détails au beau travail de M. P. Gervais intitulé *Recherches anatomiques sur les Édentés tardigrades*. Comptes rendus de l'Académie des sciences. Tome LXXVII, p. 861.

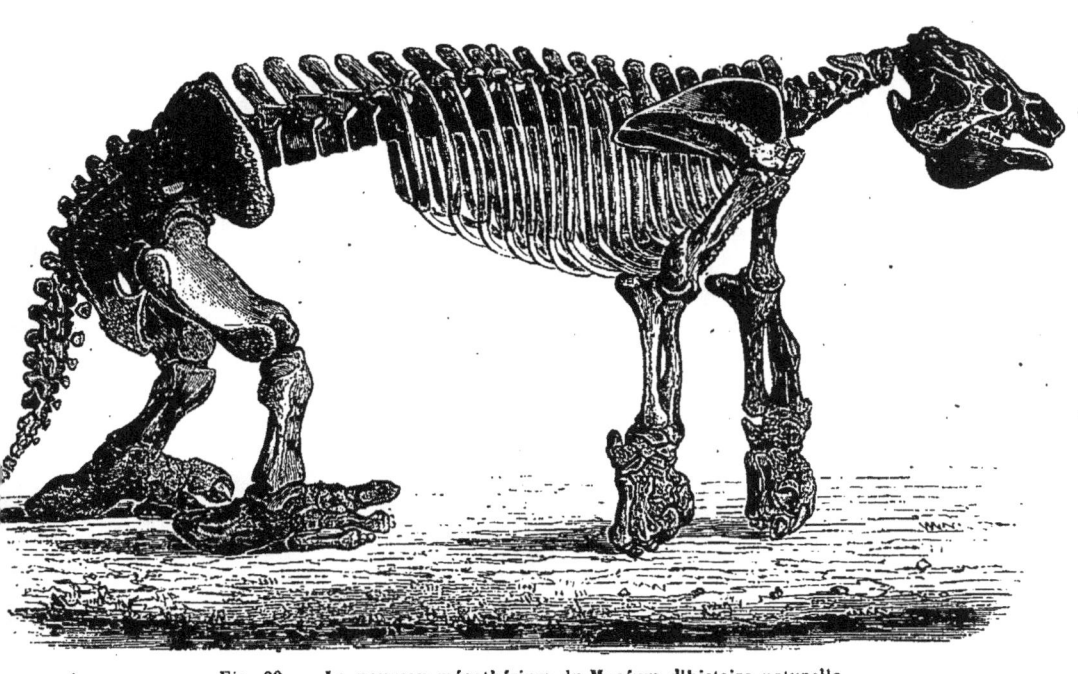

Fig. 89. — Le nouveau mégathérium du Muséum d'histoire naturelle.
Édenté fossile de l'Amérique méridionale, découvert par M. Séguin. (3/52 grandeur naturelle.)

logie de notre pays ne donnent à son égard que des renseignements incomplets et souvent trop sommaires, aussi croyons-nous devoir publier sur ce curieux animal des détails tout à fait nouveaux.

Les restes du mégathérium se rencontrent assez fréquemment, comme nous l'avons dit plus haut, dans l'Amérique du Sud, dans les pampas de la Confédération argentine, au Paraguay et principalement sur les larges rives du cours d'eau de ce nom, ainsi que sur celles du Rio de la Plata.

La nouvelle pièce du Muséum (fig. 89) mesure 5^m,25 de longueur, 2^m,55 de hauteur et 2^m,22 de largeur. Nous devons ajouter que ce remarquable squelette, quelque prodigieuses que soient ses dimensions, n'appartient pas cependant à un sujet de la plus grande taille. Il est inutile de dire qu'il excède de beaucoup la taille des plus énormes éléphants modernes, et qu'il justifie parfaitement l'étymologie de son nom, qui veut dire *grand animal*.

Les seuls animaux actuels qui, sous le rapport de leur conformation générale et de leur physionomie, aient une ressemblance manifeste avec le mégathérium, sont l'aï et l'unau. Quoique ces genres d'animaux, également de l'Amérique méridionale, ne dépassent pas la taille d'un chat, on doit les considérer en quelque sorte comme les représentants du mégathérium à notre époque.

L'animal du Paraguay n'était pas autrefois le seul géant de l'ordre des édentés, auquel il appartient, les mylodons, les scélidothériums, les mégalonyx vivaient jadis dans les mêmes régions que le mégathérium, et, comme lui, ils ne sont plus représentés que par de chétifs animaux.

La structure du squelette du mégathérium offre un grand intérêt. On remarque d'abord que cet animal fossile avait la tête relativement petite. Le bout du museau, un peu proéminent en avant, donne lieu de croire à l'existence d'un rudiment de trompe, analogue à celle du tapir ou à celle qui est attribuée au palœothérium, des temps tertiaires. Le cou est très long et compte sept vertèbres, le thorax très ample ; les cartilages costaux, extrêmement robustes, sont entièrement ossifiés, comme chez tous les édentés.

L'étude attentive du pied du mégathérium démontre que cet animal était littéralement pied bot, qu'il ne prenait appui que sur l'extrémité du petit doigt et sur le côté externe de la phalange onguéale du doigt voisin, et que, dans cette disposition, les griffes énormes qui armaient ses doigts se trouvaient garanties contre l'usure par l'effet de la marche.

L'examen d'ensemble du mégathérium montre que cet animal devait jouir d'une très grande puissance musculaire. Mais il n'est pas moins évident que ce colosse anéanti, porté sur ses membres difformes, disproportionnés et convertis en arrière en énormes piliers, ne pouvait avoir aucune agilité, et que, n'étant nullement apte à faire un grand chemin, il était sans doute destiné à trouver sans beaucoup se déplacer l'énorme quantité d'aliments qu'il absorbait pour son entretien. Une particularité assez singulière, que relève la constitution du squelette de ce gigantesque animal, et qui peut d'abord paraître étrange, c'est qu'il devait avoir la commode faculté de s'accroupir sur son train postérieur à peu près comme un kanguroo. La raison de cette hypothèse, qui, d'ailleurs, ne paraît faire doute pour personne, est déduite chez le mégathérium de la concentration évidente de la masse du côté du train postérieur, de la gracilité relative des membres antérieurs, comparée au développement exagéré des postérieurs, de l'énorme ampleur du bassin, de la puissance considérable de la queue, dispositions qui se trouvent plus ou moins réalisées chez les animaux qui peuvent se tenir debout.

D'après les dispositions du système dentaire du mégathérium, l'action de couper et de mordre sont si évidentes, qu'on n'hésite pas à admettre que le régime de cet animal était exclusivement de nature végétale. Nous croyons devoir ajouter ici que les édentés, dont le nom générique semble vouloir dire animaux entièrement privés de dents, ne sont réellement qu'en petit nombre dans ce cas. Ceux qui sont dentés n'ont jamais plus de deux sortes de dents, molaires ou canines, mais point d'incisives. Ces organes montrent entre eux une grande uniformité de structure.

L'époque géologique pendant laquelle vivait le mégathérium est l'époque quaternaire : son apparition remonte aux temps post-pliocènes. C'est dans les pampas de l'Amérique du Sud, qui se rattachent à cette période, et dans les localités que nous avons déjà indiquées, que M. Seguin, chercheur infatigable, qui a passé plus de dix années à la recherche des ossements fossiles dans ces contrées, a découvert le squelette du mégathérium que le Muséum possède actuellement. On ne sera pas étonné, dans l'état actuel de la science paléontologique, de voir produire l'affirmation que le mégathérium, comme tant d'autres espèces anéanties, avait été contemporain de l'homme primitif. M. Seguin a recueilli dans quelques-unes des fouilles qui se sont opérées sous ses yeux des ossements humains enfouis simultanément, selon lui, avec les restes du mégathérium.

Il est probable que ce gigantesque mammifère, comme un grand nombre de ceux de l'époque quaternaire, a disparu par l'effet d'inondations immenses. Les mégathériums auront été presque immédiatement ensevelis dans des torrents de limon, au milieu desquels leurs squelettes gisent depuis un nombre incalculable de siècles. Cette hypothèse paraît confirmée par l'observation des géologues et des paléontologistes qui ont remarqué que les ossements du mégathérium et de ses congénères ne se trouvent que bien rarement épars dans le sol ; habituellement, l'individu est découvert tout entier et comme inhumé à la place même où il a perdu la vie [1].

Le *Mylodon* est encore un animal des temps quaternaires qui habitait jadis le Nouveau Monde et qui offre des analogies avec le mégathérium, quoiqu'il soit plus

---

[1] Pour donner une idée de l'importance que présente une pièce paléontologique comme le nouveau mégathérium, dont le lecteur vient de lire la description, nous ajouterons qu'elle a été l'objet d'une dépense de plus de trente-cinq mille francs, dont quinze seulement pour le montage en serrurerie, qui a exigé un travail de plusieurs années.

petit de taille. — Un autre animal, le *Mégalonyx*, a été trouvé dans les cavernes de l'État de Virginie par M. Jefferson, l'ancien président de la République des États-Unis. Sa taille dépassait celle du plus grand bœuf des temps modernes. Le *Scelidotherium* était plus semblable aux Paresseux-Aïs par la forme de ses dents. A ce nouvel animal il faut encore ajouter le *Sphenodon*, récemment découvert par M. Lund dans les cavernes de l'Amérique.

Le glyptodon, le mastodonte doivent aussi venir se joindre à la liste des êtres quaternaires de l'Amérique; mais ceux-ci se trouvent dans l'Amérique du Sud et particulièrement au Brésil.

Le glyptodon mérite d'arrêter notre attention; il se rapprochait beaucoup des tatous; son corps est recouvert d'un test écailleux et dur, formé de fragments réunis

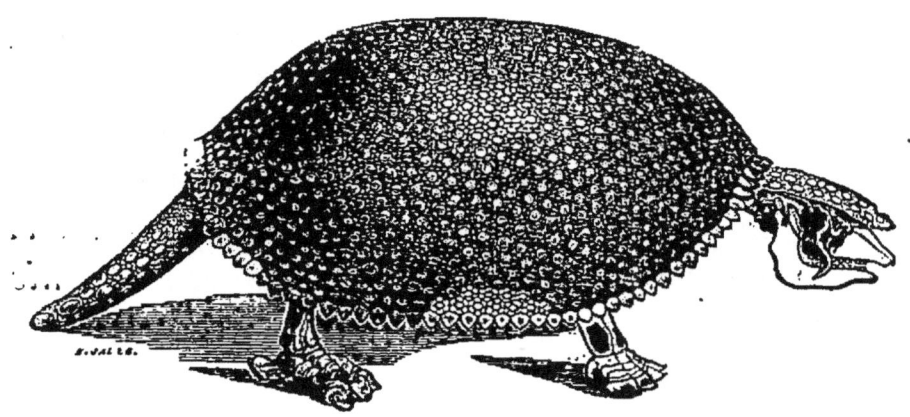

Fig. 90. — Glyptodon clavipe.

comme les pavés d'une mosaïque (fig. 90). C'est un mammifère protégé par une écaille de tortue. Le Muséum d'histoire naturelle s'est enrichi récemment d'un glyptodon fort remarquable, que l'on a pu reconstituer d'une façon complète.

L'Australie, la Nouvelle-Zélande et l'île de Madagascar étaient, aux temps quaternaires, peuplés d'animaux étranges qui ne ressemblaient en rien à ceux de l'Europe. La Nouvelle-Hollande, où l'on ne voit guère aujourd'hui que des marsupiaux, abondait en didelphes véritablement gigantesques, qui dépassaient de beaucoup la taille de leurs représentants modernes.

On sait que de nos jours la Nouvelle-Zélande et Madagascar renferment un grand nombre d'oiseaux coureurs à ailes rudimentaires; il en était à peu près de même à l'époque quaternaire. Les oiseaux fossiles qu'on y trouve sont analogues, à ceux qui y vivent aujourd'hui, mais leur taille est beaucoup plus grande. Les ossements fossiles de ces oiseaux gigantesques ont été reconstitués, et parmi ceux-ci nous citerons le colossal *Dinornis*, dont la taille atteignait 3 mètres de hauteur! Ses pieds, qui ont été reconstitués par le professeur Richard Owen, avaient 1^m,57 de haut; aussi cet être, le plus grand oiseau qui ait jamais vécu à la surface du globe, mérite-t-il bien son nom de *Dinornis elephantopos*.

III

Perturbations climatériques des temps quaternaires. — L'époque glaciaire. — Travaux et recherches d'Agassiz. — Preuves de l'existence d'anciens glaciers. — Les glaciers fossiles des tropiques, du Brésil et de l'Amazone. — Les déluges et le diluvium.

Après avoir passé en revue les principaux animaux de l'époque quaternaire, parlerons-nous de la flore de cet âge du monde ? Nous n'en dirons rien, parce qu'elle ne paraît pas différer de celle qui égaye actuellement nos contrées, mais nous indiquerons sommairement l'existence des oscillations climatériques qui caractérisent la curieuse époque de l'histoire du globe que nous étudions. Elles ont certainement exercé une grande influence sur les êtres vivants.

Les alternances de froid et de chaud ont alors amené successivement des pluies torrentielles diluviennes et des glaces qui ont laissé partout sur nos continents d'irrécusables traces de leur passage. D'immenses glaciers ont jadis recouvert l'Europe, la France, et ont même existé sous les tropiques. C'est une des gloires de l'illustre Agassiz d'avoir jeté une vive lumière sur les phénomènes glaciaires actuels et d'avoir su y trouver des documents importants pour l'histoire du passé.

Les géologues ont fini par rencontrer des signes glaciaires à peu près partout ; on a vu des stries produites par les anciens glaciers jusque sur les grès de la forêt de Fontainebleau. Toute l'extrémité australe de l'Amérique du Sud, jusqu'au 40° degré de latitude, est couverte de traînées épaisses et étendues, et sur le sol, on rencontre çà et là de grands blocs erratiques, irrécusables témoins des glaciers d'un monde disparu.

« Dans la vallée de l'Amazone, dit Agassiz, le sol était autrefois recouvert par les glaciers ;.... le caractère de l'inégalité des roches est bien celui produit par le mouvement arrondissant que nous constatons partout où ont agi les glaciers. Les moraines existent. » L'illustre savant a fait des remarques d'un autre ordre qui l'ont conduit à de mêmes affirmations pour la région de l'Amazone. « Si vous jetez les yeux sur l'embouchure de l'Amazone, vous serez frappés de l'absence du delta. La plus grande rivière de la terre, celle qui transporte un volume de boue plus considérable qu'aucun autre fleuve, est privée de delta, tandis que le Nil, le Mississipi, le Gange, tous les grands fleuves de notre globe, présentent de vastes deltas formés par l'accumulation de détritus qui tombent à leur extrémité lorsque l'eau cesse de tomber avec une vitesse suffisante pour les charrier. Quelle peut en être la raison ? C'est la nature de la côte, qui n'est composée que de matériaux désagrégés, jadis triturés par le glacier, et qui s'accumulent le long des rivages. L'évidence de ces dépôts glaciaires est hors de doute au fond de toutes les rivières de l'Amérique du Sud. Je les ai vus dans le Rio-Negro, dans le Para, le Madeira, le Tapajos, le Xingu, les Tocantins et dans d'autres rivières présentant partout le même caractère. »

Si la présence des glaciers est incontestable à certains moments de l'époque quaternaire, l'action des déluges n'est pas moins certaine. Partout les terrains tertiaires, sur un grand nombre de points de l'Europe, sont couverts d'une couche de débris formés de limon, de matériaux roulés, d'un terrain remué, bouleversé par les eaux, que l'on désigne sous le nom de *diluvium*. Les érosions que l'on observe au bas des collines prouvent encore que des inondations formidables, des déluges, ont jadis balayé le sol de l'Europe, et des observations analogues ont pu être faites en Asie.

Quelle est la cause de la formation de ces glaciers? quelle est celle de ces inondations immenses? C'est à quoi la science moderne ne sait pas encore répondre d'une façon certaine.

CHAPITRE VII

L'HOMME FOSSILE

I

Les débris humains et les fossiles. — Opinion de Cuvier sur l'antiquité de l'homme. — Les cavernes à ossements et leurs habitants. — Les cavernes de Liège. — La grotte d'Arcy. — Aurignac. — Découvertes de M. Lartet. — Les cavernes de l'Ariège et des Pyrénées.

Il n'y a guère plus de quarante ans que les investigations de trois sciences, que l'on peut appeler sœurs, la géologie, la paléontologie et l'archéologie, ont dévoilé d'innombrables débris qui ont fait reculer la naissance de l'homme jusqu'aux temps géologiques, et ont démontré qu'il a été le contemporain des dernières espèces fossiles que nous venons de passer en revue. La notion de l'homme fossile a d'abord soulevé un grand nombre d'objections. Quand des naturalistes ont montré les

premiers restes humains, provenant de terrains quater
naires, l'étonnement n'a pas été moindre que lorsque
Palissy faisait voir ses coquilles fossiles aux docteurs de
Paris. Mais aujourd'hui, plus vite qu'alors, il a fallu se
rendre à l'évidence. C'est en vain que les objections
plus ou moins spécieuses allaient à l'encontre des affir
mations ; celles-ci passaient outre avec le solide appui
des faits allant toujours en se multipliant. C'est en vain
aussi que l'on alléguait les documents historiques et que
l'on cherchait un allié dans le génie du grand Cuvier. La
vérité a dû se faire jour. Nous ajouterons, au reste, que
Cuvier, dont on cite souvent l'opinion sans la bien connaître, ne niait pas la haute antiquité de l'homme par
cela seulement qu'il refusait d'admettre sa coexistence
avec les pachydermes d'espèces éteintes. Notre grand
naturaliste n'a jamais été aussi absolu. En 1825, il dit
qu'on n'a encore trouvé *ni homme ni singe fossile*, et
il n'affirme rien de plus. C'est méconnaître l'esprit de ce
grand maître, de le faire conclure, sans preuve aucune,
que l'apparition de l'homme sur la terre est d'une date
récente. Le créateur de la paléontologie, le fondateur de
l'anatomie comparée, n'a jamais dit : « *Il n'y a pas
d'homme fossile;* » il a dit : les faits manquant : « *Je
n'ai pas trouvé d'homme fossile.* »

Aujourd'hui, grâce aux recherches des géologues, les
débris provenant d'une industrie primitive, les restes
mêmes de l'homme fossile, c'est-à-dire de l'homme des
temps quaternaires, sont innombrables. Ils forment des
musées entiers, et chaque jour de nouvelles découvertes
apportent de nouveaux faits à cet égard. Les sources où

la science puise ces restes précieux sont diverses ; nous allons les étudier successivement.

Les cavernes et les grottes, que l'on rencontre à des hauteurs très variables dans le flanc des montagnes rocheuses, forment de véritables musées naturels où sont amoncelés ces précieux vestiges des mondes anéantis.

Rien n'est plus varié que l'aspect de ces souterrains, qui atteignent parfois quelques milliers de mètres d'étendue avec des différences de niveau plus ou moins considérables. La plupart sont découpés dans les roches calcaires, comme on l'observe en Irlande, en Angleterre, en Belgique, dans les Alpes, les Pyrénées et les Apennins, où quelques-uns d'entre eux jouissent d'une grande célébrité. Les dépôts cristallins calcaires y produisent souvent des stalagmites et des stalactites, dans lesquels l'imagination retrouve les formes d'objets réels et qui sont l'œuvre des gouttes d'eau qui les façonnent à travers les siècles par les résidus calcaires qu'elles abandonnent sous le jeu de l'évaporation spontanée. La puissance du développement de ces blocs d'albâtre ne peut être d'aucun secours pour la détermination de leur âge, la vitesse d'écoulement des eaux, la solubilité du calcaire modifiant de toutes pièces la nature du dépôt. Quelques grottes sont toutes hérissées de ces incrustations calcaires, modelées, découpées, ciselées de toutes manières et formant des colonnes, des plis ondoyants, des draperies d'albâtre qui apparaissent comme les ornements d'une architecture capricieuse : d'autres grottes ne renferment que des traces de ces formations cristallines, d'autres enfin en sont complètement dépourvues,

Fig. 91. — Coupe verticale de la caverne de Gaileureuth, en Franconie (d'après Alcide d'Orbigny).

et celles-ci sont en général plus favorables aux investigations.

Sous le plancher constitué par la couche stalagmitique, on rencontre généralement des dépôts d'argile, dite argile à ossements. C'est une terre souvent rougeâtre, offrant une sorte de stratification ; tantôt meuble et friable, tantôt imprégnée de calcaire jusqu'au point de résister à la pioche ; offrant une épaisseur variable, la couche à ossements des cavernes présente les caractères les plus divers. On y rencontre les vestiges de presque tous les animaux de l'époque quaternaire, très souvent mélangés à des restes d'ossements humains, à des haches en silex ou à d'autres débris de l'industrie primitive. On se fera une idée exacte de ces grottes à ossements en jetant les yeux sur la coupe verticale de la belle caverne de Gaileureuth, où se sont faites des découvertes importantes (fig. 91).

De tout temps les cavernes ont servi de demeure, de sépulcre ou de refuge aux hommes. Les auteurs anciens nous parlent des troglodytes ou habitants des cavernes de l'Asie Mineure, de la Grèce et de l'Italie ; Jules César nous rapporte qu'il fit enfermer dans des souterrains naturels les Gaulois qui le combattaient ; à l'époque des Dragonnades, les protestants persécutés se sauvaient dans les cavernes, et, de nos jours encore, les habitants des forêts s'abritent souvent dans des grottes de pierre. Aussi n'y a-t-il pas lieu de s'étonner de l'accumulation d'ossements et de débris qui s'y rencontrent. C'est ainsi que la caverne de Malet, dans les Cévennes, a offert un singulier amoncellement d'objets les plus divers. Des fragments de poteries romaines, une statuette d'un sénateur romain, des haches en silex poli et autres armes de pierre, appartenant à une civilisation bien antérieure, une véritable sépulture d'ossements d'hommes et d'ours, des objets d'art de fabrications plus récente, des crânes d'ours placés les uns sur les autres en forme de pyramide, trouvés dans le même souterrain, ont apparu successivement comme les sûrs témoignages des nombreux visiteurs qui l'ont parcouru à des époques différentes.

Il est facile de distinguer ces mélanges ultérieurs, d'en assigner la date comparative, et les découvertes de ce genre ne sont d'aucun secours pour l'histoire de l'homme fossile. Mais il en est tout autrement quand les ossements ou les débris humains se rencontrent, comme cela se présente très fréquemment, dans les mêmes circonstances que les autres os d'animaux. S'ils sont enveloppés dans la même argile, ne portant pas de trace de remaniements, s'ils reposent sous une couche de stalagmite bien intacte et bien conservée, s'ils sont emprisonnés avec des os d'espèces éteintes, dans un même bloc de pierre n'offrant aucun indice de dégradation, si l'observation enfin a été faite dans un très grand nombre de localités par des observateurs dignes de foi, la contemporanéité de l'homme avec les espèces fossiles n'est plus douteuse.

En 1833, le docteur Schmerling publia un ouvrage important sur les cavernes situées aux environs de Liège ; il explora chacune d'elles, et tous les ossements qu'elles renfermaient furent soumis à son examen. La pièce la plus curieuse de la collection de ce savant géologue consistait en la calotte d'un crâne trouvé dans la caverne d'Engis, à plus d'un mètre de profondeur, dans une brèche osseuse non remaniée. La terre qui enveloppait ce crâne ne présentait aucune trace de modification ultérieure; elle renfermait des dents de cheval, d'ours, d'hyène, de rhinocéros et de ruminants fossiles, associés à une clavicule et un os du carpe humains. Dans la caverne d'Engiboul, Schmerling trouva encore, dans des circonstances analogues, des os humains, radius du coude, os des extrémités, soudés ensemble dans un bloc calcaire.

La caverne de Lherme a aussi fourni à la science des dents, une omoplate et des os du bras humain, mélangés avec des ossements d'ours, de lion, d'hyène des cavernes, enfouis dans une couche stalagmitique tellement résistante qu'elle se brise difficilement sous le choc du marteau. Sept crânes d'*Ursus spelœus*, cinquante demi-mâchoires, trois cents dents, une infinité d'os brisés, un couteau de silex, un os creux d'ours des cavernes transformé en un instrument tranchant, trois mâchoires de la même espèce, percées d'un trou, un andouiller de cerf aminci au sommet et taillé à la base, une vingtaine de demi-mâchoires d'ours transformées en crochets capables de servir d'arme offensive ou de houe pour remuer la terre, et sur lesquelles on compte les entailles et les coupures faites avec le tranchant d'un outil de pierre, ont été retirés de la couche cristalline.

La grotte d'Arcy, près d'Avallon (Yonne), étudiée

par M. de Vibraye, contenant dans son sein un nombre considérable de débris d'ours des cavernes associés à une mâchoire et une dent humaine emprisonnés dans une enveloppe résistante d'argile rouge, la caverne de Neanderthal, renfermant, sous une couche diluvienne d'une grande dureté, des os d'ours et un squelette humain, dont on put enlever, sans les briser, la calotte crânienne, la cuisse, l'humérus, un cubitus, une clavicule et quelques autres fragments recouverts de dendrites élégamment ramifiées comme de la mousse, sont de nouveaux et irrécusables arguments de l'antiquité de l'homme.

Mais les travaux de M. Lartet, sur la caverne d'Aurignac, ont été généralement regardés à leur apparition comme les meilleures preuves de la préexistence de l'homme avec les animaux de l'époque quaternaire. Aurignac est un chef-lieu de canton de la Haute-Garonne, situé à côté de la colline de Fajoles. Cette colline, formée de terrains nummulitiques, offrait dans un de ses escarpements un trou bien connu des chasseurs, qui y voyaient souvent disparaître les lapins dont ils convoitaient la capture. En 1852, un ouvrier terrassier enfonça son bras dans ce trou pour juger de sa profondeur. Il ne tarda pas à en retirer un os qui excita vivement sa curiosité; continuant ses investigations, il attaqua les bords de l'orifice et rencontra une plaque de grès qui fermait une ouverture. Après l'avoir enlevée, il se trouva devant un véritable ossuaire humain.

Cette découverte eut un grand retentissement, et le

docteur Amiel, qui était maire de l'endroit, recueillit tous les os afin de les réintégrer dans le cimetière : il fit disparaître ainsi ce riche trésor à jamais perdu pour les antiquaires et les géologues. Toutefois le docteur Amiel s'assura, en comptant les os homologues, qu'ils devaient avoir appartenu à dix-sept squelettes des deux sexes et de tout âge.

C'est en 1860 que M. Lartet passa à Aurignac, résolu à faire de sérieuses recherches, après avoir vu quelques débris retirés de la caverne. Aidé par quelques travailleurs intelligents, il en commença l'exploration méthodique. En dehors de la grotte il trouva un lit de cendres et de charbons qui s'étendait sur une surface d'un demi-mètre carré, au-dessus d'un foyer nummulitique soutenant des fragments de grès noircis par l'action du feu. Les cendres renfermaient au moins une centaine de couteaux et de projectiles en silex; des flèches en os et des ustensiles en corne de renne, un poinçon en corne de chevreuil, gisaient pêle-mêle à côté de nombreux fragments d'*Ursus spelœus*, de *Felis spelœa* d'*Elephas primigenius*, de *Cervus elaphus* et d'os d'herbivores qui avaient été fendus pour en extraire la moelle. Sur les neuf espèces caractéristiques du terrain quaternaire, huit espèces se trouvèrent là avec deux molaires de *Rhinoceros tichorinus*, mêlés avec des os de ce même animal, qui portaient nettement les marques du travail humain par leur coupure nettement opérée avec un instrument tranchant.

Nous avons visité, en compagnie de notre ami le docteur Garrigou, dont nous avons parlé précédemment, quelques-unes des remarquables cavernes de l'Ariège ; des fouilles ont même été faites sous nos yeux. Les débris animaux ou humains sont réunis là pêle-mêle, et en telle profusion, qu'en quelques heures de temps nous avons recueilli quelques haches en pierre polie, un polissoir en granit, des ossements nombreux d'animaux domestiques et des débris de mâchoires d'ours fossile. Cet animal était jadis très abondant dans ces contrées, on en retrouve des ossements et souvent des têtes entières dans la plupart des cavernes de l'Ariège. Dans une seule caverne, le docteur Garrigou a retiré plus de quinze crânes d'ours fossiles admirablement conservés (fig. 92).

Depuis ces découvertes, dont le récit sommaire forme comme l'histoire de l'exploration des cavernes, les recherches du même ordre se sont multipliées dans la plupart des nations civilisées, et les résultats obtenus ont permis à la science de recueillir d'innombrables documents.

C'est ainsi que sur les bords de la rivière de Wye, dans le comté de Worcester en Angleterre, on vient tout récemment de découvrir vingt nouvelles cavernes à ossements, dont trois seulement ont été explorées. Dans l'une d'elles, on a rencontré des monnaies précieuses de la période romano-britannique et deux crânes humains très bien conservés. En creusant un peu plus profondément, on a mis à nu une pierre si dure, qu'il a fallu l'emploi de la poudre de mine pour la faire sauter. Sous cette enveloppe résistante, on a trouvé des ossements très abondants, appartenant pour

Fig. 92. — Crânes d'ours fossiles déterrés dans une caverne de l'Ariège.

la plupart à l'ours des cavernes. Au-dessous de ces débris, une nouvelle couche de pierre s'est présentée, on l'a brisée, et on a vu qu'elle cachait des restes admirablement conservés d'éléphants fossiles, de lions et d'hyènes des cavernes.

Ce n'est pas seulement dans les souterrains naturels qu'apparaissent les vestiges des civilisations primitives. Les terrains quaternaires eux-mêmes en contiennent à profusion, comme l'a surtout démontré l'illustre Boucher de Perthes. Dès 1847, cet homme « voué au culte de la science, » suivant l'expression d'Élie de Beaumont, a appelé l'attention publique sur les *haches de pierre* des premiers âges humains. C'est encore lui qui a mis la main sur la fameuse mâchoire de Moulin-Quignon, près d'Abbeville, et qui a opéré par cette découverte et les débats auxquels elle a donné lieu, une véritable révolution dans la nouvelle branche de l'investigation dont nous nous occupons actuellement. Aujourd'hui, qu'il n'est plus permis de mettre en doute l'existence de l'homme à l'époque quaternaire, il est inutile de revenir sur des discussions que nous passerons sous silence.

II

Les *Kjœkkenmœddings*, ou amas de débris de cuisine des hommes primitifs. — Les vestiges des âges antéhistoriques au Danemark. — Les tourbières et leurs couches distinctes. — L'âge de pierre. — L'âge du bronze. — L'âge du fer. — Les cités lacustres.

L'étude de *kjœkkenmœddings*, ou débris de la cuisine des peuples primitifs des marais tourbeux du Danemark, des habitants lacustres de la Suisse et de l'Italie, a surtout fourni à la science de précieux documents sur l'homme primitif.

Grâce aux travaux de MM. Troyon, Morlot, Keller, Desor, en Suisse, aux vues hardies de quelques naturalistes du Danemark, aux études de MM. Stopani et Nicolucci, en Italie, aux belles recherches de MM. Lartet, Christy, Boucher de Perthes, de Mortillet, en France, aux investigations des savants de tous les pays, il nous est permis de retracer à grands traits l'histoire de ces temps reculés, d'esquisser parfois la vie, les mœurs et les coutumes de l'homme fossile, d'opposer son industrie naïve aux travaux de l'art actuel, et de faire voir que l'humanité à son berceau, si primitive qu'elle ait été, a toujours eu en elle un germe d'intelligence qui devait acquérir un si grand développement dans la suite des âges.

Sur un grand nombre de points de la côte du Danemark, on rencontre, à proximité de la mer, des accumulations de coquilles d'un volume très variable, qui atteignent quelquefois trois cents mètres de longueur sur une largeur de soixante mètres et une épaisseur de trois mètres. Çà et là ces amas sont disposés circulairement autour d'un centre vide qui paraît avoir servi de lieu d'habitation.

Ces accumulations d'os et de coquilles, connues depuis fort longtemps, avaient d'abord été considérées comme des dépôts naturels ; des observations récentes ont démontré que l'homme seul avait pu constituer ces amas, incontestablement formés par les débris de sa nourriture. Aussi les Danois les ont-ils appelés *kjœkkenmœddings*, ou amas de débris de cuisine. Des milliers de coquilles d'huîtres, de cardiums ou autres mollusques comestibles s'y rencontrent de toutes parts ; des os de quadrupèdes, d'oiseaux et de poissons y sont entassés pêle-mêle ; des couteaux, des haches et d'autres instruments de pierre y sont répandus à profusion avec des fragments de poteries grossières, des outils de corne et d'os, du bois carbonisé et des cendres. En 1847, une commission, chargée d'étudier ces monticules de coquilles du Danemark, rassembla une magnifique collection formée de dix mille échantillons déterminés, d'animaux trouvés dans ces accumulations. Au milieu de coquilles se rencontrèrent de nombreuses espèces d'animaux sauvages ; l'*Urus* ou *Bos primigenius* est la seule espèce actuellement éteinte qui s'y trouve ; les restes de castors et de phoques y abondent. Des os de daim, de chevreuil, de lynx, de loup, de renard s'y recueillent tout brisés, comme s'ils l'avaient été par un instrument destiné à leur enlever la moelle.

Les kjœkkenmœddings offrent, comme on le voit, le plus grand intérêt ; ils nous montrent, après quelques centaines de siècles, les débris des aliments qui ont nourri de rudes chasseurs, de hardis pêcheurs, dont le souvenir semblait devoir être à tout jamais perdu dans les profondeurs du passé.

Les tourbières du Danemark sont pour nous la source de curiosités peut-être plus remarquables encore. Il n'est pas un mètre carré de ces marais qui n'ait gardé des traces humaines ; les ossements, les débris de toute sorte qui s'y rencontrent, offrent aux savants d'inépuisables sujets d'étude : la nature semble avoir pris soin de conserver ces vestiges afin de nous permettre d'en dévoiler l'origine. Les tourbières du Danemark, en effet, sont nettement formées de trois couches superposées qui nous tiennent un différent langage et offrent à nos regards trois périodes de végétation ; la plus ancienne est la période du pin, complètement disparue aujourd'hui ; la deuxième est la période du chêne, actuellement très rare ; la troisième période, enfin, est celle du hêtre, qui étend encore ses rameaux épais sur le sol du Nord. La tourbe a gardé les objets qui y sont tombés, et les fouilles qu'on y exécute y font voir trois musées bien distincts, changeant pour ainsi dire leurs collections à chaque période de végétation nouvelle. Les débris humains manquent dans la première couche de la tourbe amorphe ; des armes de pierre et d'os se rencontrent sur la deuxième couche ; des armes et des ustensiles de bronze apparaissent enfin dans la région qui est plus rapprochée du sol. D'après ces observations, le premier cycle de l'histoire a été divisé en trois âges par les savants danois.

1° *Age de pierre*. Pendant cette période, l'homme s'arme et se crée des outils en taillant les silex ou d'autres pierres ; le feu lui est déjà connu, comme l'attestent les cendres et le bois carbonisé (cet âge se subdivise généralement en deux époques distinctes : âge de la *pierre brute*, âge de la *pierre polie*) ;

2° *Age de bronze*. Durant cette deuxième période, l'homme a découvert et travaillé des métaux ; il sait unir le cuivre à l'étain et façonner des ustensiles et des outils précieux (des découvertes effectuées en Amérique nous permettent de parler d'un âge intermédiaire, l'*âge de cuivre*, pendant lequel les peuplades primitives employaient ce métal, qui s'offrait directement à eux à l'état natif) ;

3° *L'âge de fer* vient en dernier lieu et nous offre le spectacle d'une industrie plus avancée. Cette période est un pas immense réalisé par l'humanité, qui découvre alors le verre, invente les monnaies et tire de son intelligence la puissante conception de l'alphabet.

Ces termes pourraient impliquer des idées très fausses si on y attachait un sens trop absolu et si on supposait que la civilisation, caractérisée par l'emploi de ces diverses matières, était uniformément répandue à la surface du globe. A ces époques reculées, il existait entre les différentes nations des caractères bien tranchés, comme de nos jours, où nous voyons d'immenses étendues de continents peuplées par des races de l'âge de pierre (intérieur du Brésil, etc.) en même temps que l'âge de fer règne en Polynésie, et l'*âge des armes à feu* en Europe. Quoi qu'il en soit, cette division n'en subsiste pas moins, comme l'ont confirmé les géologues de la Suisse, en mettant au jour une nouvelle espèce de monuments qui mérite toute notre attention.

Nous avons vu que les cavernes et les trous de rocher avaient souvent servi d'habitation aux premiers hommes; les cabanes construites de branches et de feuillages entrelacés, les constructions sur pilotis surtout leur ont encore offert un abri.

Le singulier mode de construction des peuples lacustres n'a rien qui doive nous surprendre : Hérodote nous parle des Pæoniens, qui habitaient le lac Prusias; Dumont-d'Urville nous donne la description de semblables villages qui s'étendent de nos jours au-dessus des lacs de la Nouvelle-Guinée. Les Malais et les Chinois de Bangkok appuient leurs maisons sur des pieux plantés dans le limon des lacs; la lagune de Maracaybo, enfin, nous offre un nouvel exemple d'une petite Venise de bois, connue sous le nom de Vénézuela. Sous la République romaine, les Bataves se logeaient dans des baraques supportées par des pieux élevés très haut au-dessus du sol; quelques peuplades qui vivent au milieu des savanes de l'Orénoque ou de l'Amazone se construsent actuellement des habitations du même genre ; les Javanais eux-mêmes se mettent à l'abri des tigres dans des cabanes presque isolées du sol.

L'homme trouvait au-dessus des lacs une habitation où il pouvait sans inquiétude se reposer des fatigues, en obéissant peut-être aussi à l'invincible attrait qu'exerce l'eau sur tous les peuples.

Dans l'hiver de 1853 à 1854, M. Ferdinand Keller commença à étudier les objets singuliers mis à nu par le retrait des eaux du lac de Zurich. Des pilotis, des ossements, des pierres noircies par le feu, des ustensiles de toute sorte lui démontrèrent l'existence d'un ancien village. D'autres naturalistes continuèrent ces curieuses recherches, et bientôt la Suisse presque tout entière, l'Italie, le Brandebourg, l'Islande, le Canada, la Nouvelle-Guinée et l'île Vaigiou, allaient fournir de nouvelles preuves de l'existence de nombreuses tribus qui peuplaient ces pays avant qu'ils eussent une histoire. Aujourd'hui les découvertes se sont tellement accumulées, en France, en Italie, en Allemagne, en Belgique, que la notion de l'homme fossile, d'abord rejetée par quelques esprits scrupuleux, est admise sans conteste par presque tous les savants.

III

La naissance de la civilisation. — Reconstitution des cités lacustres. — Mœurs et usages de l'homme primitif. — La hache de pierre. — Naissance de l'agriculture, de l'industrie et du commerce. — Les arts du dessin et de la sculpture. — Nourriture de l'homme primitif. — Les boissons. — Ensevelissement des morts.

On comprend que les premiers hommes, cherchant à se garantir de l'attaque des bêtes féroces ou des surprises d'un ennemi, aient construit dans les pays lacustres qu'ils habitaient des demeures sur pilotis. Grâce à leurs canots, ils pouvaient se transporter facilement sur tous les points de la côte, et en même temps leurs maisons leur servaient d'habitation de pêche.

Peut-être aussi obéissaient-ils à cet invincible attrait exercé par les eaux sur tous les peuples, en construisant, comme le font aujourd'hui les habitants de la Nouvelle-Guinée, des villages appuyés sur des pieux fichés au fond des lacs.

Les vestiges de ces mondes détruits sont assez nombreux pour qu'il soit possible de rebâtir par la pensée les cabanes lacustres de l'antique Helvétie. Un simple

Fig. 93. — Vue d'une cité lacustre, d'après une restauration du D' Keller.

coup d'œil à travers l'eau suffit pour faire voir les pilotis rangés parallèlement ou plantés en désordre, les poutres noircies, les toits représentés par quelques couches de roseaux et de paille. Les pierres des foyers, les vases d'argile, les amas de mousse qui servaient de lit de repos, les armes grossières en silex, tout se retrouve enfoui dans le limon du lac.

A travers un passé de quelques milliers de siècles, nous pouvons admirer cette singulière agglomération de petites huttes resserrées les unes contre les autres à la surface des eaux (fig. 93). Nous revoyons ces rives presque désertes, dont quelques animaux domestiques égayent les clairières ; ces forêts silencieuses où les grands arbres étendent leurs rideaux de verdure sur le sol que l'homme n'ose pas habiter. Sur les flots, au contraire, tout est mouvement. Deux ou trois cents cabanes semblent voguer sur la plaine liquide ; la fumée du foyer s'élève dans l'atmosphère, la population s'agite sur les plates-formes, les canots vont et viennent : l'eau paraît être le véritable domaine de l'homme.

La vue de ces restes de maisons primitives cause un vif étonnement quand on songe aux outils grossiers, aux haches de pierre qui seules ont servi au travail de leur construction. Il fallait façonner des outils en usant les pierres les unes contre les autres, et n'obtenir ainsi que de faibles ressources. Cependant les arbres étaient abattus, les troncs coupés, les poutres taillées en pointe, les planches séparées, et bientôt les populations lacustres élevaient leur demeure au sein des eaux, les entouraient de palissades, d'esplanades ou de quais en bois, sur lesquels ils s'embarquaient à bord de canots légers. Ils creusaient en outre des fossés sur les rivages pour défendre leurs animaux domestiques des bêtes féroces; ils élevaient leurs tombeaux et des monuments religieux sur les hauteurs et menaient de front la pê-

Fig. 94.
Hache en silex de la vallée de la Somme.

Fig. 95. — Grattoir en silex (caverne du Périgord).

che, la chasse et la guerre. Ils cultivaient la terre et ne se servaient toujours que d'instruments d'os ou de pierre. Quelle patience il fallait pour fabriquer ces outils ou ces armes, pour les emmancher, pour les réparer ! La pierre ne pouvait être taillée que par la pierre : on comprend difficilement comment ces infatigables ouvriers pouvaient donner le fini aux lames ou aux pointes de silex, surtout quand ils s'attaquaient aux substances les plus dures, telles que le cristal de roche.

La hache et les outils de pierre ont joué un grand rôle dans l'industrie primitive : c'est par monceaux qu'on les retrouve dans les terrains quaternaires de tous les pays et dans les lacs de la Suisse. Leur forme, leur aspect, diffèrent suivant les nations, et les haches suisses se distinguent par des caractères particuliers. Il n'y a là rien qui doive nous surprendre ; les géologues ont reconnu depuis longtemps que le niveau des connaissances humaines n'était pas le même à la même époque dans les différentes régions de l'Europe. Le fleuve de la civilisation coulait alors avec une excessive lenteur, et des siècles s'écoulaient avant que le moindre progrès se propageât du midi de l'Europe dans les froides contrées du Nord. Les figures 94, 95 et 96, pourront donner une idée de la forme que l'homme primitif donnait au silex.

La hache n'est pas la seule arme des lacustres ; les flèches en silex (fig. 97), qui devaient être assujetties à l'extrémité de solides roseaux, se sont rencontrées en France, en Angleterre, dans la Scandinavie et sur les bords du Mississipi. Le fond des lacs de la Suisse fourmille parfois de cailloux aux arêtes vives, attestant que la fronde déjà connue était employée à lancer les projectiles. Les lacustres, habiles dans l'art de la guerre, avaient imaginé des balles incendiaires formées de charbon et d'argile. Rougis au feu, ces boulets servaient à l'attaque ; lancés sur les cabanes ennemies, ils

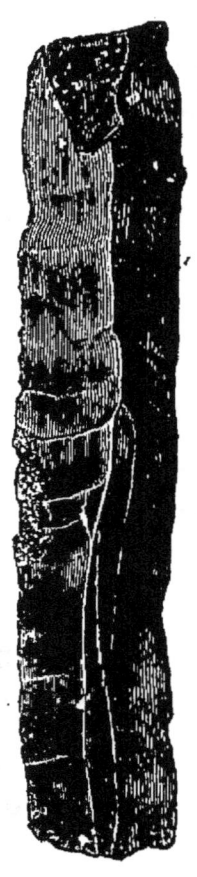

Fig. 96.
Couteau en silex

Fig. 97. — Pointe de flèche fixée par une ligature.

en enflammaient le chaume ; le feu ne tardait pas à gagner de proche en proche et à étendre ses ravages sur la colonie tout entière.

Malgré cet instinct guerrier, nous retrouvons dans l'intelligence rudimentaire de l'homme primitif l'instinct des douceurs de la paix ; il aime aussi à goûter les bienfaits dont l'agriculture et l'industrie sont une inépuisable source. Témoins ces lames de silex, tranchantes et dentelées, ces couteaux et ces scies (fig. 98), ces

Fig. 98. — Scie en silex des lacustres, emmanchée sur un bois de cerf (d'après M. Desor).

meules à aiguiser, ces tranchets, ces aiguilles, qui ne sont plus les instruments de la destruction, mais bien les véritables armes du travail.

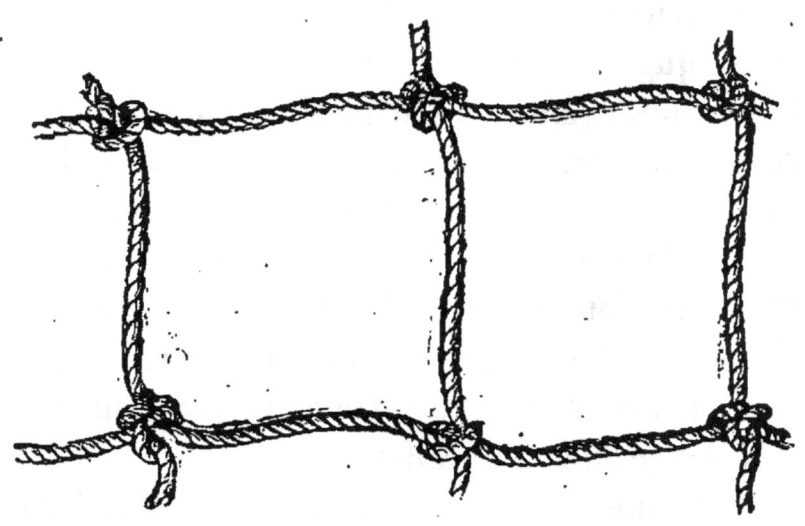

Fig. 99. — Filet à grandes mailles, recueilli dans le lac de Robenhausen (d'après le D* Keller.)

D'abord adonné à la pêche et à la chasse, comme l'attestent les débris de filets des lacs de la Suisse (fig. 99), l'homme ne tarde pas à se livrer à la culture; il s'entoure d'animaux domestiques ; il boit le lait de ses troupeaux, se nourrit de leur chair, se revêt de leur dépouille. Il s'aperçoit que la terre ne refuse rien au labeur patient, qu'elle est généreuse envers celui qui sait lui ravir les ressources dont elle abonde : immense progrès d'où découlent tous les autres. La culture des champs enfante l'abondance, et permet à l'homme de goûter les fruits du repos. Il les consacre à la méditation; ses bras cessent d'agir, mais sa pensée agit, l'intelligence s'éveille, l'observation va se révéler, l'art et les sciences qui en dérivent ne tarderont pas à naître.

Mais que d'incertitudes, que de tâtonnements pour conquérir quelque invention, pour ajouter une pierre au monument du progrès! Que de siècles ont dû s'écouler avant que l'homme ait atteint le premier degré de la civilisation, avant que son intelligence lui ait permis de s'élever au-dessus des animaux, dont la supériorité a d'abord été manifeste! Avant de savoir construire une demeure, l'architecture humaine a dû pendant longtemps rester bien inférieure à celle dont l'industrie des abeilles et des fourmis lui offrait un précieux modèle. L'homme n'a eu d'abord d'autre asile que celui des rochers et des grottes naturelles.

Une fois que la paix a succédé à la guerre, les conceptions de l'esprit engendrent sans cesse de nouveaux bienfaits; le commerce ne tarde pas à prendre naissance à côté de l'agriculture. Des objets de provenance lointaine, la néphrite de l'Ouest, l'ambre jaune de la

Baltique, l'étain du Cornouailles, trouvés parmi les débris des cités lacustres, sont le témoignage des échanges organisés avec les peuples navigateurs, peut-être avec les Phéniciens, qui, de si bonne heure, s'étaient imposé la tâche d'explorer la surface du globe. A l'aurore des civilisations, ces hardis marins bravaient déjà les flots sur de simples barques et se jouaient des dangers de l'Océan ; ils savaient se rendre maîtres de la tempête, et ne craignaient pas de l'affronter pour marcher à la conquête de pays lointains.

Le germe de toutes les facultés de l'intelligence se retrouve dans le cerveau de l'homme primitif ; à l'apparition des sociétés, son esprit est déjà accessible à l'imagination. L'homme paraît être né poète et artiste, et de nombreux échantillons de son art sont parvenus jusqu'à nous. A peine un outil grossier s'agite-t-il entre ses doigts, il l'emploie à la sculpture et au dessin ; quelques os, quelques morceaux de schiste ou de phyllade sont les premières toiles qu'il ébauche. La nature lui sert de modèle, et il se plaît à représenter des têtes de poisson, d'ours, de cerf, d'aurochs ou de bouquetin. Il creuse intérieurement les bois de cerf et les transforme en vases servant à boire ; à défaut d'outils, il se sert de ses mains et façonne avec de l'argile mêlée de quartz les poteries dont nous retrouvons presque partout les nombreux débris, comme les précieux témoins de la céramique à son enfance (fig. 100). Un peu plus tard, la pâte est façonnée au tour, séchée sous l'action des rayons solaires, et produit des vases d'une forme analogue à celle des poteries modernes. Quelquefois, des anses d'une certaine élégance, des dessins d'un goût incontestable achèvent l'objet d'art. La forme de ces poteries varie suivant les usages : amphores, vaisselle culinaire, vases aplatis, destinés à être chauffés, rien ne fait défaut à ces antiques peuplades ; il ne leur manque que les inutilités ruineuses des âges postérieurs, que les mille riens dont le luxe moderne a su faire des objets indispensables.

Fig. 100.
Vase en terre des cités lacustres.

Cependant l'homme ne s'en est pas tenu longtemps aux productions d'une industrie aussi naïve, et, bien avant Voltaire, le superflu a été plus ou moins considéré comme chose nécessaire. Le besoin de se vêtir, qui a donné d'abord naissance à des tissus grossiers (fig. 101), n'a pas tardé à dégénérer en besoin de se parer ; quant à la coquetterie, elle a dû naître avec la première femme. D'abord nu, l'homme se couvre de peaux d'animaux rattachées par des fibres ligneuses, et dans la

Fig. 101.
Tissu de l'âge de bronze des cités lacustres.

suite, les tissus succèdent à ces vêtements grossiers ; il relève ses cheveux avec des épingles en os, charge sa poitrine de nombreuses dents d'ours et passe des bagues d'ivoire à ses doigts. Des dents de chien, de renard ou de loup, des rondelles de coquillages sont d'abord percées pour former des colliers, et plus tard, la compagne de l'homme, ne trouvant pas ces objets dignes de rehausser ses attraits, se pare, après l'âge de pierre, d'agrafes, d'épingles, de colliers et de bracelets en bronze (fig. 102).

Fig. 102.
Bracelet de bronze trouvé dans les cités lacustres.

Contrairement aux ruines de l'Égypte, qui, jusqu'ici, se taisent sur la vie du peuple, pour nous dire seulement les noms de quelques rois et nous célébrer leurs exploits, les débris des peuplades primitives nous prodiguent les moindres détails de la vie, et il n'est pas jusqu'à des noisettes percées que nous ne retrouvions ensevelies dans la vase des cités lacustres, et qui servaient peut-être à quelque nourrice voulant faire sourire son enfant.

On ne sait pas ce que l'homme mangeait quand il est sorti des mains de la nature ; on ignore s'il était herbivore ou carnivore, mais il est certain que l'habitude ou la nécessité l'ont rendu par la suite herbivore et carnivore. Les débris de la cuisine du Danemark, dont il a été question précédemment, nous donnent avec une précision absolue le menu des festins primitifs. L'huître comestible est le fonds de la nourriture des hommes antéhistoriques ; les poissons, les crustacés vulgaires, les oiseaux aquatiques, les canards et les coqs de bruyère, qui paraissaient souvent encore à leur table, nous donnent une assez bonne opinion de leur instinct gastronomique. Ils mangeaient aussi la chair de l'urus ou bœuf primitif, du cerf, du chevreuil, et du renne, et ne dédaignaient pas non plus la loutre, le phoque, le chat sauvage, le loup, le renard et le chien domestique. Les amas de coquilles du Danemark ne renferment pas de traces de céréales, ce qui nous donne à penser que le pain était inconnu aux peuplades de ces régions. Les lacustres de la Suisse en faisaient certainement usage à la même époque : de nombreux débris d'espèces de céréales, entre autres de froment sont là pour l'affirmer. Le lac de Pfeffikon, dans la Suisse orientale, a enfin fourni à la science du pain carbonisé et des débris de fruits de toute nature.

Parmi les vestiges des animaux rencontrés dans le limon des lacs de la Suisse, on n'a trouvé qu'un seul ossement de lièvre ; l'absence presque absolue de ce quadrupède donne à penser que les lacustres ne s'en nourrissaient pas, peut-être retenus par quelque superstition analogue à celle que l'on observe de nos jours encore chez les Lapons et que Jules César trouva en vigueur chez les Bretons.

Nous ne voulons pas quitter la table de l'homme primitif sans constater qu'il soumettait à la cuisson la viande dont il se nourrissait ; les cendres, le charbon, les os carbonisés retirés des dépôts sous-lacustres, des amas de coquilles du Danemark sont là pour l'affirmer. Quelques cavernes, renfermant des débris d'aliments sans aucune trace de feu, nous permettent de supposer que certaines peuplades ont pu manger la chair crue, comme le font aujourd'hui les Abyssins et les Samoyèdes.

Tous les peuples, les plus sauvages comme les plus civilisés, ont un goût prononcé pour les boissons enivrantes; il est probable qu'elles étaient connues de l'homme primitif. La chose cependant n'est pas tout à fait certaine. Il est possible que l'énorme quantité de fruits du cornouiller amoncelés dans le fond du lac de Timon soit les débris de la provision ayant servi aux Danois de l'âge de pierre à fabriquer une boisson acide ou fermentée; il serait étonnant que des tribus, dont la civilisation était certainement placée au-dessus du niveau de celle de certains sauvages actuels, n'aient pas inventé les breuvages alcooliques, et qu'ils n'aient pas recherché comme tous les peuples leur action enivrante. Les sauvages de l'île Viti n'ont-ils pas leur *kava*, les Africains du centre leur *pombé*, les Germains leur *cervoise*, les Péruviens leur *chica* et les Aryas leur *liqueur de l'oubli* ?

Après avoir abordé les occupations diverses qui remplissaient la vie de l'homme à ces âges reculés, il nous reste à le suivre quelques moments encore jusqu'à son lit de mort pour le confier à la sépulture, qui doit quelquefois en conserver les précieux vestiges.

Dans les temps antéhistoriques, on enterrait les morts:

des voûtes sépulcrales recevaient les cadavres qu'on y plaçait dans une position accroupie, le menton appuyé sur les genoux, les bras rapprochés de la tête et ramenés sur la poitrine, dans une position analogue à celle de l'enfant dans le sein de sa mère (fig. 103). Devons-nous

Fig. 103. — Un tombeau suédois du temps de l'âge de pierre.

retrouver dans ces faits un simple effet du hasard, ou faut-il supposer au contraire que la pensée de quelques-uns de ces hommes grossiers ait déjà été ouverte aux idées philosophiques et aux graves réflexions qu'inspire la mort? Ce rapprochement de la tombe et du berceau n'est-il pas l'indice de la singulière coïncidence qui paraît unir la naissance au trépas? ne nous fait-il pas voir que la lumière de la philosophie était peut-être à la veille d'éclairer l'humanité si mille causes de retard n'avaient alors opposé des barrières à la marche déjà lente du progrès?

L'étude des dépôts sous-lacustres de la Suisse nous apprend, en effet, que presque tous les antiques villages de ces temps reculés ont péri par la destruction et l'incendie ; que les fléaux de la guerre ont précédé les développements de la civilisation.

En Amérique, en Hindoustan, en Asie, les débris de l'homme antéhistorique ne nous signalent pas de périodes de convulsion ; il n'en est pas de même pour l'Europe, où de terribles accidents ont dû modifier la face de l'humanité.

Les cités lacustres de la Suisse ont péri par la guerre, alors que l'histoire n'était pas née : les peuples de l'Helvétie ont succombé sous les coups du plus fort, et les haches de pierre ont été brisées par les armes de bronze des nouveaux venus, qui se rendaient facilement maîtres des cités lacustres. C'est ainsi que Fernand Cortès envahit tout le Mexique avec une poignée d'hommes hardis, armés d'instruments terribles d'où volait le feu de la mort.

Nous avons jusqu'ici parlé essentiellement des enseignements que fournit à la science l'étude des cités lacustres ; ce sont, en effet, les lacs de la Suisse qui ont d'abord éclairé d'un jour tout nouveau les horizons du passé. Mais depuis ces premiers travaux, la science préhistorique a accompli des progrès immenses, et les chercheurs, en mettant à nu, sur la surface entière des pays civilisés, les vestiges de l'homme primitif, ont permis d'affirmer que l'histoire de ces temps reculés se subdivise en longues périodes qui embrassent sans doute une longue durée de siècles.

Les dépôts de transports quaternaires ou diluviens offrent d'abord des instruments grossiers en silex non poli, dus certainement à une industrie naissante. Après la formation de nos vallées, et avant la disparition de la faune quaternaire, il paraît certain qu'une race de chasseurs vivait dans les cavernes, et ne connaissait d'autres outils que des os travaillés et des silex taillés. C'étaient des chasseurs de rennes, hommes intelligents, doués d'un sentiment artistique, comme l'attestent les vestiges des ciselures dont ils savaient orner leurs outils. A l'exposition universelle de 1867, on a pu admirer, dans les galeries consacrées à l'histoire du travail, ces précieux vestiges de nos premiers ancêtres.

La grotte de la Madelaine, qui a été soumise à des investigations minutieuses, a fourni un grand nombre d'échantillons du plus haut intérêt. Notre figure 104

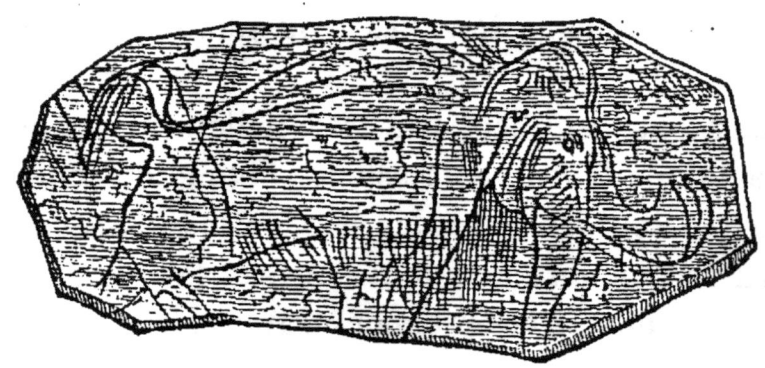

Fig. 104. — Esquisse au trait d'un Mammouth. — Grotte de la Madelaine.
(MM. Lartey et Christy.)

représente une large plaque d'ivoire trouvée dans cette grotte, où l'on voit nettement figuré un éléphant. « Il a un grand front bombé, les défenses, mal dessinées, le burin ayant glissé, sont pourtant fort recourbées ; la trompe, très nettement caractérisée, tombe droit ; les jambes sont bien accusées. Mais ce qui est tout particulier, et qui, bien plus encore que les défenses recourbées, caractérise le mammouth, ce sont de longs crins, une véritable crinière qui pend entre la trompe et les jambes ; c'est, à la partie postérieure, une queue touffue et garnie de poils, retroussée en forme de fouet…. C'est bien le mammouth, qu'un artiste de la Madelaine a figuré sur un fragment de défense…. Le sentiment artistique des hommes de cette époque ne s'est pas seulement produit sur des os, sur des bois de renne ou de cerf et sur de l'ivoire, mais encore sur des pierres. La grotte de la Madelaine a fourni un caillou noir, percé d'un trou pour la suspension, sur lequel se voit un essai de gravure représentant un renne [1]. »

La remarquable esquisse de mammouth dont nous venons de donner la description est assez correcte pour démontrer d'une façon manifeste que l'homme qui en a gravé les traits a vu l'animal, dont il reproduit l'image, et que, par conséquent, il a été son contemporain.

C'est encore dans la grotte de la Madelaine que l'on a rencontré un sceptre ou bâton de commandement, sur lequel sont gravés d'un côté, deux têtes d'aurochs et de l'autre une sorte d'anguille précédée d'un homme nu, tenant un bâton sur son épaule. Deux têtes de chevaux s'aperçoivent sur le fond de la plaque (fig. 105). « L'usage de ces pièces, dit M. de Mortillet, n'est pas encore bien déterminé. M. Ed. Lartet, remarquant d'une part que, de tous les instruments de cette époque, ce

---

[1] *Promenades au musée de Saint-Germain*, par Gabriel de Mortillet.

sont les plus ornés, d'autre part, ayant retrouvé vers le pôle un bâton de commandement de forme analogue, en bois de renne, auquel il ne manque que le trou, a pensé que ce pouvait bien être aussi des bâtons de commandement. Ces bâtons, ainsi que les pointes de lance

Fig. 105. — Bâton de commandement, avec le dessin d'un homme d'un cheval et d'un poisson. — Grotte de la Madelaine.

à base en biseau, non seulement sont ornés de gravures formant des traits, des chevrons, des arabesques, mais encore représentant des êtres organisés, surtout des animaux. Il y a là une importante et curieuse manifestation de l'art. C'est un art bien naïf, bien primitif, mais pourtant très vrai. Les graveurs et sculpteurs de cette époque avaient un grand sentiment de la forme et souvent des proportions. C'étaient de véritables artistes. Les représentations les plus fréquentes sont celles de chevaux et de rennes ; viennent ensuite des bœufs et autres animaux. »

Nous aurons occasion de signaler plus loin d'autres bâtons de commandement trouvés dans les cavernes par d'autres géologues ; ne quittons pas toutefois la remarquable grotte de la Madelaine, où MM. Lartet et Christy ont rencontré tant de merveilles, sans mettre sous les yeux de nos lecteurs un fragment de bois de cerf où est sculptée, non sans délicatesse, une tête de cerf com-

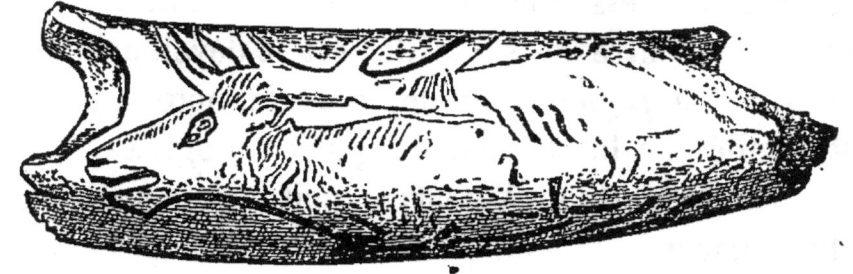

Fig. 106. — Tête de cerf gravée sur un bois de cerf. — Grotte de la Madelaine (MM. Lartet et Christy.)

mun (fig. 106). La forme de la ramure est en effet assez nettement dessinée pour qu'il ne soit pas possible de confondre cette image avec celle du renne.

Nous avons déjà signalé le docteur Garrigou parmi les plus zélés investigateurs des cavernes. Ce géologue émérite a formé à Tarascon, une admirable collection

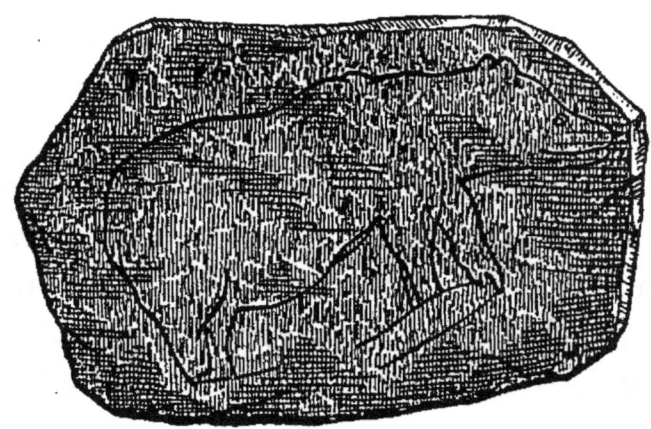

Fig. 107. — Dessin de grands ours sur une plaque de schiste, trouvée dans la grotte de Massat par M. le D' Garrigou.

des objets antéhistoriques innombrables qu'il a recueillis dans les cavernes à ossements de l'Ariège. Dans la grotte de Massat, M. Garrigou a déterré un galet où est gravée l'image du grand ours des cavernes (fig. 107). « Le caractère essentiellement différentiel de l'*Ursus spelæus*, en outre de sa taille, est le développement excessif de la région frontale, d'où le nom d'ours à front bombé que lui donnent les paléontologistes. Dans le dessin de la grotte de Massat, on voit que ce caractère est très marqué, et l'on peut dire qu'à notre époque nous ne trouvons plus un seul ours à frontaux aussi proéminents.... Les hommes de l'âge du renne ont vu par conséquent l'*Ursus spelœus* vivant [1]. »

Nous ne pouvons nous étendre davantage sur les belles et nombreuses découvertes que les investigations des cavernes, habitations antiques de l'homme primitif, ont fourni à la science; nous ne quitterons pas toutefois ce sujet sans dire que les stations du Périgord ont été, entre les mains de M. Lartet, la source précieuse de documents intéressants. Les cavernes du Périgord contenaient un grand nombre de ces pièces singulières, dites bâtons de commandement, et dont nous venons de parler à l'occasion de la grotte de la Madelaine. Les deux plus curieux échantillons sont couverts de gravures, représentant des animaux mal définis et des poissons (fig. 108 et 109). Ces deux bâtons, en bois de renne, sont percés de trous, comme cela se présente habituellement dans les pièces analogues.

Grâce à ces recherches des vestiges de l'art primitif, recherches exécutées, poursuivies dans tous les pays

---

[1] *Bulletin de la Société géologique de France*, 2ᵉ série, t. XXIV, p. 473. Note de M. le Dʳ F. Garrigou.

civilisés, par un grand nombre de savants et d'amateurs d'antiquités, des musées d'une incomparable richesse ont pu se remplir de ces débris d'âges disparus, dont

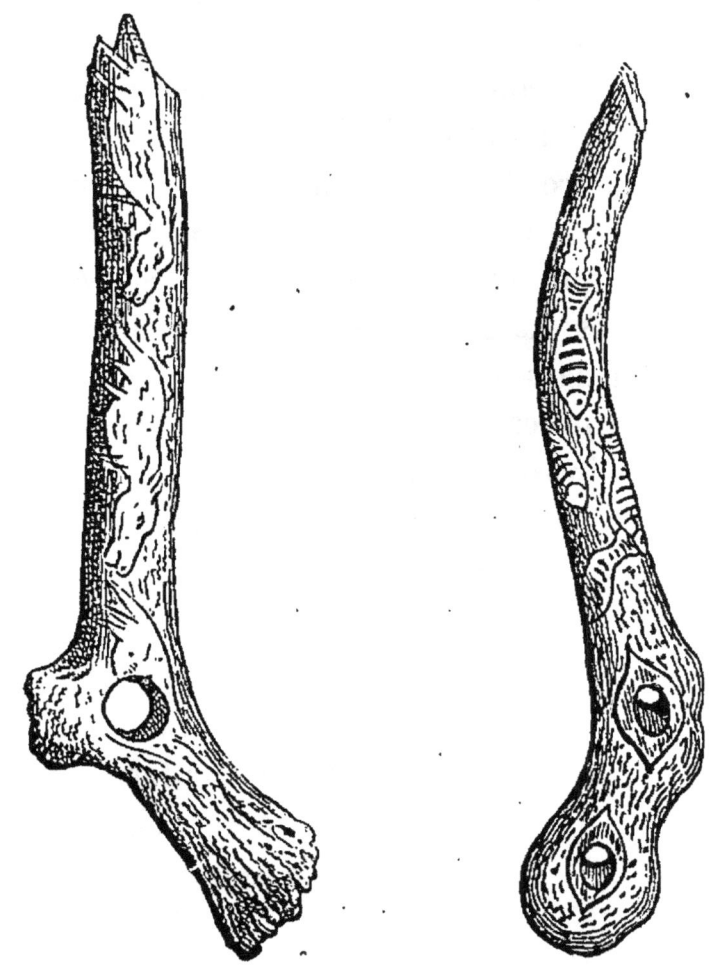

Fig. 108 et 109. — Bâtons de commandement en bois de renne, trouvés dans une caverne du Périgord, par M. Lartet.

on ne soupçonnait pas l'existence à une époque voisine de notre temps. Le musée de Saint-Germain, devenu célèbre, est actuellement une des plus riches collections antéhistoriques du monde. Ses deux savants directeurs,

MM. Alexandre Bertrand et Gabriel de Mortillet, y ont accumulé par milliers des trésors si remarquables qu'il ne le cède plus en rien au musée historique de Copenhague, dont on vante les objets précieux.

Nous n'en finirions pas s'il fallait décrire les merveilles que l'on peut admirer au musée de Saint-Germain, comme au musée de Copenhague, comme dans un grand nombre de collections privées. Jetons toutefois rapidement les yeux sur quelques remarquables échantillons qui compléteront l'histoire rapide des temps primitifs. La collection des silex taillés du musée de Saint-Germain est extraordinairement abondante; des vitrines entières sont remplies de ces haches, depuis le silex taillé jusqu'à la pierre polie.

Après les silex quaternaires d'Abbeville et d'autres localités, voici des pointes de flèche en silex, fort nombreuses et variées. « Quelques-unes, dit M. de Mortillet, affectent la forme de feuilles de saule ou de laurier.... Mais le plus grand nombre, la presque totalité, ont la forme de triangles plus ou moins élevés, plus ou moins raccourcis, à base arquée, droite ou concave. Ce sont surtout des pointes avec un pédoncule pour fixer la baguette ou hampe, accompagné à droite et à gauche de deux barbelures plus ou moins prononcées »

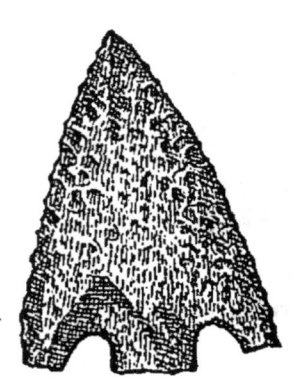

Fig. 110.
Pointe de flèche en silex du Danemark.

(fig. 110). Voici des pointes de lance, unies ou dentelées (fig. 111 et 112).

Voici des flèches en bois de renne (fig. 113), des haches

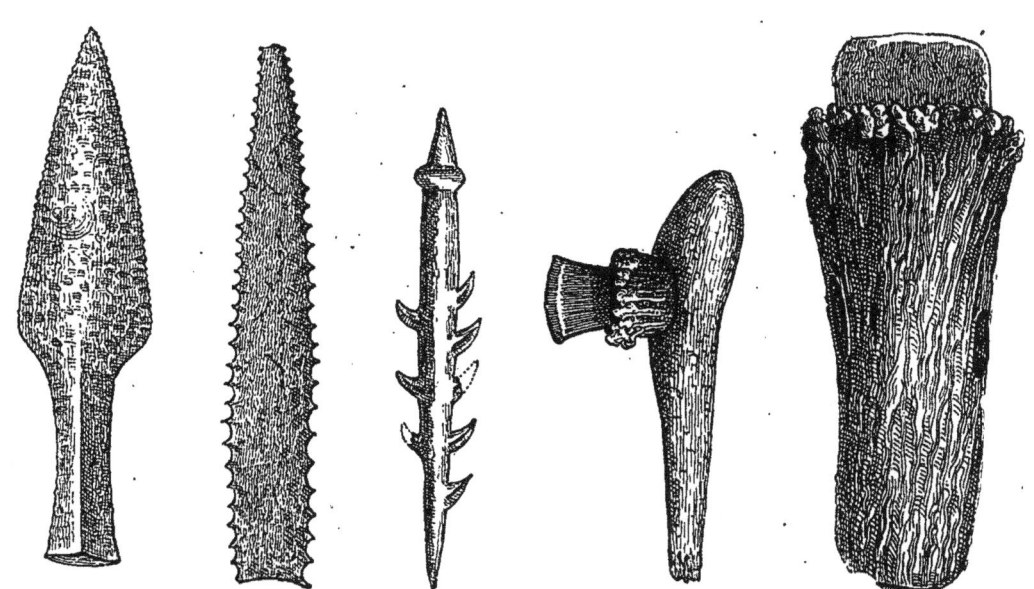

Fig. 111. Fig. 112. Fig. 113. Fig. 114. Fig. 115.
Fig. 111. — Pointe de lance en silex du Danemark. — Fig. 112. — Pointe de lance dentelée en silex du Danemarck.
Fig. 113. — Flèche en bois de renne à double barbelure. — Fig. 114. — Hache de pierre emmanchée sur corne de cerf et sur bois (d'après M. Desor). — Fig. 115. — Hache en silex emmanchée sur une corne de cerf.

avec leurs emmanchures primitives (fig. 114 et 115). M. Reboux a publié des travaux très intéressants sur la façon dont les armes primitives de pierre pouvaient être utilisées. A force de patience et d'observations, il a pu

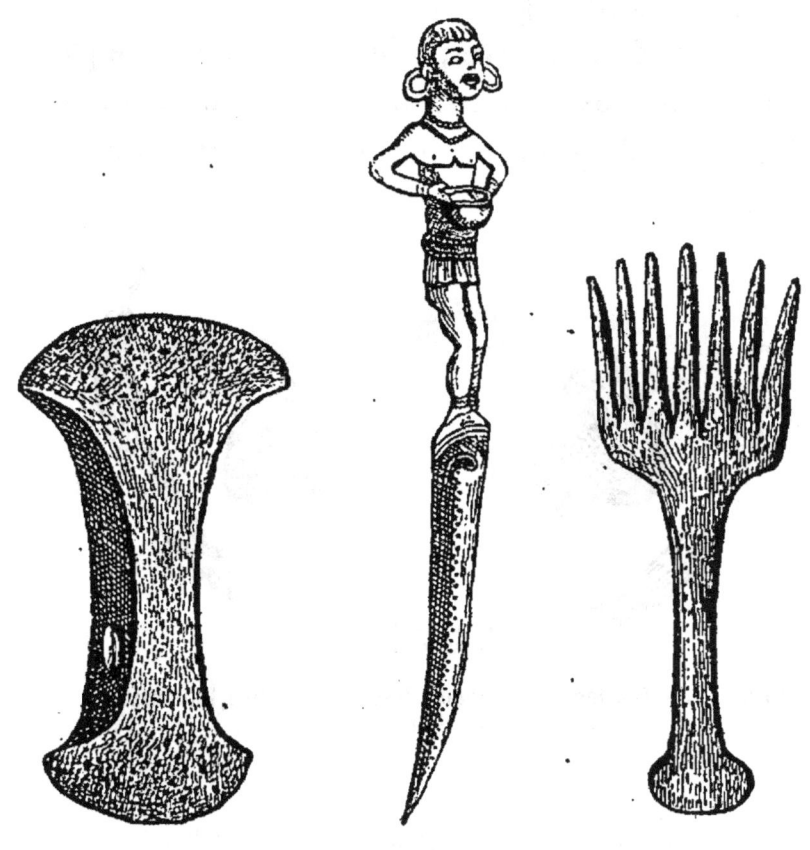

Fig. 116.
Hache à deux tranchants de l'âge de la pierre polie.

Fig. 117.
Couteau de bronze danois de l'âge de bronze.

Fig. 118.
Peigne en os du Danemarck. (Musée Saint-Germain.)

monter sur des manches en bois, à l'aide de ligatures en cuir, des scies et des couteaux des âges primitifs, et il lui a été possible de s'en servir lui-même pour dépecer des bœufs ou pour couper des branches. M. Reboux est parvenu à tailler lui-même des silex, comme le faisait sans doute l'homme fossile ; et il est arrivé ainsi, en introduisant l'expérience dans une branche si nouvelle du savoir humain, à des résultats inattendus et bien dignes des plus grands éloges.

Après l'âge de la pierre polie, qui se termine par des outils façonnés avec une réelle habileté et un grand fini (fig. 116), l'âge de bronze apparaît avec des objets

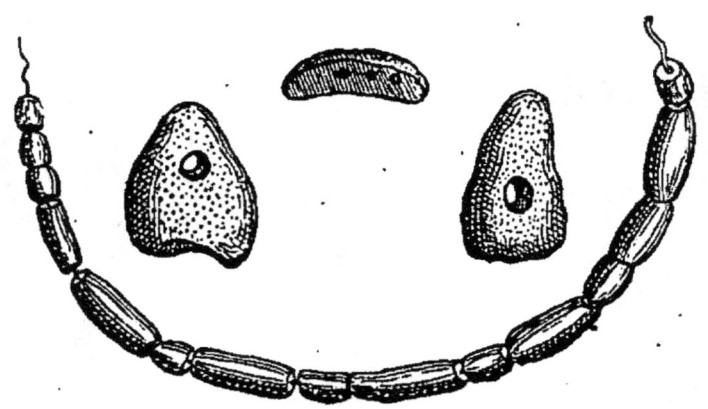

Fig. 119. —Collier et ornement divers en ambre, Danemarck.
(Musée de Saint-Germain.)

vraiment gracieux et remarquables, comme l'indique ce charmant couteau de bronze danois que nous représentons ci-contre (fig. 117). Quel contraste n'offre-t-il pas avec les grossiers produits de l'industrie naïve de l'âge précédent! A l'époque de la pierre polie, dont le Danemark a fourni des vestiges curieux, ce ne sont, en effet, que des objets attestant un art en enfance, comme l'indique ce peigne en os (fig. 118) et ce collier d'ambre jaune (fig. 119).

Quittons ces antiques débris des civilisations primitives, non sans saluer au musée de Saint-Germain le buste d'un des illustres fondateurs de ces sciences nouvelles, M. Boucher de Perthes, qui a ouvert la voie de ces découvertes impérissables, objets de l'étonnement et de l'admiration de tous les amis de la vérité.

Tels sont, en raccourci, les résultats fournis par la science au sujet de l'industrie primitive; les savants de tous les pays, en remuant de toutes parts la poussière des siècles, ont su reconstruire les monuments précieux qui nous révèlent l'homme anthéhistorique. Tout un monde anéanti ressuscite à la voix de la géologie, et toute une succession de générations nombreuses se dispersant dans la suite des temps, apparaît à nos yeux; mille débris informes et mutilés renaissent de leurs cendres et nous tiennent le plus étonnant langage.

Manions avec respect ces antiques vestiges. Les hommes auxquels ils ont appartenu ne sont-ils pas des nôtres? N'ont-ils pas été soumis comme nous à la douleur, aux luttes de l'intelligence? N'ont-ils pas surtout fécondé par leur travail le sol qui devait être plus tard le témoin des merveilles de la civilisation moderne[1]?

---

[1] Ch. Lyell, *L'ancienneté de l'homme.* — Vogt, *Leçons sur l'homme* — Troyon, *Les cités lacustres.* — Laugel, *L'homme primitif.* — *Cours d'anthropologie* de M. de Quatrefages. — Lubbock, *L'homme avant l'histoire*, etc.

VI

L'antiquité de l'homme. — La date de son apparition sur la terre peut-elle être définie ? — M. Morlot et le delta de la Tinière. — M. Troyon et les cités lacustres. — Les forêts du Danemark dans les temps géologiques. — Les races humaines fossiles.

Les faits établis jusqu'ici nous enseignent les mœurs, les habitudes des premiers hommes ; ils nous démontrent qu'ils étaient contemporains des mammifères éteints de l'époque quaternaire ; mais peuvent-ils nous permettre de fixer une date réelle à leur apparition et de mesurer le nombre de siècles qui nous séparent de nos premiers ancêtres ?

Sir Ch. Lyell, en s'appuyant sur des autorités sérieuses, prétend que le Mississipi coule dans son lit actuel depuis mille siècles, et le docteur Dowler assure, d'après l'examen de poteries et de sépultures indiennes, que le delta de ce grand fleuve est habité par l'homme depuis cinquante mille ans.

Ces appréciations sont évidemment imparfaites ; il n'est pas douteux que les preuves manquent à leur appui. Les tentatives des géologues et des archéologues pour estimer l'époque de l'âge de pierre, de bronze, sont aussi très incomplètes ; cependant elles méritent de fixer l'attention, et font espérer dans la suite des résultats précieux. Le calcul le plus consciencieux est celui qu'a fait M. Morlot relativement au delta de la Tinière, torrent qui se jette dans le lac de Genève. Ce delta est formé de sable et de gravier, et la régularité de sa structure permet d'admettre une uniformité constante dans la cause de sa production. Sa forme est celle d'un cône aplati dont la structure intérieure a été mise à jour par les travaux que nécessitait la construction d'un chemin de fer. Une tranchée pratiquée dans le sol a coupé à différentes profondeurs trois couches de terre végétale, dont chacune a dû former la surface du cône à des époques différentes. La première couche est de l'époque romaine et contient des tuiles et des médailles, la deuxième renferme des poteries non vernissées et des objets appartenant à l'âge de bronze, la troisième enfin, qui se trouve à six mètres de profondeur, recèle dans son sein des morceaux de bois carbonisés, des poteries grossières, des os brisés et un crâne petit et fort aplati. En admettant que la période romaine se place à seize ou dix-huit siècles en arrière, M. Morlot attribue à l'âge du bronze une ancienneté de 3000 à 4000 ans, et fait remonter l'époque de l'âge de pierre, en Suisse, à 5000 ou 7000 ans.

M. Troyon a fait d'autres calculs relatifs à l'âge de quelques pilotis de la Suisse, mais les raisonnements sur lesquels il prend un appui ne sont peut-être pas à l'abri de toute critique. La distance qui sépare notre époque du commencement de l'âge de pierre ne nous est pas absolument connue; on peut affirmer toutefois qu'elle est considérable.

L'extrême ancienneté des restes humains dans les tourbières du Danemark apparaît encore d'une façon manifeste. Nous, savons, en effet, que du temps des Romains, le sol du Danemark était entièrement couvert de grandes forêts, où le hêtre régnait en maître. De nos jours, ces arbres étendent encore leurs rameaux sur le sol du Nord, ce qui démontre que dix-neuf siècles ne paraissent avoir exercé aucune influence appréciable sur la végétation de ces pays. Avant l'âge de bronze, il n'y avait pas de hêtres dans ces mêmes régions, alors couvertes de chênes; pendant l'âge de pierre, enfin, le pin d'Écosse étendait ses noirs ombrages sur le même sol, et ces antiques forêts étaient habitées par l'homme. On se rappelle sans doute que tous ces faits sont fidèlement rapportés par l'étude des tourbières. Si l'on ne peut faire que de vagues conjectures sur le nombre des générations de chaque espèce d'arbre qui couvre successivement le sol du Danemark, on peut arriver cependant à fixer un minimum déjà considérable. Si dix-neuf cents ans n'ont pas sensiblement modifié ces forêts, quelle série de siècles n'a-t-il pas fallu pour que le pin ait cédé sa place au chêne, pour que le chêne ait disparu à son tour pour être remplacé par le hêtre?

L'étude des progrès de l'esprit humain ne nous apprend-elle pas encore que la civilisation marche d'autant plus vite qu'elle atteint un niveau plus élevé; ne nous montre-t-elle pas, par exemple, l'énormité du temps qui a dû s'écouler entre le jour où les hommes isolés ne connaissaient pas l'art d'échanger leur pensée, et celui qui a vu naître l'alphabet. L'invention la plus simple est souvent celle qui a exigé la plus grande continuité d'efforts les mieux soutenus, et ce n'est certes pas en un jour que s'est développée l'antique civilisation de l'Égypte. César nous fait voir dans l'ancienne Gaule tout un peuple de cultivateurs expérimentés, et tout un pays couvert d'abondantes moissons. Or, l'agriculture est une science de faits ; elle suppose de longues observations ; il a certainement fallu aux hommes une longue suite de siècles pour apprendre à devenir habiles dans l'art de creuser un sillon.

Tout, en un mot, nous tient le même langage sur la haute antiquité de notre espèce ; si des chiffres exacts ne sauraient s'inscrire dans les annales de la science, si nulle réponse ne peut être faite à une question de mesure précise, il nous est permis de dire avec conviction que l'humanité est déjà bien ancienne.

Nous savons que l'homme vivait bien avant les temps dits historiques, selon les pays, qu'il taillait et façonnait des outils et des armes en silex ; mais nous n'avons rien vu jusqu'ici qui nous donnât sur sa constitution physique des détails précis. Les ressemblances nombreuses qui semblent rapprocher l'homme antéhistorique de quelques-uns de nos sauvages actuels ne pourraient-elles pas nous conduire à penser que ces sauvages sont peut-être les derniers représentants des peuplades qui couvraient autrefois la superficie des continents ? Les Lacustres de la Suisse, les premiers habitants du Danemark, n'auraient-ils pas été refoulés dans le Nord par des envahisseurs moins arriérés? Les Lapons, chez lesquels on retrouve encore le renne, ne seraient-ils pas les descendants des hommes de l'âge de pierre en Europe? Les analogies frappantes que l'on observe entre l'homme avant l'histoire, dévoilées par la paléontologie moderne, et certains sauvages actuels étudiés par les anthropologistes, ne doivent pas rester inaperçues. De même que le Solitaire, le Dronte, qui ont vécu dans les périodes historiques et ont disparu sous les yeux même de l'homme civilisé, la race humaine des temps antérieurs ne serait-elle pas représentée de nos jours par les sauvages, qui tendent à disparaître de la scène du monde. La comparaison des crânes humains fossiles avec ceux des naturels qu habitent encore aujourd'hui quelques régions du globe, nous paraît donner grand poids à cette hypothèse.

Malheureusement, les squelettes humains fossiles ont été jusqu'ici très rares, mais les rares découvertes qui en ont été faites sont trop importantes pour que nous les passions sous silence.

Le plus célèbre des débris humains fossiles est le crâne du Neanderthal, extrait de la caverne de ce nom, près Elberfeld, en 1856. Cette pièce fameuse a été décrite par MM. Schaaffhausen et Fuhlrott, et minitieusement étudiée par la plupart des paléontologistes. Sans entrer dans les détails techniques de la conformation de ce crâne, nous nous contenterons de dire que son front aplati, fuyant, et que ses caractères tout à fait particuliers le distinguent complètement des races modernes. D'autres crânes, comme celui de Bruniquel aux bords

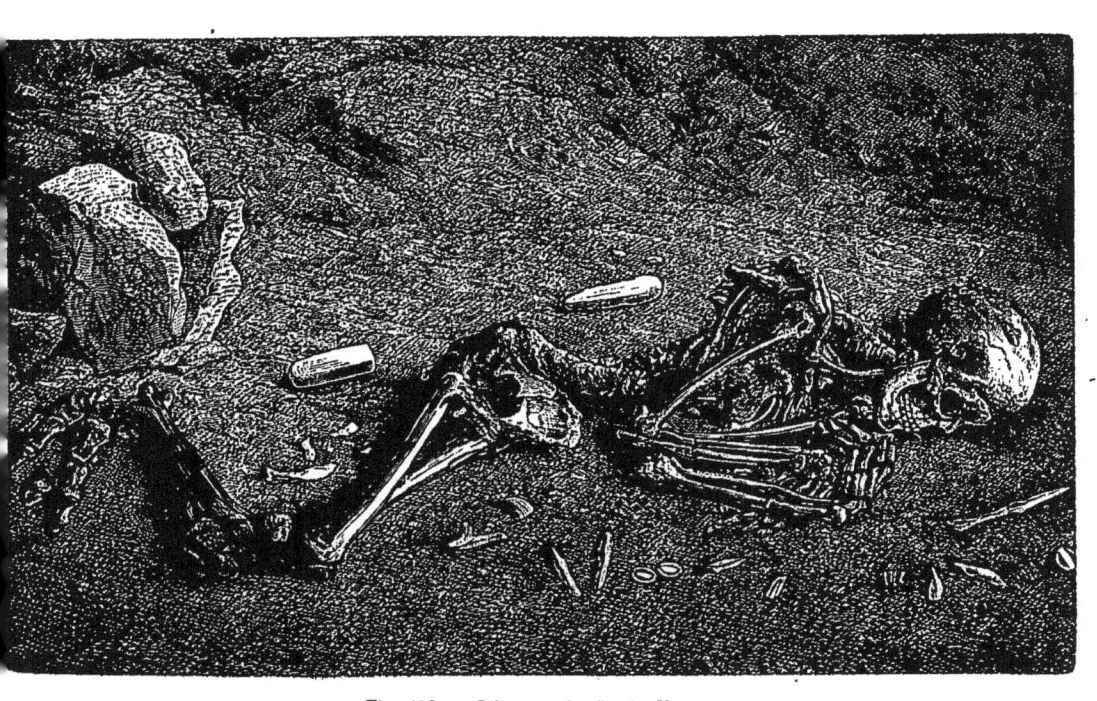

Fig. 120. — L'homme fossile de Menton.

de l'Aveyron (fig. 121) et surtout ceux de Canstadt, de Cro-Magnon, etc., trouvés dans des circonstances

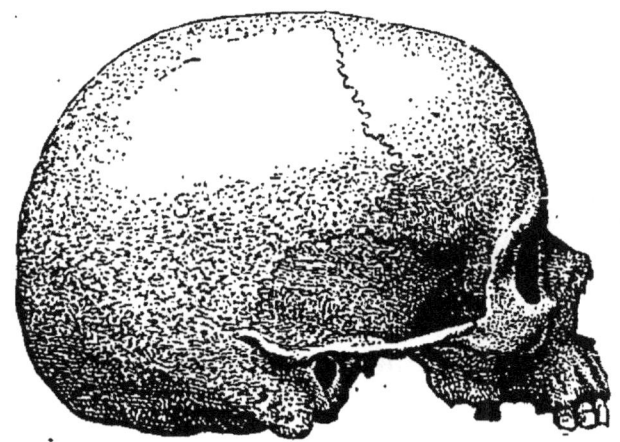

Fig. 121. — Crâne de vieillard de Bruniquel

analogues, ont confirmé ces caractères et ont permis à quelques savants, parmi lesquels nous citerons au premier rang M. de Quatrefages, d'établir l'existence d'une race humaine paléontologique, différente de la race moderne[1].

Ces hypothèses sont, dira-t-on peut-être, encore prématurées, en raison du si petit nombre de pièces à son appui. Elles paraissent être en outre ébranlées par la découverte d'un squelette humain fossile, retrouvé tout entier dans les grottes de Menton, dont l'origine remonte aux temps géologiques, et dont les caractères cependant ne s'éloignent pas sensiblement de ceux qui distinguent ceux de la race moderne.

Le squelette de Menton, trouvé par M. Rivière, est

---

[1] *Crania ethnica.* — De Quatrefages et Hamy. 1874.

dans l'attitude du repos (fig. 120) ; le crâne est couvert de nombreuses coquilles percées d'un trou, qui, sans doute, réunies jadis par un ligament, formaient une sorte de résille. Mais plusieurs géologues ont contesté la haute antiquité de ce squelette, qui appartiendrait à une race plus récente, bien distincte de la race paléontologique antérieure, dont le crâne du Neanderthal serait le type.

Le fossile de Menton ne serait pas, d'après eux, un contemporain de l'ours, mais bien un homme de l'âge du renne, beaucoup moins ancien.

CHAPITRE VIII

LES FOSSILES DANS LES TEMPS HISTORIQUES

Extermination de certains animaux par l'homme. — Êtres disparus dans les temps modernes. — L'aurochs. — Les anciens oiseaux des îles Mascareignes. — La poule géante de l'île Maurice. — Le Dronte ou dodo. — Le Solitaire. — Disparition de la baleine, du gibier et des poissons. — Exterminations dues à l'homme.

Nous avons vu que dans la série des époques géologiques un grand nombre d'animaux n'appartiennent pas toujours à un moment déterminé de l'histoire du globe terrestre; leurs restes se retrouvent quelquefois dans un terrain d'un certain âge et se montrent encore dans celui d'un âge plus moderne. La plupart des espèces de l'époque quaternaire ont actuellement des représentants dans les temps modernes; d'autres animaux, qui ont apparu alors, ont encore vécu sous les yeux mêmes de l'homme, et n'ont disparu que depuis quelques siècles seulement. On peut les appeler les fossiles des temps historiques. L'aurochs en est un exemple pour nos pays;

les récits de Jules César démontrent que cet animal se rencontrait encore de son temps dans les forêts des Gaules. L'aurochs, depuis, y a cessé de vivre. Sous nos yeux même, ne voyons-nous pas quelques espèces tendre à s'éteindre par l'extermination humaine ?

« Les espèces qui, dans les divers groupes zoologiques, dépassent leurs congénères par la taille ou par le volume semblent plus que jamais aujourd'hui menacés de disparaître de la nature vivante. Depuis les premières époques géologiques, la diminution progressive de leur nombre est devenue d'autant plus rapide qu'elle doivent désormais compter l'homme parmi les nombreux compétiteurs qui leur disputent la surface de la terre : aussi l'âge actuel peut-il être considéré comme appelé à devenir le témoin de l'achèvement de leur ruine. Les animaux qui composent les espèces en question étant ceux dont la chasse est la plus avantageuse, ou dont la destruction importe le plus à la sécurité de l'homme, se trouvent inévitablement ainsi, les plus exposés à disparaître de toute région que l'être privilégié incorpore à son domaine. Ils luttent avec d'autant moins d'avantage contre les persécutions auxquelles les met en butte cette nouvelle concurrence, que la difficulté où ils son de trouver une subsistance suffisante ne leur permet pas de se multiplier proportionnellement à leur élimination. Certaines petites espèces, contre lesquelles nous entretenons une guerre acharnée, ne doivent leur salut qu'à cette fécondité extraordinaire qui leur permet de disposer toujours de nouvelles réserves et de maintenir ainsi au même niveau le contingent moyen de la race.

Mais ces pertes deviennent très préjudiciables chez les individus de masse supérieure, à cause de la lenteur même de la reproduction, et l'avenir du type dont ils sont les représentants se trouve déjà compromis par ce seul défaut de réparation suffisamment prompte. Il est temps que la science des êtres vivants se hâte d'achever son œuvre, car de nouveaux types, et des plus remarquables, sont sur le point de se dérober à son étude, pour aller rejoindre l'immense ossuaire où se sont déjà rassemblées tant de formes éteintes. Il n'y a certes pas de témérité à avancer que l'éléphant, la girafe, la baleine, le grand pingouin boréal, les gros batraciens des Antilles, l'émeu de l'Australie, l'aurochs et le lion lui-même, sont menacés du même sort dont le lamantin colossal des côtes de l'île de Behring, les gigantesques moas de la Nouvelle-Zélande, l'immense roc ou Épiornis de Madagascar, le Dronte, le plus massif colombide qui ait jamais existé, le géant de Leguat, la plus grande des poules d'eau, ont déjà été victimes dans l'espace de deux siècles à peine [1]. »

Le castor, qui avait des représentants en France, au siècle dernier, ne s'y trouve plus ; la baleine, chassée par l'homme, tend à disparaître, les cerfs Wapiti deviennent de plus en plus rares dans le Canada ; nos arrière-petits-fils les étudieront peut-être comme nous pouvons le faire aujourd'hui, par exemple, pour les anciens oiseaux des îles Mascaraignes.

---

[1] *Annuaire scientifique* de M. P.-P. Dehérain. 7e année, 1847. — Nous avons emprunté aussi des documents à un excellent travail de M. Oustaslet, publié dans le journal *la Nature*.

L'étude de ces oiseaux qui ont vécu il y a quelques siècles, offre un intérêt particulier et mérite d'arrêter tout particulièrement notre attention ; nous y trouverons une preuve de la sagacité des paléontologistes, un exemple des ressources qu'ils peuvent rencontrer parfois dans les documents historiques et surtout un très important témoignage de la disparition des espèces à la surface de la scène terrestre.

On trouve dans les récits authentiques que nous a laissés François Leguat de ses curieux voyages entrepris à la fin du dix-septième siècle, la description d'un énorme oiseau de l'île Maurice. « Dans l'île Maurice, dit l'explorateur français, on voit beaucoup de certains oiseaux qu'on appelle *géants*, parce que leur tête s'élève à la hauteur de six pieds. Ils sont extrêmement haut montés et ont le cou fort long. Le corps n'est pas plus gros que celui d'une oye. Ils sont tout blancs, excepté un endroit sous l'aile qui est un peu rouge. Ils ont un bec d'oye, mais un peu plus pointu, et les doigts de pieds sont séparés et fort longs. Ils paissent dans les lieux marécageux, et les chiens les surprennent souvent, à cause qu'il leur faut beaucoup de temps pour s'élever de terre. Nous en vîmes un jour à Rodriguez et nous le prîmes à la main tant il était gros : c'est le seul que nous y ayons remarqué, ce qui me fait croire qu'il y avait été poussé par le vent, à la force duquel il n'avait pu résister. Ce gibier est assez bon. »

Les ornithologistes modernes ont émis un grand nombre d'avis différents sur la nature de l'oiseau géant de l'île Maurice : les uns, comme Hamel, l'ont placé dans le groupe des autruches ; d'autres, comme Strikland, ont affirmé que c'était un flamand ; au contraire, M. Schlegel l'a considéré comme une poule d'eau, et c'est à ce dernier avis que l'on doit se ranger, car la description du géant rappelle beaucoup l'aspect des échassiers qui vivent habituellement au bord des marécages et des cours d'eau. Le géant se distinguait cependant de nos râles et de nos poules d'eau, par sa taille exceptionnelle, qui dépassait celle d'un homme. Quoi qu'il en soit, il n'en est pas moins établi qu'un oiseau de marais de très grande taille vivait il y a deux siècles environ, sinon dans toutes les îles Mascaraignes, au moins dans l'île Maurice, et que cet oiseau n'existe plus de nos jours.

Le Dronte ou dodo, qui a acquis une grande célébrité dans ces derniers temps, nous est beaucoup mieux connu, et par des documents historiques, et par des pièces anatomiques qui ont été conservées jusqu'à notre époque.

En 1598, les Hollandais prirent possession de l'île Maurice, qu'ils trouvèrent inhabitée ; ils étaient sous les ordres de Cornélius van Neck, qui nous a laissé une magnifique relation de son voyage, où il est question du dodo. Cet oiseau, d'après l'explorateur, avait le bec épais et allongé, jaunâtre à la base ; son corps, gros et charnu, était couvert de plumes courtes et serrées, ses pieds jaunes avaient trois doigts dirigés en avant, et un autre doigt en arrière. Dans un autre ouvrage, publié en 1646 par Cornelisz sur les voyages de Heemskerk, qui passa à Maurice, on trouve encore la mention du dodo; mais c'est surtout un des capitaines de cette expédition, van West Zanen, qui nous donne une véritable description des curieux oiseaux de l'île Maurice. « Chaque jour, dit le voyageur, les marins descendaient à terre pour chasser des oiseaux et d'autre gibier.... Ils ne rencontraient pas d'autres quadrupèdes que des chats, mais, plus tard, nos compatriotes introduisirent dans cette île des chèvres et des porcs. Les hérons étaient plus farouches que les autres oiseaux et plus difficiles à atteindre, parce qu'ils cherchaient un refuge au milieu des branches serrées des arbres du voisinage. Les matelots prenaient aussi de ces oiseaux que l'on appelle *Dod-arrsen* ou *Dronten*, et qui, lorsque Jacob van Neck était ici, portaient le nom de *Wallick Vögel*, parce que, même après avoir subi une longue cuisson, leur chair, à l'exception de la poitrine et du croupion, qui étaient fort bons à manger, restait très dure et très coriace, et aussi parce que les hommes de l'équipage, se procurant en abondance des tourterelles, s'étaient dégoûtés de la viande de dodo.... Ces oiseaux ont une grosse tête, ornée d'une sorte de chaperon, ils n'ont ni ailes ni queue, et portent seulement de petits ailerons sur les côtés du corps et quatre ou cinq plumes plus élevées que les autres, au-dessus du croupion. Ils ont un bec et des pieds, et leur estomac renferme ordinairement une pierre de la grosseur du poing.... Le 25 juillet, Wilhem et ses matelots rapportèrent quelques dodos, qui étaient fort gros; trois ou quatre de ces oiseaux suffirent amplement au repas de l'équipage; il y eut même des restes. »

Plus tard, François Cauche fait encore allusion au dodo, comme le témoigne le passage suivant de ses écrits :

« J'ai eu dans l'isle Maurice des oiseaux plus gros qu'un cygne, sans plumes par le corps, qui est couvert d'un duvet noir, il a le cul tout rond, le croupion orné de plumes crespues, autant en nombre que chaque oiseau a d'années, au lieu d'aisles, ils ont pareilles plumes que ces dernières, noires et recourbées, ils sont sans langues, le bec gros, se courbant un peu par dessous, hauts de jambes qui sont escaillées, n'ayant que trois ergots à chaque pied. Il a un cry comme l'oison, il n'est pas du tout si savoureux à manger que les fouques et feignes, desquelles nous venons de parler. Ils ne font qu'un œuf, blanc, gros comme un pain d'un sol, contre lequel ils mettent une pierre blanche de la grosseur d'un œuf de poule. Ils pondent sur l'herbe qu'ils amassent et font leurs nids dans les forests ; si on tue le petit, on trouve une pierre grise dans son gésier. Nous les appelions oiseaux de Nazaret. La graisse est excellente pour adoucir les muscles et les nerfs[1]. »

Mais une autre description, bien plus importante encore, est due à sir Hamon Lestrange, dont un manuscrit, conservé au British Museum, renferme le passage suivant :

« En 1638, en me promenant avec quelques amis, dans les rues de Londres, je vis sur la toile.... (il y a ici une lacune dans le manuscrit)..., la peinture d'un

---

[1] *Relations véritables et curieuses* de François Cauche.

oiseau de forme étrange ; poussé par la curiosité, j'entrai dans la chambre avec deux ou trois de mes compagnons, et nous vîmes un oiseau un peu plus fort qu'un gros dindon, avec les pattes et les doigts conformés de la même façon, mais plus vigoureux, plus robuste et plus droit ; la partie antérieure de son corps ressemblait par la coloration à la poitrine d'un jeune faisan, et le dos était d'une teinte plus foncée. Le gardien appelait cet oiseau un dodo, et, en notre présence, il lui donna à manger plusieurs cailloux, aussi gros que des noix de muscade, dont il y avait un grand tas dans un coin de la cheminée. « L'oiseau, nous dit-il, avalait ces pierres pour aider à sa digestion, mais il est probable qu'il les rejetait ensuite, quoique je ne me rappelle pas si nous avons suffisamment interrogé le gardien à cet égard. »

Ce n'est pas seulement au moyen de ces récits anciens qu'il est possible de se représenter le dronte ; il existe encore aujourd'hui plusieurs peintures, faites jadis, à l'époque même où le grand oiseau de l'île Maurice vivait encore. La plus célèbre de toutes ces peintures est celle que nous reproduisons ci-contre ; elle était la propriété de sir Georges Edwards et se trouve actuellement dans les Galeries du British Museum à Londres (fig. 122).

Dans le beau mémoire de MM. Strickland et Melville, on voit encore un très curieux fac-simile d'une autre peinture de Roland Saverey qui reproduit le Dronte à peu près comme l'image précédente ; l'oiseau est plein de mouvement : il est debout sur une patte et nettoie l'autre avec son bec.

Ces anciennes peintures suffiraient à nous faire une idée presque complète du Dronte, mais il existe des pièces anatomiques qui ont permis aux naturalistes de rétablir complètement le squelette de ce curieux oiseau.

Fig. 122. — Le Dronte, d'après une ancienne peinture du *British Museum*.

C'est ainsi que le British Muséum possède un pied de dodo ; mais, en 1866, M. Clark fut assez heureux pour découvrir à l'île Maurice de très nombreux ossements du dronte, dans la *Mare aux songes*. Ces débris étaient enfouis dans le limon, caché lui-même sous une couche épaisse de roseaux et d'herbes aquatiques ; ils étaient mélangés pêle-mêle avec des os de cerf, de cochon et de singe, avec des vestiges de squelettes de flamant et de gallinule. M. A. Milne-Edwards put faire l'acquisition de quelques-uns de ces précieux ossements, et il lui fut permis d'établir beaucoup mieux qu'on ne l'avait fait jusque-là les affinités du Dronte, et de déterminer la place qu'il doit occuper dans l'échelle des êtres. M. le professeur Milne-Edwards a démontré que le Dronte, tout en se plaçant à côté des colombides, doit cependant constituer une race à part.

A côté de ce curieux dodo, il faut encore placer le Solitaire de l'île Rodrigues, non moins intéressant, non moins étrange. Ce dernier oiseau est complètement éteint, mais son existence est parfaitement démontrée par le récit des voyageurs et notamment par ceux de François Leguat, dont le nom a joué un rôle si important dans l'histoire du dodo. « De tous les oiseaux de cette île, dit Leguat [1], l'espèce la plus remarquable est celle à laquelle on a donné le nom de *solitaires*, parce qu'on les voit rarement en troupes, quoiqu'il y en ait beaucoup. Les mâles ont le plumage ordinairement grisâtre et brun, les pieds de coq d'Inde et le bec aussi, mais un peu plus crochu. Ils n'ont point de queue et leur derrière, couvert de plumes, est arrondi comme une croupe de cheval. Ils sont plus hauts montés que les coqs d'Inde et ont le cou droit, un peu plus long à proportion que ne l'a cet oiseau quand il lève la tête. L'œil noir et vif, et la tête sans crête ni houppe. Ils ne volent point, leurs ailes sont trop petites pour soutenir le poids de leurs corps. Ils ne s'en servent que pour se battre et pour faire le moulinet quand ils veulent s'ap-

---

[1] *Voyages et aventures de François Leguat.*

peler l'un l'autre. Ils font avec vitesse vingt ou trente pirouettes tout de suite du même côté, pendant l'espace de quatre ou cinq minutes : le mouvement de leurs ailes fait alors un bruit qui approche fort de celui d'une crécelle et on l'entend de plus de deux cents pas. L'os de l'aileron grossit à l'extrémité et forme sous la plume une petite masse ronde comme une balle de mousquet; cela et le bec sont la principale défense de cet oiseau; on a bien de la peine à les attraper dans les bois, mais, comme on court plus vite qu'eux dans les lieux dégagés, il n'est pas fort difficile d'en prendre, Quelquefois même on en approche fort aisément. Depuis le mois de mars jusqu'au mois de septembre, ils sont extraordinairement gros, et le goût en est excellent, surtout quand ils sont jeunes. On trouve des mâles qui pèsent jusqu'à 45 livres. La femelle est d'une beauté admirable; il y en a de blondes et de brunes; j'appelle blond une couleur de cheveux blonds. Elles ont une espèce de bandeau comme un bandeau de veuve, au haut du bec, qui est de couleur tannée. Une plume ne passe pas l'autre sur tout leur corps, parce qu'elles ont un grand besoin de les ajuster et de se polir avec le bec. Les plumes qui accompagnent les cuisses sont arrondies par le bout en coquilles, et comme elles sont fort épaisses en cet endroit-là, cela produit un agréable effet. Elles ont deux élévations sur le jabot, d'un plumage plus blanc que le reste, et qui représente merveilleusement un beau sein de femme. Elles marchent avec tant de fierté de majesté et de bonne grâce tout ensemble, qu'on ne peut s'empêcher de les admirer et de les aimer, de sorte que souvent leur bonne mine leur a sauvé la vie. »

Ce curieux passage, que MM. Strickland et Melville reproduisent dans leur ouvrage, est original et empreint d'une certaine naïveté, mais il respire la bonne foi et mérite d'être considéré comme un sérieux document à l'égard du Solitaire. Leguat avait une véritable passion pour ces beaux oiseaux ; et souvent on l'entend s'apitoyer sur le sort de ceux qu'il a capturés. L'un d'eux était pris, nous dit-il, d'une tristesse déchirante ; il *versait des pleurs* et refusait toute nourriture, préférant la mort aux douleurs de la captivité.

Nous ne nous étendrons pas en longs détails sur ces anciennes populations ailées des îles Mascaraignes ; notre but a été surtout de bien indiquer, que des formes d'animaux ayant vécu dans les périodes historiques s'éteignent sous nos yeux, et que des êtres, appartenant hier aux populations vivantes, ne laissent plus aujourd'hui sur la terre que leurs débris à l'état de fossiles. Un autre fait se dégage de cette histoire des anciens oiseaux des îles Mascaraignes ; c'est celui de la destruction de certaines espèces par l'homme. Sans la cruauté humaine le Dronte et le Solitaire vivraient encore.

Le dodo, ce gros oiseau inoffensif, plus doux qu'un pigeon, était incapable de se défendre, mais il ne pouvait non plus échapper à ses ennemis par le vol ou par la course. Aussi les matelots de van Neck, poussés par la faim, firent-ils un véritable carnage des inoffensifs dodos, dont la chair, cependant, n'était pas un grand régal : « Cet oiseau, dit van Neck, était si coriace que nous ne le pouvions assez bouillir. « Son odeur était repoussante, aussi fut-il d'abord appelé *Walckvögel* ou « oiseau de nausée. » L'œuvre de dévastation se continua avec une énergie croissante. Neuf ans après le premier voyage de van Neck, c'est-à-dire en 1607, Paul van Soldt, nous rapporte que les oiseaux de nausée sont beaucoup plus rares dans l'île Maurice. En 1644, les Hollandais importèrent des chiens et des porcs dans la patrie du dronte; ce fut le coup de grâce de la race ailée. En 1681, le dodo allait être vu pour la dernière fois par un voyageur nommé Harry.

Les îles Mascaraignes, au temps de leur découverte, devaient être bien remarquables avec leur bizarre collection d'oiseaux, dont le dronte, le géant et le solitaire ne sont pas les seuls représentants connus. Les voyageurs parlent d'un grand *oiseau bleu* qui y vivait jadis, et M. le professeur Owen a encore révélé la présence à la même époque de grands perroquets dans ces régions océaniques. Il faut enfin ajouter à cette série l'*Aphanapteryx* que M. Alph. Milne-Edwards a décrit dans son ouvrage sur les oiseaux fossiles (fig. 123).

Ces races animales ont toutes disparu à la suite de conflits avec l'homme. Du reste, nous trouvons un frappant exemple des résultats de cette mémorable lutte pour l'existence, dans l'anéantissement des moas de la Nouvelle-Zélande. Ces grands oiseaux vivaient là très nombreux, jusqu'au jour où les naturels Maoris des îles Samoa furent chassés de leur pays par la famine. Ils envahirent la Nouvelle-Zélande et se jetèrent avec avidité sur les moas, qu'ils détruisirent pour chercher dans la mort de ceux-ci les ressources indispensables à leur existence.

Par une impitoyable loi naturelle, la vie ne peut être entretenue que par la mort, et le combat que se livrent

Fig. 125. — Aphanapteryx Bræckei.

les êtres vivants sur la scène du monde, soit pour subvenir aux besoins de leur alimentation, soit pour se livrer à des actes de cruautés souvent inutiles, est certainement une des causes de la disparition de plusieurs espèces.

II

Destruction des animaux, dus au développement la population humaine. — Le gibier, les poissons, les forêts. — Extinction d'animaux dans la Grande-Bretagne. — Ch. Lyell. — Le travail de destruction de l'homme.

En ne considérant que le sol français, il est facile de reconnaître que le gibier de nos forêts et de nos plaines, que les poissons de nos rivières et que nos forêts elles-mêmes disparaissent avec une rapidité quelque peu inquiétante pour l'avenir. M. Ch. Lyell s'est livré à une étude attentive de l'extinction de certains animaux dans la Grande-Bretagne ; nous reproduirons les observations de l'illustre naturaliste anglais, comme un exemple des changements dus au développement de la population humaine à la surface du globe :

« Bien que le cerf et les autres bêtes fauves fussent si nombreux jadis en Angleterre, dit le géologue d'outre-Manche, que, suivant Lesley, on en tuait quelquefois de cinq cents à mille dans une seule chasse, les races indigènes seraient déjà détruites si elles n'eussent été conservées avec soin dans certaines forêts. Quant à la loutre, à la martre et au putois, ils s'y trouvaient aussi en nombre assez considérable pour qu'on les recherchât pour leur fourrure ; mais aujourd'hui ce nombre est extrêmement réduit. Dans l'intérêt des basses-cours et des bergeries, le chat sauvage et le renard ont été détruits dans la plus grande partie de la contrée, et les blaireaux ont de même été expulsés de presque tous les districts qu'ils habitaient anciennement.

« Indépendamment de ces animaux qui, en quelques points, ont été chassés de leurs retraites, et dont le nombre se trouve partout réduit, il en est quelques-uns qui ont été complètement détruits : parmi ceux-ci nous citerons l'ancienne race de chevaux indigènes et le sanglier. Quant aux bœufs sauvages, il en reste encore quelques-uns que l'on conserve dans les parcs de certains de nos nobles. Le castor, depuis longtemps recherché pour sa fourrure, était déjà très rare à la fin du neuvième siècle, et, suivant Giraldus de Barri, on ne le trouvait plus au douzième siècle que dans une rivière du pays de Galles et dans une autre en Écosse. Le loup, jadis si redouté dans les Iles Britanniques, passe pour s'être maintenu en Irlande jusqu'au commencement du dix-huitième siècle (1710), quoiqu'il eût entièrement disparu de l'Écosse trente ans auparavant, et bien plus tôt encore de l'Angleterre. L'ours, que, dans la principauté de Galles, on comparait pour la chasse au lièvre ou au sanglier, ne cessa d'être indigène en Écosse qu'en l'année 1057.

« Plusieurs oiseaux de proie indigènes ont aussi été

l'objet d'une persécution incessante. Les aigles, les grands faucons et les corbeaux ont disparu des districts les mieux cultivés. Les lieux qu'habitaient le canard sauvage, la bécassine, le chevalier aux pieds rouges et le butor, ont été desséchés, ainsi que ceux qui, l'été, servaient de demeure au vanneau et au courlis ; malgré cela, ces espèces se retrouvent encore, mais dans un état peu prospère, il est vrai, sur quelques points des Iles Britanniques, tandis que les grands coqs de bruyère, originaires jadis des forêts de pins de l'Irlande et de l'Ecosse, ont été détruits pendant ces soixante dernières années. L'aigrette et la grue, qui paraissent avoir été autrefois très communes en Écosse, n'y viennent plus aujourd'hui qu'accidentellement ou en passant. »

« L'outarde, dit Graves, dans son *Ornithologie britannique*, se voyait autrefois par bandes de quarante à cinquante individus, dans les dunes et dans les bruyères de certaines parties de notre île, tandis qu'aujourd'hui il est fort rare d'en rencontrer une seule. » Bewick remarque aussi « que ces oiseaux étaient plus communs en Angleterre autrefois qu'à présent ; on ne les trouve plus aujourd'hui que dans les comtés découverts du sud ou de l'est, dans les plaines du Wiltshire, du Dorsetshire et dans quelques parties du Yorkshire[1]. » Pendant le petit nombre d'années qui se sont écoulées depuis que Bewick a écrit ceci, l'outarde a entièrement disparu de Wiltshire et du Dorsetshire.

L'exemple que nous avons choisi de l'Angleterre pourrait être aussi bien pris en France, et dans tous les

[1] *Land Birds*, vol. I. 1821.

pays où l'homme exerce son influence. Les bêtes féroces, partout traquées où l'homme a élu domicile, tendent à disparaître, les cétacés, relégués dans les mers glaciales, deviennent chaque jour moins nombreux, le poisson de toutes les rivières dont les rivages sont habités par les agglomérations humaines est détruit avec une rapidité telle que l'on se demande si cette source d'alimentation ne cessera pas d'être importante dans un avenir peut-être très prochain. Ces êtres, ainsi chassés, décimés, viendront s'ajouter dans les siècles à venir à la liste des animaux fossiles, comme le dronte et le solitaire des îles Mascaraignes. La nature poursuit invariablement son œuvre, et la terre apparaît comme l'immense théâtre d'incessantes métamorphoses, où le temps ajoute sa collaboration à l'action des êtres vivants eux-mêmes.

Nous avons surtout considéré l'homme dans cet anéantissement graduel des animaux, mais l'espèce humaine n'est pas plus que tout autre l'agent de cette œuvre de destruction. Les végétaux sont la proie des insectes qui les dévorent, et les animaux travaillent à se combattre les uns les autres. Il n'est pas un animal, en quelque sorte, qui ne soit tour à tour chasseur et proie. Dans cet éternel combat pour l'existence, certains êtres se développent, mais leur développement est compensé par l'anéantissement d'autres êtres qui, peu à peu, disparaissent de la scène du monde et deviennent des fossiles. Ainsi l'immense extension de la famille humaine est équilibrée par l'anéantissement des animaux et des végétaux, qu'elle livre à un véritable carnage.

Dans son bel ouvrage de *la Terre*, M. Élisée Reclus donne de nombreux exemples des résultats de la grande bataille de la vie : « Les bœufs marins de Steller, ces énormes cétacés, du poids de 1000 kilogrammes, que le géologue du même nom et ses compagnons découvrirent en 1741 et qui peuplaient en si grande abondance les rivages du détroit de Behring, ont été complètement détruits par l'homme dans l'espace de vingt-sept années, et, depuis 1768, on n'en a plus aperçu un seul : il n'en reste même pas un squelette entier. Les baleines, qui jouissaient récemment d'un faible répit, grâce à la guerre d'Amérique et à l'exploitation des sources de pétrole, sont de nouveau pourchassées avec fureur et ne trouveront bientôt plus une mer où se réfugier ; les phoques sont, chaque année, massacrés par centaines de mille ; les requins eux-mêmes diminuent en nombre, avec les poissons qu'ils poursuivaient, et qui deviennent la proie des pêcheurs. De même que la tuerie annuelle des oiseaux qui font la guerre aux insectes a eu pour résultat de multiplier d'une manière redoutable les tribus si nombreuses des fourmis, des termites, des sauterelles, des chenilles, de même les cétacés et les poissons qui ont disparu sont remplacés par des myriades de méduses et d'infusoires.

« Les colosses de nos forêts deviennent de plus en plus rares, et quand ils tombent, ils ne sont point remplacés. Aux États-Unis et au Canada, les grands arbres qui firent l'étonnement des premiers colons ont été abattus pour la plupart, et récemment encore, avant que les plus belles forêts des comtés de Mariposa et de

Calatrava devinssent propriété nationale, les pionniers californiens ont renversé, pour les débiter en planches, de gigantesques séquoias qui se dressaient à 120, 130 et 140 mètres de hauteur. »

Des faits semblables d'anéantissement de certains animaux par l'espèce prépondérante, ont dû s'accomplir de même dans les âges géologiques précédents. Les gigantesques reptiles des temps jurassiques, les féroces mammifères de l'époque quaternaire ont dû jouer un rôle analogue à celui de la famille humaine.

Ce combat pour la vie, sur lequel nous aurons à revenir, n'est pas évidemment la seule cause de l'extinction des êtres organisés, mais il doit être indiqué comme une de celles qui ont le plus puissamment exercé leur influence, dans la suite des âges, sur les éternelles modifications des formes vivantes.

CHAPITRE IX

L'HISTOIRE DE LA TERRE

Modifications actuelles de la surface du globe. — Rôle de l'eau, du feu, de l'air, dans les transformations de la surface terrestre. — Hypothèses des causes lentes et des révolutions brusques. — Les soulèvement des montagnes. — Élie de Beaumont. — Divergence d'opinion des naturalistes.

Nous avons jeté les yeux sur les êtres qui se sont succédé à la surface de notre planète, et que l'étude des fossiles a permis de reconstituer. Nous avons entrevu l'action destructive qu'ils exercent les uns sur les autres ; mais en laissant momentanément de côté la cause de la formation des fossiles, c'est-à-dire de l'extinction des formes vivantes, on devra reconnaître que cette longue énumération de la paléontologie ne satisfait pas entièrement l'esprit, avide de connaître la nature, et de bien comprendre ses lois. Après avoir parcouru ce tableau de l'organisme à travers les âges, n'est-on pas conduit à se demander, si les diverses couches terrestres, se sont formées avec les êtres qu'elles ont nourri à la suite de révolutions brusques et périodiques, ou si les modifications ont au contraire été lentes et progressives ; n'est-on pas ramené au point où nous avons laissé l'histoire du globe, au temps de Cuvier, dans le premier chapitre de ce volume? Pour nous faire une opinion sur le passé, envisageons le présent ; examinons quelles sont les modifications actuelles qui se manifestent à la surface terrestre, étudions quelles influences elles sont susceptibles d'exercer sur les êtres vivants, et voyons si nous pourrons trouver dans les temps modernes, l'image de ce qui s'est accompli dans les temps anciens.

« A l'aide de nos investigations sur l'état de la terre et de ses habitants, dit sir Ch. Lyell, en des temps reculés, nous acquérons une connaissance plus parfaite de sa constitution, et nous obtenons des notions plus étendues sur les lois qui, à l'époque actuelle, gouvernent ses productions animées ou inanimées. Lorsque nous étudions l'histoire, la comparaison de l'état présent et de l'état passé de la société, donne à notre jugement sur la nature humaine, plus de rectitude et plus de profondeur. Nous découvrons la longue série d'événements qui peu à peu, ont amené les choses à leur état actuel. »

Imitons donc le sage avis du grand naturaliste anglais, continuons à jeter les yeux sur l'état présent de notre globe en l'examinant d'abord au point de vue physique, pour mieux saisir avec le solide appui des faits que nous avons passés en revue, la marche de ses modifications dans le passé.

La terre est actuellement soumise à des transformations incessantes.

L'eau qui s'agite dans la mer, qui glisse sur le flanc des montagnes, qui roule dans le lit des fleuves, l'air agité qui forme le vent, les feux souterrains qui grondent dans les éruptions volcaniques, qui se manifestent par les tremblements de terre, modifient constamment le relief de nos continents.

L'Océan couvre la presque totalité du globe, ses eaux s'étendent surtout dans les parties chaudes de notre planète; dans les régions torrides, sous l'influence de la chaleur solaire, elles s'élèvent sans cesse dans l'atmosphère à l'état de vapeurs. Les courants aériens la transportent sous forme de nuages vers les régions du Nord, où sous l'effet de l'abaissement de température elle reprend l'état liquide, tombe en pluie à la surface des continents, ou se condense en neige quand elle rencontre le sommet glacé des montagnes. Les glaciers prennent naissance et retournent ensuite à l'état liquide par la fusion.

L'eau en s'écoulant ainsi sur le flanc des montagnes forme le torrent qui entraîne dans sa course des fragments de rochers, des pierres, et qui les divise ou les arrondit par le transport; les menus fragments forment un limon qui se précipite dans la vallée, et que le fleuve entraînera dans ses eaux jusqu'au bord même de la mer, où il donne naissance au delta. L'eau tend donc à niveler la montagne, à transporter une partie de sa substance dans la vallée, et jusqu'aux bords mêmes de l'Océan.

Mais l'eau modifie encore le globe, en dissolvant les substances minérales qu'elle arrose sur son passage au sein des continents; elle s'empare du carbonate de chaux dont sont constitués les terrains calcaires, et le porte au milieu des mers où des polypiers s'en saisissent. Les infiniment petits qui y vivent, fixent le carbonate de chaux, édifient des récifs, des îles, peut-être des continents de l'avenir, avec la substance qui est ainsi arrachée des terres émergées actuelles.

Fig. 124. — Exemple de rochers façonnés par les eaux.

Sur les rivages, les vagues ébranlent les falaises les font ébouler, les taillent, les découpent (fig. 124 et 125), y ouvrent des arches, y façonnent des pics, des aiguilles, qui tombant bientôt, sont divisés en galets, puis en grains de sable.

A l'état de glace, l'eau forme les glaciers des Alpes,

dont la matière visqueuse, glisse comme de la cire molle dans les anfractuosités de ces massifs, roule les

Fig. 125. — Autre exemple de rochers façonnés par les eaux.

pierres à leur pied et y forment les moraines (fig. 126). Les glaciers peuvent ainsi transporter à leur surface des fragments de pierre ou des blocs de rochers, souvent

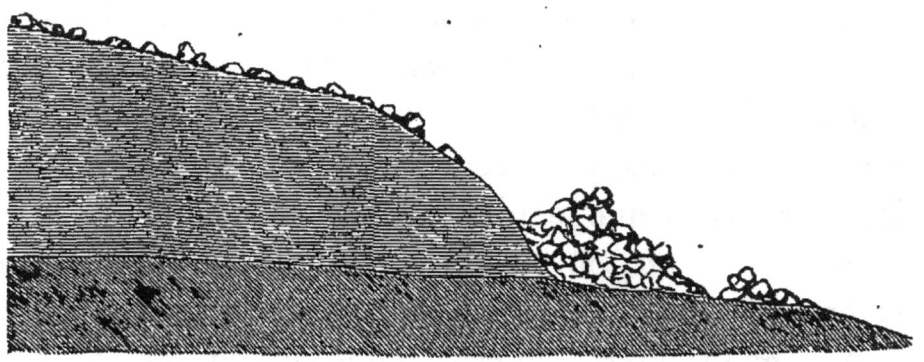

Fig. 126. — Coupe d'un glacier, avec sa moraine frontale.

de grande dimension, à des distances considérables du lieu où ils se sont formés. Plus tard, si le glacier a fondu, on retrouve ces rochers appelés *blocs erratiques*, qui constituent une des preuves de son existence antérieure (fig. 127).

Sous forme de glace flottante dans les mers du Nord, l'eau enlève encore la substance des îles où elle s'est solidifiée, pour s'en détacher : entraîné par les courants marins, comme le nuage l'était tout à l'heure par les courants aériens, l'iceberg reprend l'état liquide quand il arrive vers les régions plus chaudes de l'Océan, mais les pierres, le sable qu'il tenait dans sa masse sont mis en liberté, tombent au fond des mers, où ce phénomène de fusion s'accomplit, et tendent sans cesse à l'exhausser.

L'eau est l'agent de nivellement par excellence ; cet élément toujours en action, travaille continuellement à enlever à la montagne la substance dont elle est formée, à la diviser en blocs, en petits fragments puis en poussière, à effondrer la falaise, à aplanir la surface du globe. Travail lent aux yeux de l'homme dont l'existence est bornée, mais travail régulier, incessant qui acquiert à travers les siècles une extraordinaire importance. C'est encore au sein de l'eau immobilisée dans les marécages, que les plantes qui y sont amoncelées se transforment en tourbe que quelques naturalistes considèrent comme une sorte de houille en préparation.

Non moins puissante est l'action du feu central, qui forme la masse presque tout entière du globe terrestre, et qui existe partout sous la mince pellicule, où se sont succédés les êtres. Il révèle son action dans les tremblements de terre, dans l'éruption subite des îles

Fig. 127. — Bloc erratique du glacier de l'Aar (d'après M. E. Collomb).

volcaniques; il vomit la lave qui forme des traînées le long des bouches des volcans (fig. 128), il ride les surfaces terrestres et y pratique des fissures immenses (fig. 129); mais il agit encore constamment

Fig. 128. — Éruption du Vésuve.

en soulevant lentement le sol dans un grand nombre de régions du globe. Ce phénomène manifeste a une importance considérable ; comme ceux que nous avons énumérés précédemment, il acquiert une valeur énorme à travers les siècles. Les côtes qui s'élèvent sous la pression du feu central, repoussent les eaux de la mer, au fond desquelles nous avons vu qu'il se déposait des terrains sédimentaires ; ce fond, dans la suite des âges, formera peut-être un nouveau continent, où les géologues de l'avenir chercheront des débris fossiles.

L'air nous offre encore, quoique beaucoup moins que l'eau et le feu, l'occasion d'étudier un grand nombre de

Fig. 129. — Fissures ouvertes par un tremblement de terre.

modifications terrestres; quand il est en mouvement et qu'il forme le vent, il chasse devant lui le sable fin des mers et amoncelle les dunes sur le rivage; mais la dune une fois formée ne reste pas en repos. Elle se surélève sans cesse, par les nouvelles particules de poussière que l'air en mouvement y apporte, mais en même temps son sommet se démolit continuellement sous l'influence du vent; elle s'accroît ainsi sur sa pente antérieure et progresse en réalité, s'avance dans un sens déterminé si le vent souffle dans une direction constante. Cette marche des dunes est le rôle le plus important de l'air, mais n'oublions pas que la masse gazeuse qui entoure le globe fournit à l'eau l'acide carbonique et les gaz qu'il contient et que, par l'apport de cette première substance, elle lui communique la propriété de dissoudre le carbonate de chaux terrestre et un grand nombre de substances minérales.

Quoique le tableau précédent soit tracé d'une façon tout à fait sommaire, ne nous permet-il pas de nous rendre compte de certaines modifications de la surface terrestre dans le passé? Les sédiments qui se forment sous nos yeux au sein de nos mers actuelles, n'acquièrent qu'une faible épaisseur en un siècle, par conséquent les terrains sédimentaires anciens, qui se présentent à nos yeux avec une épaisseur de plusieurs kilomètres, ont nécessité pour prendre naissance le concours d'un temps dont la durée est si considérable qu'elle dépasse tout ce que l'imagination peut rêver. C'est par milliers de siècles qu'il faut évidemment compter le temps de formation de masses sédimentaires d'une telle puissance. Mais si pendant ces milliers de siècles, le sol qui constituait au temps de sa formation, le fond de la mer, a été soulevé peu à peu sous la réaction du feu central, n'eût-il progressé qu'avec la régulière lenteur d'ascension de nos côtes actuelles, il n'en a pas moins dû atteindre et dépasser le niveau de la mer; celle-ci se trouvait ainsi portée à recouvrir d'autres régions du globe qui s'affaissaient peut-être de la même manière. Au lieu de cataclysmes brusques ou de révolutions difficilement explicables, on assisterait à une suite d'oscillations, dont la démonstration apparaît dans les phénomènes actuels, et qui auraient tour à tour englouti au fond des mers ou fait émerger à la surface des eaux, les différentes parties de la pellicule terrestre.

Est-ce à dire qu'il faudrait exclure de l'histoire du globe les révolutions soudaines et les grandes perturbations? Nous croyons qu'une telle manière de voir ne serait pas justifiée. Les éruptions volcaniques, la brusque apparition d'îles, les tremblements de terre, se produisent encore sous nos yeux ; les feux souterrains qui ont leurs moments de crise, à l'époque actuelle, ont dû se manifester dans les temps passés, déchirer le sol par larges fissures, rejeter brusquement les eaux en inondations, à la suite de soulèvements soudains, comme cela a lieu parfois à notre époque. Mais il est probable que ces commotions violentes n'ont été jadis, comme actuellement, que des réactions exceptionnelles des forces naturelles, et que ces révolutions n'ont que rarement troublé l'admirable mécanisme des évolutions de la surface terrestre.

Les géologues et les paléontologistes modernes ne sont pas d'accord sur les causes de la modification de la surface terrestre. Un de nos plus grands maîtres, Élie de Beaumont, qui a puissamment contribué avec les Brongniart, les Dufrénoy, les Buckland, les Agassiz, les Saussure, etc., à asseoir la géologie moderne sur des bases positives et à diviser les terrains en *éruptifs* et en *sédimentaires*, était un des disciples les plus con vaincus de l'école des *révolutions du globe* et des *soulèvements*. Pour cette école, toutes les montagnes ont été violemment soulevées, instantanément, d'une façon subite et désordonnée. Ces cataclysmes formidables auraient donné lieu à des déluges et auraient déterminé l'extinction d'un grand nombre de familles d'êtres vivants. D'autres savants, parmi lesquels nous mentionnerons les Lyell, les Darwin et un grand nombre de naturalistes français, sont partisans des *causes lentes*, et admettent que tous les phénomènes du passé sont analogues à ceux qui agissent encore actuellement.

C'est à Ch. Lyell que l'on doit le premier ouvrage où ces idées se trouvent exposées d'une façon magistrale. Le grand géologue anglais tendait à prouver que les modifications de la surface terrestre, qui s'accomplissent sous nos yeux, sont suffisantes pour expliquer les transformations de l'écorce du globe à travers les âges. « Il montre que, pour expliquer l'origine et la structure de la terre de la façon la plus simple et la plus naturelle, en invoquant seulement les causes actuelles, il suffit de supposer des périodes chronologiques extrêmement longues.... Lyell montra que nous pouvons nous expliquer tout naturellement la formation de ces grandes chaînes de montagnes par de lents et imperceptibles mouvements d'élévation et de dépression de l'écorce terrestre, qui s'exécutent encore aujourd'hui sous nos yeux.... Que ces exhaussements et ces abaissements soient seulement de deux pouces ou au plus d'un pied par siècle, ils suffiront très bien, s'ils ont une durée de quelques millions d'années, à faire saillir les plus hautes chaînes de montagnes.... L'activité météorologique de l'atmosphère, l'action de la pluie et de la neige, le ressac des vagues le long des côtes, phénomènes en apparence insignifiants, suffisent à produire les modifications les plus considérables, pour peu qu'on leur accorde un laps de temps suffisant [1]. »

Ces hypothèses, nous venons de le voir, ne sont pas admises par tous les savants. Semblable divergence existe, non seulement pour les modifications de l'écorce terrestre, mais aussi pour celles du monde vivant. Il nous reste à examiner les données de ce grand problème de la succession des espèces dans l'histoire de notre globe.

[1] Hœckel. *Histoire de la création des êtres organisés*, traduit de l'allemand. Paris, 1874.

II

Modifications actuelles des êtres vivants. — Lamarck. — La variabilité des espèces. — Influence du milieu. — La domestication. — La lutte pour l'existence. — La théorie de l'évolution. — Objections.

Tout ce que nous venons de dire sur les modifications de la partie physique de notre planète peut-il s'appliquer également aux êtres qui y ont vécu dans la suite des âges et dont les formes ont été reconstituées par l'étude des fossiles ; c'est-à-dire, les changements que subissent actuellement les animaux peuvent-ils expliquer leur lente succession à travers les époques géologiques ?

Les espèces que nous avons vues apparaître d'abord sous des formes simples, et qui se sont remplacées peu à peu, en s'élevant toujours vers des types de plus en plus compliqués, dérivent-elles les unes des autres ? L'histoire de l'organisme n'est-elle qu'une lente transformation des êtres, comme le veulent quelques grands naturalistes de notre siècle ?

Cuvier, comme nous l'avons dit au commencement de

ce livre, croyait à l'existence des révolutions brusques à la surface du globe; il avait la persuasion qu'à la suite de ces cataclysmes, l'organisme existant, était détruit, et qu'une nouvelle apparition d'êtres se manifestait au début d'une nouvelle époque géologique. La présence de fossiles d'un âge déterminé dans un terrain d'un autre âge postérieur ébranle fortement cette théorie; et nous avons vu dans le cours de cet ouvrage que plusieurs découvertes récentes ont apporté à ce sujet des faits irréfutables.

Un grand nombre de naturalistes contemporains de Cuvier n'admettaient pas cette manière de voir. Linné, à la fin de sa vie, reconnut la possibilité de la production de nouvelles formes vivantes; Lamarck et Geoffroy Saint-Hilaire devaient enfin jeter les bases des nouvelles doctrines, qui sont admises par un grand nombre de savants modernes et auxquelles M. Darwin a donné une nouvelle vigueur. Les théories nouvelles sont trop importantes pour que nous ne fassions pas succinctement l'exposé des faits sur lesquels elles s'appuient.

Il est manifeste que les espèces vivantes sont soumises à des variations qui apparaissent nettement aux yeux de l'observateur. L'étude des animaux domestiques et des plantes le démontre en toute évidence, et nous trouverons que parmi les causes de leurs modifications, l'influence de l'homme est certainement la plus puissante et la plus rapide. Non pas que l'homme ait le pouvoir de produire directement ces variations, mais il leur fournit des éléments. Quand l'homme transporte des plantes sous un ciel nouveau, quand il acclimate des animaux dans certaines régions du globe où ces animaux n'existaient pas, où ils vont se trouver soumis à d'autres conditions de vie, à un nouveau régime, il donne prise à la variabilité. D'autre part, l'homme peut exercer sur les variations des espèces une action immédiate, quand il élève ou cultive des variétés dans la direction déterminée de son intérêt. C'est ainsi que des croisements bien ménagés, que le choix judicieux des sujets, ont permis de créer en quelque sorte les chevaux de course, les bœufs de Durham, et un grand nombre d'autres formes animales, qui sont, on ne peut le nier, produites par les variations des formes naturelles. Les plantes nous offriraient encore un grand nombre d'exemples de la variabilité des espèces. Le froment cultivé est certainement un végétal qui a été amené à son état actuel par le travail de l'homme. « Où trouve-t-on dans la nature, dit Lamarck, nos choux, nos laitues, dans l'état où nous les possédons dans nos jardins potagers? N'en est-il pas de même à l'égard de quantité d'animaux que la domesticité a changés ou considérablement modifiés? Que de races très différentes, parmi nos poules et nos pigeons domestiques, nous nous sommes procurées en les élevant dans diverses circonstances et dans différents pays, et qu'en vain on chercherait à retrouver telles dans la nature!... Qui ne sait que tel oiseau de nos climats, que nous élevons dans une cage et qui y vit cinq ou six années de suite, étant après cela replacé dans la nature, c'est-à-dire rendu à l'état de liberté, n'est plus alors en état de voler, comme ses semblables qui ont toujours été libres? Le léger changement de circonstance opéré sur cet individu n'a fait à la vérité que diminuer sa faculté de voler, et sans doute n'a opéré aucun changement dans la forme de ses parties. Mais si une nombreuse suite de générations des individus de la même race avait été tenue en captivité pendant une durée considérable, il n'y a nul doute que la forme même des parties de ces individus n'eût peu à peu subi des changements notables. A plus forte raison si, au lieu d'une simple captivité constamment soutenue à leur égard, cette circonstance eût été, en même temps, accompagnée d'un changement de climat fort différent, et que ces individus, par degrés, eussent été habitués à d'autres sortes de nourriture et à d'autres actions pour s'en saisir; certes ces circonstances réunies et devenues constantes eussent formé insensiblement une nouvelle race, alors tout à fait particulière. Où trouve-t-on maintenant dans la nature cette multitude de races de chiens que, par suite de la domesticité où nous avons réduit ces animaux, nous avons mises dans le cas d'exister telles qu'elles sont actuellement? Où trouve-t-on ces dogues, ces lévriers, ces barbets, ces épagneuls, ces bichons, etc., races qui offrent entre elles de plus grandes différences que celles que nous admettons comme spécifiques entre les animaux d'un même genre qui vivent librement dans la nature? Sans doute, une race première et unique, alors fort voisine du loup, s'il n'en est lui-même le vrai type, a été soumise par l'homme, à une époque quelconque, à la domesticité. »

Ces exemples cités par Lamarck, ne soulèvent aucune

objection ; ils rencontrent au contraire un appui dans les arguments que l'on doit aux savantes observations de M. Darwin. La théorie de la lutte pour l'existence, du naturaliste anglais, a surtout apporté des faits intéressants en leur faveur.

Tout organisme, quel qu'il soit, lutte contre d'innombrables influences ; il lutte contre les animaux qui vivent à ses dépens, contre les êtres dont il doit être la proie, il lutte contre les intempéries atmosphériques, contre la chaleur et le froid. Il est sans cesse en compétition avec les individus de la même espèce qui vivent autour de lui. Ce grand conflit, nécessaire à l'entretien de la vie, existe partout, aussi bien chez les hommes que chez les animaux et les plantes. Mais il est manifeste que certains êtres, favorisés pour la lutte, arrivent à se perpétuer, et que la seconde génération qui en dérive diffère de la première ; elle reçoit par l'hérédité les avantages auxquels leurs parents ont dû leur triomphe sur leurs ennemis.

Il serait trop long de nous étendre en détails sur ces théories ; on concevra toutefois comment un grand nombre de savants ont pu admettre, par des raisons multiples, que les formes organiques sont variables et qu'elles varient selon l'influence de leur milieu. C'est en partant de ce principe que les géologues se demandent aujourd'hui si les différents êtres qui ont vécu sur le globe ne dériveraient pas les uns des autres par des variations naturelles, à travers la longue suite des siècles. Le refroidissement graduel du globe a produit des changements de climats qui ont dû être des facteurs importants dans les conditions de l'organisme ; si une espèce sous nos yeux peut-être soumise à des variations appréciables, cette variation se continuant et s'accroissant dans le même sens dans la suite des générations successives, ne pourra-t-elle pas engendrer insensiblement une forme nouvelle?

« Quantité de faits nous apprennent qu'à mesure que les individus d'une de nos espèces changent de situation, de climat, de manière d'être ou d'habitude, ils en reçoivent des influences qui changent peu à peu la consistance et les proportions de leurs parties, leur forme, leurs facultés, leur organisation même ; en sorte que tout en eux participe, avec le temps, aux mutations qu'ils ont éprouvées. Dans le même climat, des situations et des expositions très différentes font d'abord simplement varier les individus qui s'y trouvent exposés ; mais par suite des temps, la continuelle différence des situations des individus dont je parle, qui vivent et se reproduisent successivement dans les mêmes circonstances, amène avec eux des différences qui deviennent en quelque sorte essentielles à leur être ; de manière qu'à la suite de beaucoup de générations qui se sont succédé les unes aux autres, ces individus qui appartenaient originairement à une autre espèce se trouvent à la fin transformés en une espèce nouvelle, distincte de l'autre. » (Lamarck.)

Tel est en quelque sorte le résumé de la théorie de l'évolution, à laquelle, il faut en convenir, il manque souvent encore l'appui des faits.

On objectera immédiatement, par exemple, que parmi

les fossiles nous trouvons des formes différentes, très nombreuses, mais que les formes intermédiaires apparaissent très rarement. Il ne faut pas perdre de vue, disent les partisans de l'évolution, que nos collections paléontologiques sont très incomplètes, qu'une multitude de nos espèces fossiles n'ont été décrites que d'après un seul spécimen, qu'une très petite partie seulement de la croûte terrestre a été géologiquement explorée et qu'en un mot, ce que nous savons n'est rien à côté de ce que nous pourrions savoir.

« Plus nos collections s'enrichissent, dit encore Lamarck, plus nous rencontrons des preuves que tout est plus ou moins nuancé, que les différences remarquables s'évanouissent et que le plus souvent la nature ne laisse à notre disposition, pour établir des distinctions, que des particularités minutieuses.... » Il est certain que l'avenir nous réserve bien des découvertes, qui, analogues à celles de M. Gaudry à Pikermi, combleront des lacunes dans l'échelle des êtres, et feront mieux voir des passages entre une forme animale et celle qui lui est voisine. Il faut bien se rendre compte, en outre, de l'influence exercée par le temps, que notre esprit ne sait pas toujours estimer à sa juste valeur dans l'histoire des métamorphoses du globe.

« L'homme, encore bien nouveau sur le globe, ne possède pas de chronomètre qui lui permette de mesurer le cycle de l'existence des êtres qui l'entourent. La paléontologie nous dévoile dans le passé de grands reptiles, par exemple, qui ont successivement apparu et disparu, et les animaux inférieurs, leurs contemporains, ont également subi l'inexorable loi du renouvellement des types, grands ou petits, et de leur remplacement continu. Nous n'apercevons pas, il est vrai, ce mouvement autour de nous ; nous croyons volontiers que la nature organique, qui n'avait cessé de se modifier depuis l'origine des choses, est devenue immobile depuis que nous en faisons partie ; qu'aux lois de succession ont succédé de simples lois de conservation ; qu'en un mot la création est complète et finie. C'est là sans doute une illusion, qui vient de ce que les quelques dizaines de siècles qu'embrassent nos chroniques ne suffisent pas pour constater des changements bien notables ; mais si l'étude et l'observation nous ont appris quelque chose, c'est que l'histoire de l'humanité tout entière ne compte pas plus, dans l'histoire de la nature, que la vie de ces éphémères qu'un même soleil voit naître, se reproduire et mourir[1]. »

Après avoir passé rapidement en revue quelques-unes des preuves fournies par les partisans des évolutions lentes et graduelles dans l'histoire de la terre, nous terminerons ce chapitre en reproduisant l'opinion du fondateur de la doctrine des révolutions soudaines, de l'illustre Cuvier, afin de mettre sous les yeux du lecteur les pièces opposées d'un débat qui divise les naturalistes.

« Les irruptions, les retraites répétées des eaux, n'ont point toutes été lentes, ne se sont point toutes faites par degrés ; au contraire, la plupart des catastro-

---

[1] *Leçons de la faune quaternaire professées au Muséum d'histoire naturelle*, par M. d'Archiac. — Paris, 1865.

phes qui les ont amenées ont été subites ; et cela est surtout facile à prouver pour la dernière de ces catastrophes; pour celle qui, par un double mouvement, a inondé et ensuite remis à sec nos continents actuels, ou du moins une grande partie du sol qui les forme aujourd'hui. Elle a laissé encore dans le pays du Nord des cadavres de grands quadrupèdes que la glace a saisis, et qui se sont conservés jusqu'à nos jours, avec leur peau, leur poil et leur chair. S'ils n'eussent été gelés aussitôt que tués, la putréfaction les aurait décomposés. Et d'un autre côté, cette gelée éternelle n'occupait pas auparavant les lieux où ils ont été saisis ; car ils n'auraient pas pu vivre sous une pareille température. C'est donc le même instant qui a fait périr les animaux et qui a rendu glacial le pays qu'ils habitaient. Cet événement a été subit, instantané, sans aucune graduation, et ce qui est si clairement démontré pour cette dernière catastrophe ne l'est guère moins pour celles qui l'ont précédée. Les déchirements, les redressements, les renversements des couches plus anciennes, ne laissent pas douter que des causes subites et violentes ne les aient mises en l'état où nous les voyons ; et même la force des mouvements qu'éprouva la masse des eaux est encore attestée par les amas de débris et de cailloux roulés qui s'interposent en beaucoup d'endroits entre les couches solides. La vie a donc souvent été troublée sur cette terre par des événements effroyables. Des êtres vivants sans nombre ont été victimes de ces catastrophes : les uns, habitants de la terre sèche, se sont vus engloutis par des déluges ; les autres, qui peuplaient le sein des eaux, ont été mis à sec avec le fond des mers subitement relevé ; leurs races mêmes ont fini pour jamais et ne laissent dans le monde que quelque débris à peine reconnaissables pour le naturaliste[1]. »

Il paraît certain en effet que la mort des mammouths de la Sibérie, que celle des grands édentés dans les pampas de l'Amérique, a été brusquement produite, par un grand bouleversement en un point de la surface terrestre. Mais les inondations locales, les tremblements de terre qui apportent une perturbation soudaine, dans certaines régions du globe, n'excluraient pas la grande loi de la transformation des êtres.

Ces questions sont aussi graves que délicates ; elles ont souvent passionné les esprits : après avoir résumé l'opinion de grands naturalistes, qui, quoique en désaccord, s'efforcent avec la même ardeur de connaître la vérité, nous laisserons au lecteur le soin de se former une opinion.

---

[1] Cuvier, *Discours sur les révolutions de la surface du globe.*

CHAPITRE X

LES ÉPAVES DE L'ORGANISME

I

Mort accidentelle des êtres vivants à la surface du globe. — Enfouissement des débris végétaux et des cadavres des animaux, dans la tourbe, dans les sables, dans le limon des eaux douces et marines, — Les inondations des grands fleuves. — Les ouragans de sable du désert. — Accumulation des végétaux et des animaux dans les sédiments. — Les naufrages. — Les fossiles de l'avenir.

Les vestiges et les débris des mondes anéantis se retrouvent dans des conditions très différentes au sein de l'écorce terrestre; on les rencontre dans les roches, comme la craie, dans les gisements de houille, dans les sables, dans les cavernes, où le naturaliste les recherche et les découvre. Nous ferons voir quel est l'intérêt de ces investigations, et, dans quelles circonstances le succès couronne les efforts du chercheur patient; mais il nous paraît intéressant de montrer comment, à côté des grandes lois naturelles de l'anéantissement ou de la succession des formes organiques, les êtres vivants peuvent disparaître et comment leurs dépouilles sont préservées de la destruction pendant un long laps de temps. L'enfouissement actuel des animaux s'accomplit souvent dans des conditions peu connues, et, ici comme dans bien d'autres cas, l'image du présent nous représente celle du passé.

Un certain nombre de terrains ont la propriété de conserver d'une façon vraiment extraordinaire les matières animales qu'ils recèlent. « En juin 1747, le corps d'une femme fut trouvé à 1^m,82 de profondeur dans un marais tourbeux de l'île d'Axholme (Lincolnshire). Les sandales antiques qui recouvraient ses pieds offraient la preuve évidente de son enfouissement dans ce lieu depuis plusieurs siècles ; et cependant ses ongles, ses cheveux et sa peau sont décrits comme ayant à peine offert quelques traces d'altération. Un autre squelette humain fut découvert en Irlande, dans la terre du comte de Moira ; il était enfoncé de 0^m,30 dans une couche de gravier, que recouvrait une masse de tourbe de 3^m,30 d'épaisseur. Ce corps était complètement habillé, et les vêtements qu'il portait paraissaient être en poil[1]. »

Les terrains marécageux, les tourbières, sont fréquemment une cause de mort pour les quadrupèdes qui s'égarent à leur surface. Un naturaliste éminent, M. King, rapporte que dans les marais de Terre-Neuve, une multitude de bestiaux se perdent tous les ans ; ils y sont

---

[1] Ch. Lyell *Principes de géologie*.

peu à peu enterrés quand ils ont eu l'imprudence de s'égarer dans ces lieux, remplis de redoutables fondrières. Suivant le même auteur, le nombre de bœufs qui s'engloutissent dans les tourbières est extraordinaire, et dépasse tout ce que l'on saurait imaginer.

« A la bataille de Solway, qui eut lieu en 1542, sous Henri VIII, lorsque l'armée écossaise, commandée par Olivier Sainclair, fut mise en déroute, une compagnie de cavalerie, affolée par la terreur, se précipita dans le marais du Solway Moss[1], qui, après l'avoir engloutie, se referma sur elle à l'instant.

Ce récit fut pendant longtemps considéré comme une simple légende traditionnelle; mais il est devenu authentique depuis qu'un homme et son cheval, complètement équipés, ont été trouvés par des ouvriers employés à extraire la tourbe, dans l'endroit même où l'on avait toujours supposé que ce malheur était arrivé. Les deux squelettes étaient bien conservés, et les différentes parties de l'armure du cavalier se reconnaissaient aisément[2]. »

Il est à présumer que quelques-uns des êtres vivants ayant fourni les éléments des fossiles dont le géologue découvre les vestiges dans les tourbières, ont trouvé jadis une mort accidentelle d'une façon analogue à celle dont nous venons de rapporter le récit. Bien des animaux font naufrage sur cette terre, et laissent après eux des restes de leur corps, véritables épaves de l'or-

---

[1] Terrains marécageux situés sur les confins occidentaux de l'Angleterre et de l'Écosse.
[2] Gilpin, *Observation sur la beauté pittoresque*, etc. 1772.

ganisme, que la nature conserve à travers les siècles. On rencontre en effet dans la tourbe des ossements de grands cerfs de l'époque quaternaire ; on y trouve aussi des squelettes de bœufs, de cochons, de moutons et de quelques autres herbivores.

Le transport du sable sous l'action du vent est encore une cause de conservation des débris organiques. La poussière minérale des déserts, détermine parfois l'anéantissement d'êtres vivants, quand elle est soulevée par un vent furieux, et qu'elle se précipite à la surface du sol en terribles ouragans. Les récits des voyageurs nous apprennent que des caravanes entières ont été quelquefois englouties sous des monceaux de sable emporté par des courants aériens rapides. Burckhardt rapporte que lorsque l'on parcourt l'extrémité septentrionale de la mer Rouge, une fois que l'on a dépassé l'Akabah, les ossements des chameaux sont les seuls indices qui guident le pèlerin à travers les plages de sable. « Nous ne vîmes, dit le capitaine Lyon, en parlant d'une plaine située près des monts Soudah, dans l'Afrique septentrionale, nulle trace de végétation ; mais nous rencontrâmes plusieurs squelettes d'animaux qui étaient morts de fatigue dans le désert, et quelques tombes renfermant des débris humains. Tous ces corps étaient desséchés à un tel point, par la chaleur du soleil, que la putréfaction semblait n'avoir pu s'y développer. Il me fut impossible de trouver dans les animaux morts récemment la trace de la plus légère odeur putride ; et dans ceux qui avaient cessé de vivre depuis longtemps, la peau, encore couverte de son poil, restait entière et inaltérée; toutefois elle était devenue si cassante que le moindre choc suffisait pour la briser. Les tempêtes de sable n'occasionnent jamais le déplacement de ces corps, par la raison qu'en peu de temps un léger monticule se trouve formé autour d'eux et les rend stationnaires [1]. »

Des observations toutes récentes dues à un savant explorateur anglais, M. W. Thomson, qui a dirigé les observations du *Challenger*, chargé d'explorer le fond des mers par des sondages, ont dévoilé le mode de transformation de plages de sable en roches consistantes où sont conservées par incrustation les débris qui s'y trouvent contenus. Près des îles Bermudes, M. Thomson a saisi le mécanisme de l'agglomération du sable, sous l'influence des eaux naturelles chargées de carbonate de chaux qu'elles tiennent en dissolution à la faveur d'un excès d'acide carbonique. Ces eaux s'écoulent lentement à travers la masse du sable, mais elles y sont soumises à l'évaporation et y abandonnent peu à peu la matière calcaire qui forme une sorte de ciment, soudant les uns aux autres les fragments divisés qu'elles arrosent. Peu à peu le sable se métamorphose ainsi en une roche compacte. Un grand nombre de troncs d'arbres, rejetés par la mer sur ces rivages, s'y pétrifient lentement, sous l'influence des eaux calcaires, et ces matières végétales, minéralisées, sont emprisonnées avec les cailloux de silex dans un magma qui deviendra consistant. Si plus tard ces côtes se surélèvent, si quelque jour

---

[1] Lyon, *Voyage dans l'Afrique septentrionale*. 1818-1820.

l'Océan n'y fait plus glisser ses vagues, les géologues de l'avenir, qui auront peut-être perdu la trace des observations de notre temps, se trouveront en présence d'une roche particulière, remplie de débris de végétaux pétrifiés, et il est à présumer qu'ils pourront concevoir bien des hypothèses erronées, avant de dévoiler la cause véritable de cette curieuse formation.

L'enfouissement des débris végétaux et des animaux dans le sein des sédiments déposés par nos fleuves est encore un phénomène important, que le naturaliste peut étudier dans toutes les régions de notre globe. Si un arbre tombe dans une rivière, il flotte d'abord à la surface ; mais quand il a été imbibé pendant un temps considérable, ses pores, d'abord remplis d'air, se remplissent d'eau : aussi ne tarde-t-il pas à être submergé jusqu'au fond du fleuve qui l'a entraîné au loin par son courant. Les rivières et les lacs des États-Unis charrient continuellement des quantités énormes de troncs d'arbres détachés de leurs rivages, de plantes de toute espèce, qui s'enfoncent peu à peu et forment au fond de ces amas d'eau des couches épaisses qui s'accroissent dans une proportion étonnante à travers les siècles. La navigation du Mississipi est considérablement retardée par les troncs d'arbres qui encombrent son lit. Ces débris végétaux sont parfois entraînés jusqu'à la mer, où ils constituent des dépôts récents qui forment un delta ; parfois aussi ils flottent sur les flots de l'Océan et arrivent jusqu'au gulf-stream, qui les emporte dans son cours. Il est de ces débris qui atteignent, portés sur la surface des eaux, les côtes de l'Islande et du Spitzberg.

« C'est un des phénomènes les plus étonnants de la nature que cette immense quantité de gros troncs de pins, sapins et autres arbres qui viennent se jeter sur les côtes septentrionales de l'Islande, surtout sur le cap Nord et sur le cap Langaness. Ce bois arrive sur ces deux points dans une telle abondance que les habitants en négligent la plus grande partie. Les morceaux qui sont poussés le long de ces deux promontoires vers les autres côtes fournissent à la construction des bateaux [1]. »

Dans certaines conditions, ces troncs d'arbres et ces plantes accumulés pourront être pétrifiés, c'est-à-dire échanger leur substance organique contre une matière minérale, tout en conservant leur forme, et se perpétuer.

Mais le limon de la mer, comme celui des fleuves et des lacs, ne reçoit pas uniquement dans son sein les épaves du monde végétal, il se remplit aussi des cadavres du règne animal. En 1699, à la suite d'un tremblement de terre ressenti à Java, des inondations de boue recouvrirent une partie de l'île, et engloutirent une innombrable quantité d'alligators et d'autres reptiles. Les oiseaux, par la faculté qu'ils ont de voler, échappent à ces cataclysmes; aussi ne trouve-t-on que très rarement leurs cadavres dans les strates récentes. Il n'en est pas de même pour les quadrupèdes terrestres, qui sont fréquemment surpris par les inondations. La mort les saisit à l'improviste, et les débris de leur corps viennent s'ajouter aux nombreux objets qui

---

[1] Malte-Brun. *Précis de géographie universelle.*

accroissent peu à peu l'épaisseur des sédiments. En 1829, de terribles inondations eurent lieu en Écosse, et un témoin de ces événements, M. Lauder, rapporte qu'une véritable légion d'animaux et de plantes furent emportés par le flot de l'inondation.

Sur une étendue de plusieurs milles, après le cataclysme, le bord de la mer était littéralement jonché de squelettes d'animaux domestiques et de millions de lièvres et de lapins morts.

Humboldt a rapporté des faits analogues, observés lors des crues périodiques des fleuves de l'Amérique du Sud. Les chevaux sauvages, qui paissent par troupeaux immenses dans les savanes, sont, tous les ans, engloutis par milliers à la suite du débordement des tributaires de l'Orénoque. Lors les grandes crues du Parana, au Brésil, des animaux sont encore noyés en quantités prodigieuses. « Quand les eaux commencèrent à se retirer, rapporte sir W. Parish, et que les îles qu'elles avaient couvertes redevinrent visibles, l'atmosphère fut pendant longtemps empoisonnée par les miasmes qui se dégageaient des squelettes de capiguaras, de tigres et de plusieurs autres animaux sauvages qui avaient été noyés (1812). »

Tout ce que nous venons de dire sur les plantes et les animaux terrestres se rapporte aussi aux populations des eaux douces et des eaux salées. Il existe au sein des océans des grands bancs d'algues et de plantes marines qui s'enfoncent parfois et donnent naissance à des dépôts énormes de matière végétale. Sur certains rivages de la Hollande et de l'Angleterre, il se forme ainsi des sédiments épais de tourbe sous-marine, dus à l'accumulation de fucus.

Les squelettes des cétacés et des poissons s'amoncellent encore au fond des mers, en même temps que les coquilles des animaux marins. « On a observé à Rockall, dit Ch. Lyell, un lit d'os de poissons qui recouvre le fond de la mer, sur une étendue de deux milles.... Des formations analogues sont en voie de se produire sur tous les points de l'espace sous-marin compris entre les îles Shetland et le nord de l'Irlande, où des sondages ont pu être pratiqués. Un dépôt continu de sable et de limon rempli de coquilles brisées et entières, d'échinites, etc., a été suivi sur plus de vingt milles à l'est des îles Fœroë, à une profondeur variant généralement entre 40 et 100 brasses. Il existe en un certain point de cet espace (lat. 61° 50', long. 6° 30') une si grande quantité d'os de poissons, que l'on ne peut remonter la sonde sans qu'elle ramène quelque vertèbre. Cette « couche à ossements — nom sous lequel nos ingénieurs la désignent — a trois milles et demi de longueur, et se trouve à 45 brasses au-dessous de la surface ; quelques coquilles y sont mêlées aux os de poissons ».

Les débris humains et les œuvres de l'industrie des sociétés modernes n'échappent pas à ces naufrages ; ils laissent aussi de nombreuses traces dans les dépôts sous-aqueux, qui constitueront les sédiments de la géologie de l'avenir. Le fond des océans recèle les dépouilles innombrables des navigateurs engloutis dans les ouragans, des navires perdus avec leurs cargaisons dans ses tempêtes qui bouleversent la surface des mers

Tous ces débris vont s'ajouter à l'ossuaire des animaux marins. Le nombre des vaisseaux perdus en mer de 1868 à 1869 s'est élevé à 19779 ; d'après L. Prévost, il était seulement de 1953 en 1829. Ces chiffres, qui indiquent l'énorme accroissement de l'activité dans les relations commerciales des peuples, montrent encore l'importance des trésors et des dépouilles ainsi accumulés dans le limon sous-marin.

Que de fossiles en préparation pour les siècles à venir !

II

Les chercheurs de fossiles. — Attraits de la géologie et de la paléontologie. — La chasse aux coquillages et aux ossements fossiles. — Reconstitution d'un squelette fossile. — Investigations relatives aux études préhistoriques. — Règles à observer dans l'exploration des cavernes — Importance de la science des fossiles. — L'avenir de la terre

Parmi les débris organiques que le naturaliste rencontre dans l'écorce terrestre, il en est certainement un grand nombre qui proviennent de la destruction de l'être vivant auquel ils ont appartenu, par une cause analogue à quelques-unes de celles que nous venons de passer en revue. N'avons-nous pas vu les plantes des forêts houillères former des amas comparables à ces accumulations actuelles des débris végétaux au sein des eaux? N'avons-nous pas étudié les vestiges des édentés de l'Amérique du Sud, que l'on découvre au milieu des pampas, et qui ont péri probablement à la suite d'inondations analogues à celles qui ont encore lieu à notre époque? L'observation des causes actuelles de la destruction des êtres est un excellent guide pour le chercheur qui a pris pour mission de recueillir les restes des mondes anéantis.

C'est une bien attrayante investigation que celle des débris relégués au milieu des couches superposées de l'écorce terrestre. La géologie et la paléontologie pratiques s'exercent généralement dans de riantes contrées, au milieu des défilés des montagnes ; elles nous mettent en présence des grands spectacles de la nature, dont la contemplation élève l'âme, tout en fortifiant le corps par la salutaire gymnastique du voyage. Le chercheur de coquilles et d'ossements fossiles doit être bon marcheur, comme ces maîtres regrettés qui ont enrichi la science du passé, et qui, jusqu'à un âge avancé, ne craignaient pas d'exécuter à pied de longues et pénibles excursions. Les Brongniart et les Cordier se vantaient d'avoir le *pied géologue*, et l'illustre Élie de Beaumont, dans sa jeunesse, était infatigable quand il parcourait les vallées, lorsqu'il gravissait les montagnes, et que son grand esprit le mettait en présence des anciens habitants de notre monde et des harmonies terrestres.

Le géologue doit donc voyager à pied, comme Bernard Palissy ; il doit se munir d'un sac, où il emprisonnera les produits de sa chasse aux fossiles ; d'un marteau, qui lui permettra de casser les pierres. Quelle joie quand ses efforts seront récompensés ; quand il trouvera sur des roches l'empreinte de coquilles anciennes, quand il saura surtout les définir et reconnaître la nature du terrain qui les recèle !

La recherche des ossements de quadrupèdes est plus difficile et exige souvent le concours de terrassiers ; souvent aussi la découverte des squelettes fossiles est due au maniement du sol dans les travaux d'art. Les immenses terrassements que nécessite la construction des chemins de fer, les orifices creusés dans les montagnes pour le percement des tunnels, les trous pratiqués dans le sol pour le forage des puits artésiens, les déblaiements occasionnés par l'exécution des routes, ont fréquemment été l'origine de découvertes intéressantes. Le squelette d'éléphant fossile trouvé dans le Gard, par M. Cazalis de Fondouce, et dont nous avons parlé précédemment, a été dévoilé par les travaux de l'établissement d'une route. Une dent de cet être gigantesque avait été jetée par les ouvriers au milieu d'un tas de pierres ; M. de Fondouce l'aperçut en passant en voiture : il interrogea les ouvriers, leur demanda d'où provenait cet objet, et fut ainsi conduit à mettre la main sur le squelette tout entier du monstre fossile. Un grand nombre de trésors échappent malheureusement à la science. On ne saurait croire combien les ouvriers sont ignorants dans les campagnes ; ils en sont restés, sous le rapport de la géologie, aux notions des siècles passés, et les *pierres figurées* qu'ils rencontrent ne leur semblent pas dignes d'être recueillies. Ils les considèrent encore comme des *jeux de la nature*, et s'étonnent souvent que des touristes y attachent quelque prix.

Si le hasard est un grand maître dans la trouvaille des fossiles, l'habitude du terrain, le coup d'œil de l'homme accoutumé aux explorations du sol, conduisent aussi à des découvertes importantes. C'est surtout par la persistance à fouiller les mêmes régions que l'on peut devenir habile dans l'art de découvrir ces précieux débris. M. Séguin, qui a doté le Muséum du magnifique mégathérium des pampas de l'Amérique méridionale, est parvenu, par une longue observation de ce sol peu exploré, à recueillir souvent des restes qui auraient échappé à de moins experts.

Si les coquilles fossiles attenant à une pierre ne nécessitent pas des préparations importantes pour être placées dans une collection paléontologique ; s'il suffit, la plupart du temps, de les bien nettoyer ou de les gratter pour les dépouiller de la couche de matière minérale qui en empâte les contours, il n'en est pas de même pour les ossements des mammifères éteints, comme on va le voir par les renseignements que nous devons à un paléontologiste des plus experts dans la reconstitution des squelettes fossiles.

Les os qui ont dû séjourner pendant des siècles au milieu de matières terreuses ont à peu près entièrement perdu jusqu'à la dernière trace de la matière organique qui constitue le moyen de cohésion de leurs molécules. Dans cette condition, c'est-à-dire réduits à leurs éléments calcaires, ces os sont habituellement recueillis en fragments désagrégés et friables ; après leur exhumation, la dessiccation et l'exposition y déterminent encore et invariablement de nouvelles brisures. En sorte que lorsqu'on se propose de monter un squelette fossile, on a d'abord à se livrer à une besogne incroyablement laborieuse, qui consiste à trier les innombrables fragments plus ou moins mélangés, à les débarrasser de la gangue qui les recouvre, à chercher leurs places, et enfin à réunir, ressouder ceux qui vont ensemble, c'est-à-dire qui font partie d'un même os. Il ne reste plus, après cela, pour leur donner un peu de solidité, qu'à imprégner d'une faible solution gélatineuse les différentes pièces osseuses reconstituées. Il y a, comme on voit, dans les diverses manipulations que nous venons d'indiquer, et qui ont pour objet la reconstruction des os, quelque chose qui rappelle exactement l'exercice du jeu de patience; mais ici le jeu exige non seulement la persévérance la plus opiniâtre, mais encore des connaissances étendues en ostéologie comparée. La restauration des os terminée, on passe à l'opération du montage, qui, pour les grands animaux, ne peut être bien réussi qu'à l'aide du concours d'un mécanicien habile. Les différentes régions du squelette, bien disposées successivement dans leurs rapports naturels, selon l'attitude que l'on veut donner à l'animal, sont provisoirement soutenues par des échafaudages de bois; le mécanicien, en prenant les plus grands soins de ne rien déranger, construit, pour maintenir chacun des os, des bracelets à charnières ou des colliers plus ou moins complets; qui sont tous raccordés et ajustés sur six tiges principales, dont quatre supportent les membres et deux la colonne vertébrale. La grande difficulté, dans ce travail extrêmement compliqué, consiste à dissimuler autant que possible les nombreux embranchements de fer et à réserver le moyen de pouvoir démonter aisément, au besoin, le squelette dans son ensemble ou dans quelques-unes de ses parties. Ce sont là des dispositions qui sont rendues nécessaires, et pour les besoins possibles de l'étude, et pour obvier au défaut de consistance des os fossiles, qui ne peuvent être ni percés ni soutenus intérieurement par des tiges métalliques, et enfin, pour assurer la possibilité du déplacement d'un squelette.

C'est de la sorte que sont reconstituées les pièces que l'on passe en revue dans les collections. Les galeries du Jardin des Plantes reçoivent ainsi chaque jour de nouveaux objets qui s'ajoutent à ceux dont notre Muséum était déjà enrichi. Mais il n'est pas toujours possible de recueillir toutes les parties d'un squelette fossile, et parmi les débris que l'on admire dans les galeries paléontologiques, il en est qui représentent seulement la tête d'un animal ancien (fig. 130); quelquefois

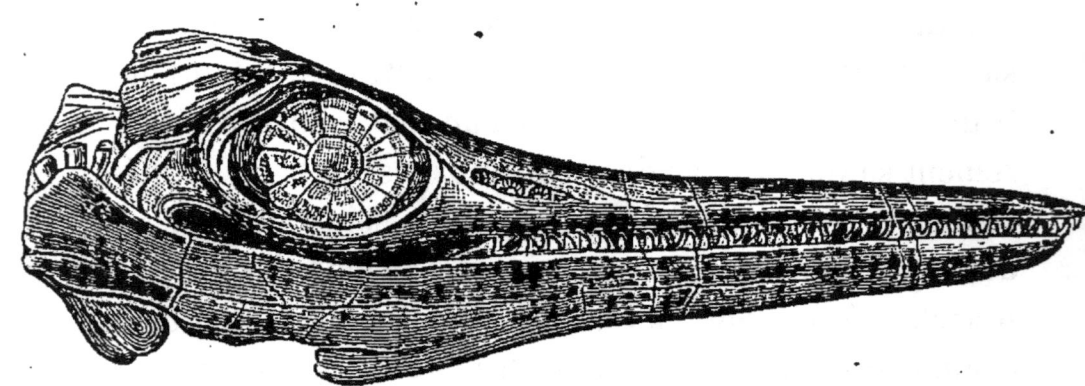

Fig. 130. — Tête de l'Ichthyosaure de l'époque jurassique.

c'est une unique portion de la mâchoire qui a échappé à la dégradation du temps (fig. 131). Cuvier avait appris à suppléer par le raisonnement à l'insuffisance des débris perdus dans le sol aux âges antérieurs. Ces vestiges d'Ichthyosaures et de Mégalosaures de l'époque jurassique ou crétacée, il les avait complétés par la pensée comme il l'avait fait pour les mammifères des temps tertiaires, montrant ainsi que si la reconstruction d'un squelette ne peut pas toujours être faite matériellement, elle le sera quelquefois d'une façon idéale,

Fig. 131. — Mâchoire du Mégalosaure de la période crétacée.

grâce aux ressources d'une science ostéologique profonde. Il n'est pas impossible, comme nous l'avons dit,

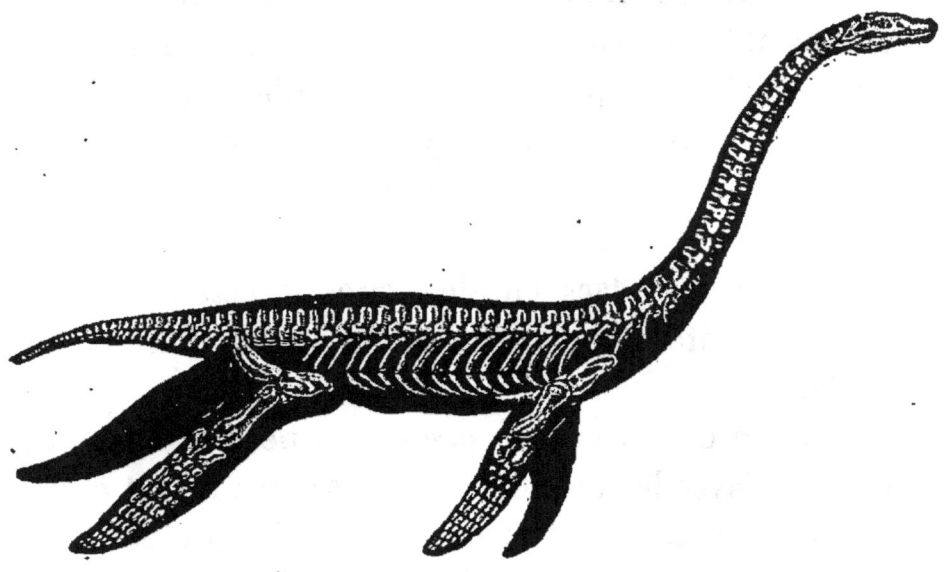

Fig. 132. — Plésiosaure de l'époque jurassique.

d'ébaucher même la forme extérieure de l'être pas l'examen de son squelette (fig. 132).

On ne peut espérer de dépasser sous ce rapport le génie de Cuvier, mais on doit reconnaître que depuis son époque, la paléontologie pratique, la reconstitution matérielle des fossiles, a fait de grands progrès, comme l'attestent les richesses des muséums modernes, tant en France qu'à l'étranger.

La recherche des fossiles a le don de passionner ceux qui s'y adonnent; et l'intérêt va croissant, en quelque sorte, à mesure que les débris découverts appartiennent à une époque moins éloignée des temps modernes. Les vestiges qui se rapportent, par exemple, aux premiers âges de l'humanité, tels que les haches en silex de l'âge de pierre, les objets travaillés par l'homme des cavernes, exercent une séduction particulière sur le véritable ami de la nature. Il faut reconnaître d'ailleurs que les résultats obtenus par la science des temps préhistoriques ont été si importants et si nombreux, dans un espace de temps si limité, qu'ils sont bien de nature à encourager les savants de tous les pays. Aussi les grottes sont-elles partout explorées; les excavations du sol et le fond des lacs où des cités lacustres ont pu être construites sont-ils de toutes parts fouillés et étudiés.

L'examen des cavernes à ossements ne peut bien être exécuté qu'avec le concours de terrassiers; il faut creuser à la bonne place, des trous quelquefois profonds; et si les débris des squelettes fossiles apparaissent, si les vestiges de l'industrie humaine à son enfance se révèlent, il ne faut pas craindre de vider entièrement l'orifice de pierre, et d'examiner avec un soin scrupuleux toutes les pelletées de terre qui en sont extraites. Ce mode d'investigation demande, pour être fructueux, une grande habitude, qu'il n'est guère possible d'acquérir que par la pratique.

M. Ed. Piette, à qui l'on doit de remarquables trouvailles préhistoriques, a publié à ce sujet quelques intéressantes observations que nous lui emprunterons. Elles se rattachent spécialement aux Pyrénées, mais elles peuvent être appliquées à toute autre région où existent des cavernes.

« On pense généralement, dit ce savant distingué, que la découverte d'une grotte préhistorique est due au hasard. Le hasard y est bien pour quelque chose, mais le raisonnement y est pour beaucoup. Les Pyrénées sont composées d'une chaîne centrale très élevée, s'étendant d'une mer à l'autre, formée par des roches éruptives et par les schistes des terrains anciens, contre lesquels s'appliquent au nord et au sud des contreforts calcaires. Les grottes sont rares dans la partie centrale et cristalline de la chaîne. Là, elles ne sont dues qu'à des fissures, à des contournements d'assises; elles sont remplies d'abîmes. L'homme n'a pas choisi pour son séjour ces lieux d'horreur. Il ne pouvait même pas, si elles n'étaient à un niveau très élevé, y chercher, à l'époque du renne, un abri d'un jour; car alors tous les hauts ravins des Pyrénées étaient encore obstrués par les glaciers. Les contreforts calcaires de la grande chaîne sont, au contraire, percés de nombreuses grottes présentant des ouvertures spacieuses et des abris relativement confortables. A l'époque de la Madelaine, les vallées dont elles sont voisines, récemment débarrassées des masses immenses de glace qui les avaient encombrées pendant les temps rigoureux de la période quaternaire, étaient couvertes encore d'un limon froid, abandonné par les glaciers, sur lesquels croissait avec abondance le lichen chéri du renne. C'est dans ces contreforts que les chasseurs de renne devaient choisir leurs abris. Ils devaient préférer les cavernes saines aux grottes humides, pleine de stalactites et de suintements, celles qui reçoivent l'air et le soleil par de larges ouvertures à celles qui ne communiquent avec l'extérieur que par d'étroits et obscurs corridors. Celles dont les entrées sont au nord, recevant un vent froid à cette époque encore rigoureuse, leur plaisaient moins que les autres. Ils s'installaient souvent sous l'abri d'un rocher en surplomb. Ils trouvaient de l'avantage à choisir leurs habitations dans les mamelons placés au voisinage des anciennes moraines quaternaires, car en amont de ces moraines, les troupeaux de rennes étaient nombreux, et dans les plaines d'aval, la nature de l'herbe était favorable aux chevaux et aux bœufs qu'ils chassaient aussi pour en faire leur nourriture. Le voisinage d'un cours d'eau ajoutait les ressources de la pêche à celles de la chasse. Lors donc qu'on veut trouver une grotte de l'âge du renne, il faut la chercher dans la partie la plus calcaire des Pyrénées, non loin des moraines quaternaires, vers le point où un cours d'eau de quelque importance quitte la région des montagnes pour entrer dans le pays de plaine ; il faut, de préférence, fouiller celles qui sont largement ouvertes, celles qui ne sont pas humides et dont les entrées ne sont pas exposées au nord. En se conformant à ces règles, on ne réussira pas toujours ; en ne les prenant pas en considération, on court le risque de faire des fouilles très nombreuses avant de rencontrer un bon gisement[1]. »

Quel que soit le genre d'objets que recherche le paléontologiste, quelles que soient les populations anciennes qu'il étudie, ses travaux le conduisent toujours à côtoyer le domaine de la géologie. La géologie et la paléontologie sont sœurs ; et si la science de la terre offre une importance spéculative de premier ordre, elle n'est pas moins digne de notre intérêt au point de vue pratique. Elle fournit son concours à la géographie, guide l'ingénieur dans l'exploitation des minéraux utiles, dans celle de la houille et des substances métalliques ; elle prête son appui à la plupart des branches de la science.

Mais les résultats que l'on doit à l'étude des fossiles, au point de vue de la connaissance de notre monde, sont bien plus admirables encore, puisqu'ils nous permettent de contempler dans son imposante majesté l'histoire du globe qui nous entraîne au sein de l'espace. L'astronomie venant en aide à la paléontologie lui a fourni les notions de l'origine de la terre, d'abord nébuleuse, errant au sein de l'espace, puis soleil, puis enfin planète. Sur cette sphère, roulant dans les abîmes infinis, les êtres vivants ont apparu, sous une forme élémentaire ; puis ils se sont succédé dans la suite des âges,

---

[1] *Bulletin de la Société des sciences naturelles de Toulouse*, 1874.

pour laisser leurs dépouilles au milieu des formations géologiques, dont l'ensemble constitue comme le calendrier de l'histoire terrestre. La chaîne de l'organisme apparaît depuis l'*eozon*, sorte d' « organisme sans organes », jusqu'à l'homme.

L'esprit n'est-il pas conduit à se demander, en présence de cet imposant tableau, si la série géologique s'arrête là ; si l'homme est le dernier terme de l'échelle des êtres, le dernier effort de la puissance créatrice, et si l'humanité, engloutie à son tour dans un nouveau naufrage, doit quitter la scène du monde pour laisser la place à d'autres êtres plus parfaits, d'une essence plus épurée. Rien ne se crée et rien ne se perd ici-bas; la matière se métamorphose à l'infini, sans qu'aucun atome matériel puisse disparaître du monde physique. Il semble en être de même pour la vie. Dans la suite des âges, les formes vivantes se transforment, mais la somme de vie ne varie pas, et nulle parcelle de vie ne quitte non plus le monde animé. Si, guidé par les prévisions de la géologie, on admet que l'homme s'en ira, comme les reptiles jurassiques, comme les grands mammifères tertiaires, et qu'après avoir eu des devanciers il aura des successeurs, ne sera-t-on pas fatalement conduit, si loin qu'on plonge les regards, à entrevoir le moment où l'histoire des êtres touche à son terme?

Les légendes de tous les peuples, qu'on dirait produites par la même intuition, ont toujours prévu la fin de l'humanité et la fin du monde. La science nous conduit en quelque sorte au même but. La terre, comme l'a dit Descartes, n'est qu'un soleil encroûté;

la croûte superficielle gagne en épaisseur, car sa tempé-

Fig. 133. — La terre dans l'espace.

rature diminue sans cesse, et le règne du froid la menace. L'eau et l'air ne sont-ils pas destinés à disparaître, enlevant à la vie les éléments qui la rendent possible? La terre, morte et dénudée, continuera-t-elle à parcourir les régions de l'espace?

Graves problèmes, qui tiennent en éveil notre intelligence, qui l'attirent et la séduisent d'autant plus peut-être qu'ils ne seront pas résolus. Quelque intérêt qu'ils puissent offrir, sachons nous en écarter, car ils restent stériles, tandis que l'examen des faits est toujours fécond.

L'observation des faits, renouvelée par l'expérience, est en effet la véritable base de la science. C'est elle qui a apporté au génie les documents avec lesquels il a écrit l'histoire de la terre ; c'est elle qui lui en fournira de nouveaux.

« N'y aurait-il pas quelque gloire, pour l'homme, disait Cuvier, à savoir franchir les limites du temps, et à retrouver, au moyen de quelques observations, l'histoire de ce monde et une série d'événements qui ont précédé la naissance de l'humanité ? »

Ces limites du temps ont été franchies par la science des fossiles, qui nous permet de contempler les épanouissements de la vie, d'admirer la lente succession des êtres à travers les âges, sous des formes toujours nouvelles, et s'élevant et progressant sans cesse !

TABLE DES FIGURES

1. Empreintes de coquilles fossiles sur une roche calcaire (terrain silurien). 2
2. Empreintes d'ammonites du terrain jurassique. 3
3. Exemple de pétrification (ammonite du terrain jurassique). . . . 10
4. Exemple de pétrification de corail (encrinite liliiforme du terrain jurassique) 11
5. Pétrification de feuilles (*Conopteris*). Terrain jurassique. 16
6. Polypier fossile de la craie. 18
7. Oursin fossile. 19
8. Étoile de mer fossile (*Palæocoma*). Lias 20
9. Squelette d'éléphant fossile (*Mammouth*) du musée d'histoire naturelle de Bruxelles 25
10. Libellule fossile. 37
11. Empreintes de pieds de tortue fossile sur une plaque de grès . . . 38
12. Empreintes de gouttes de pluie fossile (d'après une photographie). 39
13. Trilobite des temps siluriens inférieurs (*Ogygia Guettardi*) . . . 48
14. *Trinucleus Pongerardi* 48
15. *Paradoxides*. 48
16. Annélide des terrains siluriens (*Nereites cambriensis*). 49
17. Céphalopode des terrains siluriens (*Lituites cornu-arietis*) . . . 49
18. Plantes de la période silurienne, algues et licopodes 50
19. Polypier silurien (*Halysites labyrinthicus*) 51
20. Trilobite (*Calymene Blumenbachii*) 51
21. *Pterygotus bilobus* 52
22. Poisson des temps dévoniens (*Acanthodes*). 53
23. Trilobite dévonien (*Dalmania punctata*). 54
24. Plantes des temps dévoniens 55
25. *Platycrinus*. 60
26. Tête d'Archægosaurus 62
27. Tronc d'un calamite 63
28. Tronc d'un sigillaria 63
29. Lepidodendron. 64
30. Astérophyllites 64

31. Fougère houillère (*Odontopteris*) 65
32. Flore carbonifère des houillères de la Loire, d'après M. Grand'Eury. 66
33. Feuille de *Noggerathia* 70
34. *Productus*. 70
35. *Encrinus liliiformis*. 74
36. Empreintes d'un pied d'oiseau dans le grès du trias, aux États-Unis 76
37. *Ceratodus* de la Nouvelle-Hollande 77
38. Dicynodon tigriceps (Owen). 79
39. Tortue à dents (*Ptychognathus declivis*), fossile découvert dans les couches triasiques du cap de Bonne-Espérance 80
40. *Pentacrinus fasciculosus*. 83
41. Ammonite du terrain jurassique. 86
42. Ammonites Humphriesianus, d'après A. d'Orbigny 87
43. Ammonite jurassique sciée par le milieu. 87
44. Ammonite restaurée 88
45. Bélemnite du terrain jurassique. — Étage oolithique inférieur du Wurtemberg. 89
46. Bélemnite restaurée 90
47. Ichthyosaure 90
48. Ptérodactyle 92
49. Tortue (*Chelonemys plana*), d'après A. d'Orbigny 93
50. *Pachypteris lanceolata* 94
51. *Bidiastopora cervicornis*. 96
52. *Entalophora cellarioides* 96
53. *Hyboclypus* vu en dessus 97
54. *Anabacia orbulites* vu de profil. 97
55. *Eryon arctiformis* 98
56. *Hemicidaris crenularis*. 99
57. *Cribospongia reticulata* 99
58. *Thecosmilia annularis* 99
59. Archæopteryx (oiseau de Solenhofen). 101
60. Craie de Gravesend vue au microscope (d'après Erhenberg) . . . 104
61. Craie de l'île Moën (Danemark) vue au microscope, d'après Erhenberg 105
62. *Hamites* 106
63. *Ancyloceras*. 106
64. *Pterocera oceani*. 107
65. *Janira atava*. 107
66. *Terebratella* 107
67. *Turrilites catenatus* 108
68. Bélemnites. 108
69. *Hippurites toucasiana* 108
70. *Synhelia Sharpeana* 109
71. Poissons de la période crétacée. 110
72. Tête du Mosasaure de Camper. 111
73. *Palæotherium magnum* de Vitry (Muséum d'histoire naturelle de Paris). 125
74. Photographie à la lumière électrique du Palæotherium magnum, dans les carrières de Vitry 127
75. Crâne de l'oiseau à dents de l'argile de Londres (*Odontopteris*. — R. Owen). 130

76. *Semaphorus velicans*. 132
77. Les poissons fossiles de Puteaux (pièce paléontologique du Muséum d'histoire naturelle de Paris). 133
78. Mâchoire de l'alligator de l'île de Wight. 136
79. Tête de Dinotherium 139
80. Squelette d'oiseau fossile des terrains tertiaires de l'Allier (*Palælodas ambiguus*, d'après M. A. Milne-Edwards). 149
81. Crâne de rhinocéros tichorhinus 152
82. *Dinoceras mirabilis* découvert aux États-Unis (tête vue de profil) . 160
83. Tête du Dinoceras vue en dessus 160
84. Tête du Dinoceras vue de face 161
85. Tête d'ours des cavernes 173
86. Mammouth fossile retrouvé au milieu des glaces de la Sibérie, avec sa chair et sa peau 177
87. Dent de Mammouth. 180
88. *Cervus megaceros*. 183
89. Le nouveau mégathérium du Muséum d'histoire naturelle. — Édenté fossile de l'Amérique méridionale, découvert par M. Séguin. . 187
90. *Glyptodon clavipes*. 193
91. Coupe verticale de la caverne de Gaileureuth en Franconie (d'après Alcide d'Orbigny) 201
92. Crânes d'ours fossiles déterrés d'une caverne de l'Ariège. 209
93. Vue d'une cité lacustre, d'après une restauration du Dr Keller. . . 219
94. Hache en silex de la vallée de la Somme 222
95. Grattoir en silex (caverne du Périgord) 222
96. Couteau en silex. 224
97. Pointe de flèche fixée par une ligature 224
98. Scie en silex des lacustres, emmanchée sur un bois de cerf (d'après M. Desor). 225
99. Filet à grandes mailles, recueilli dans le lac de Robenhausen (d'après le Dr Keller) 225
100. Vase en terre des cités lacustres. 228
101. Tissus de l'âge de bronze des cités lacustres. 228
102. Bracelet de bronze trouvé dans les cités lacustres. 229
103. Un tombeau suédois du temps de l'âge de pierre. 232
104. Esquisse au trait d'un Mammouth. — Grotte de la Madelaine (MM. Lartey et Christy) 234
105. Bâton de commandement, avec le dessin d'un homme, d'un cheval et d'un poisson. — Grotte de la Madelaine. 236
106. Tête de cerf gravée sur un bois de cerf. — Grotte de la Madelaine (MM. Lartet et Christy). 237
107. Dessin de grand ours sur une plaque de schiste, trouvée dans la grotte de Massat par M. le Dr Garrigou. 230
108 et 109. Bâtons de commandement en bois de renne, trouvés dans une caverne du Périgord par M. Lartet . . . .
110. Pointe de flèche en silex du Danemark. 240
111. Pointe de lance en silex du Danemark. 241
112. Pointe de lance dentelée en silex du Danemark. 241
113. Flèche en bois de renne à double barbelure. 241
114. Hache de pierre emmanchée sur corne de cerf et sur bois (d'après M. Desor) 241

115. Hache en silex emmanchée sur une corne de cerf	241
116. Hache à deux tranchants de l'âge de la pierre polie	243
117. Couteau de bronze danois de l'âge de bronze	243
118. Peigne en os du Danemark (Musée de Saint-Germain)	243
119. Collier et instruments divers en ambre, Danemark. (Musée de Saint-Germain)	244
120. L'homme fossile de Menton	251
121. Crâne de vieillard de Bruniquel	253
122. Le Dronte, d'après une ancienne peinture du Bristish Museum	265
123. Aphanapteryx Bræckei	268
124. Exemple de rochers façonnés par les eaux	278
125. Autre exemple de rochers façonnés par les eaux	279
126. Coupe d'un glacier avec sa moraine frontale	279
127. Bloc erratique du glacier de l'Aar (d'après M. E. Collomb)	281
128. Éruption du Vésuve	283
129. Fissures ouvertes par un tremblement de terre	284
130. Tête de l'Ichthyosaure de l'époque jurassique	314
131. Mâchoire du Mégalosaure de la période crétacée	315
132. Plésiosaure de l'époque jurassique	315
133. La terre dans l'espace	321

FIN DE LA TABLE DES FIGURES

TABLE DES MATIÈRES

Préface . . . .

CHAPITRE PREMIER. — LA SCIENCE DES FOSSILES

I. Les débris d'êtres disparus. — Les jeux de la nature. — Opinion des anciens sur les fossiles. — Les premiers géologues. — Les Égyptiens. — Pythagore et Ovide. — Aristote et Xénophanes de Colophon. — L'empereur Auguste. — Pline. — Bernard Palissy 1

II. Buffon et ses prédécesseurs. — Réaumur. — De Jussieu. — Réfutation des nouvelles doctrines. — Voltaire et les coquilles des pèlerins. — Les singes et le transport des fossiles. — Les poissons des repas romains. — Le clou de Franklin. 14

III. Georges Cuvier fondateur de la géologie et de la paléontologie. — Les ossements fossiles et l'anatomie comparée. — Les époques géologiques. — Les espèces éteintes. — Les révolutions du globe. — Les adversaires de Cuvier : Lamarck, Geoffroy Saint-Hilaire, Ch. Lyell, Darwin. 22

CHAPITRE II. — LES PREMIERS AGES

I. Le globe terrestre dans l'espace. — Hyphothèse de sa formation. — La théorie de Laplace. — L'écorce terrestre et les premiers océans. — Terrains sédimentaires. — Formation des fossiles. — Fossiles complets. — Les empreintes. — Terrains éruptifs. — Les époques géologiques. — Classification des terrains. . . . 33

II. Temps primaires. — Terrain laurentien. — Apparition des êtres vivants. — L'*eozoon* ou le premier animal. — L'*eophyton* ou la première plante. — Organismes des terrains siluriens. — Les crustacés. — Les trilobites. — Durée considérable des temps siluriens. — Terrain dévonien. — Les poissons 45

CHAPITRE III. — LES FORÊTS HOUILLÈRES

I. Les fossiles du charbon de terre. — Formation de la houille. — Fougères gigantesques. — Recherches de M. Grand'Eury. Les houillères de Saint-Étienne. — Durée de l'époque carbonifère. 58

II. Affaissement du sol après les temps carbonifères. — Période permienne. — Les descendants des végétaux houillers. — Faune permienne 69

CHAPITRE IV. — L'AGE DES REPTILES

I. Période triasique. — Apparition des ammonites. — Empreintes de pas fossiles. — Labyrinthodontes. — Le Ceratodus et les fossiles vivants. — Les tortues à dents, ou dicynodontes. — Les anomodontes du professeur Owen 73

II. Le terrain jurassique. — Le monde des océans. — Les ammonites et les bélemnites. — Les reptiles gigantesques. — Les poissons-lézards-crocodiles. — Ichthyosaure et plésiosaure. — Les lézards volants. — Les différents étages des terrains jurassiques. — Apparition des premiers oiseaux. — Terre végétale fossile. 82

III. Les océans crétacés. — Puissance de leurs formations sédimentaires. — Formation de la craie. — Son inspection microscopique. — Les coquilles des mers crétacées. — Lézards et sauriens gigantesques. — Le mégalosaure. — L'iguanodon. — Le mosasaure ou grand animal de Maestricht. — Végétaux crétacés. 103

CHAPITRE V. — L'AGE DES MAMMIFÈRES

L'époque tertiaire. — Apparition de la faune actuelle. — Terrains éocènes, miocènes et pliocènes. — Extraordinaire richesse de ces terrains en fossiles. — Dix-sept mille espèces. — Les foraminifères. — Les mammifères. — Les pachydermes. — Cuvier et les mammifères de Montmartre. 113

II. Le palæotherium magnum de Vitry. — Importance de cette découverte. — Photographie de son empreinte. — Ce qu'est le palæotherium. — Observations de M. P. Gervais. — L'anoplotherium. — Le xiphodon. — L'oiseau à dents de l'argile de Londres. — Les poissons fossiles de Puteaux. — L'hemirhynchus. 122

III. Le dintherium ou le plus grand mammifère terrestre. — Le mastodonte ou animal de l'Ohio. — Le père des bœufs. — Dents en forme de mamelon. — Les animaux fossiles de l'Attique. — Recherches de M. A. Gaudry. — Les singes fossiles. — Apparition des troupeaux. — Les oiseaux des terrains miocènes de l'Allier. — Travaux de M. A. Milne-Edwards. — Le rhinocéros tichorhinus. — L'homme tertiaire. 138

IV. L'ossuaire fossile des montagnes Rocheuses. — Les découvertes du professeur Marsh. — Nouvelles espèces de mammifères fossiles. — Le *dinoceras* ou éléphant cornu. — Nouveaux oiseaux. — Odontornithes. — Brontotherium ingens. 158

CHAPITRE VI. — L'AGE MODERNE

I. La faune des temps nouveaux. — L'ours des cavernes ou *ursus spelœus*. — Les éléphants fossiles ou mammouths. — Ossuaires d'éléphants en Sibérie. — Pallas et Adamus. — Mammouths retrouvés en entier dans la glace. — Les îles à ossements des mers glaciales. — Découverte d'un éléphant fossile dans le Gard par M. Cazalis de Fondouce. — La gigantologie 169

II. Les habitants quaternaires de l'Amérique du Sud. — Les Édentés. — Le mégathérium ou animal du Paraguay. — Description de la nouvelle pièce du Muséum. — Reconstitution du mégathérium. — M. Seguin. — Travaux de M. P. Gervais. — Le mylodon. — Le mégalonix et le glyptodon. — Les oiseaux fossiles de la Nouvelle-Zélande. — Le dinornis. 185

III. Perturbations climatériques des temps quaternaires. — L'époque glaciaire. — Travaux et recherches d'Agassiz. — Preuves de l'existence d'anciens glaciers. — Les glaciers fossiles des tropiques, du Brésil et de l'Amazone. — Les déluges et le diluvium. 195

CHAPITRE VII. — L'HOMME FOSSILE

I. Les débris humains et les fossiles. — Opinion de Cuvier sur l'antiquité de l'homme. — Les cavernes à ossements et leurs habitants. — Les cavernes de Liège. — La grotte d'Arcy. — Aurignac. — Découvertes de M. Lartet. — Les cavernes de l'Ariège et des Pyrénées   198

II. Les *kjækkenmœddings*, ou amas de débris de cuisine des hommes primitifs. — Les vestiges des âges antéhistoriques au Danemark. — Les tourbières et leurs couches distinctes. — L'âge de pierre. — L'âge du bronze. — L'âge du fer. — Les cités lacustres.   212

III. La naissance de la civilisation. — Reconstitution des cités lacustres. — Mœurs et usages de l'homme primitif. — La hache de pierre. — Naissance de l'agriculture, de l'industrie et du commerce. — Les arts du dessin et de la sculpture. — Nourriture de l'homme primitif. — Les boissons. — Ensevelissement des morts.   218

IV. L'antiquité de l'homme. — La date de son apparition sur la terre peut-elle être définie ? — M. Morlot et le delta de la Tinière. — M. Troyon et les cités lacustres. — Les forêts du Danemark dans les temps géologiques. — Les races humaines fossiles.   246

CHAPITRE VIII. — LES FOSSILES DANS LES TEMPS HISTORIQUES

I. Extermination de certains animaux par l'homme. — Êtres disparus dans les temps modernes. — L'aurochs. — Les anciens oiseaux des îles Mascareignes. — La poule géante de l'île Maurice. — Le Dronte ou dodo. — Le Solitaire. — Disparition de la baleine, du gibier et des poissons. — Exterminations dues à l'homme   255

II. Destruction des animaux dus au développement de la population humaine. — Le gibier, les poissons, les forêts. — Extinction d'animaux dans la Grande-Bretagne. — Ch. Lyell. — Le travail de destruction de l'homme.   269

CHAPITRE IX. — L'HISTOIRE DE LA TERRE

I. Modifications actuelles de la surface du globe. — Rôle de l'eau, du feu, de l'air, dans les transformations de la surface terrestre. — Hypothèses des causes lentes et des révolutions brusques. — Le soulèvement des montagnes. — Élie de Beaumont. — Divergence de l'opinion des naturalistes. 275

II. Modifications actuelles des êtres vivants. — Lamarck. — La variabilité des espèces. — Influence du milieu. — La domestication. — La lutte pour l'existence. — La théorie de l'évolution. — Objections 289

CHAPITRE X. — LES ÉPAVES DE L'ORGANISME

I. Mort accidentelle des êtres vivant à la surface du globe. — Enfouissement des débris végétaux et des cadavres des animaux, dans la tourbe, dans les sables, dans le limon des eaux douces et marines. — Les inondations des grands fleuves. — Les ouragans de sable du désert. — Accumulation des végétaux et des animaux dans les sédiments. — Les naufrages. — Les fossiles de l'avenir. 299

II. Les chercheurs de fossiles. — Attraits de la géologie et de la paléontologie. — La chasse aux coquillages et aux ossements fossiles. — Reconstitution d'un squelette fossile. — Investigations relatives aux études préhistoriques. — Règles à observer dans l'exploration des cavernes. — Importance de la science des fossiles. — L'avenir de la terre 309

FIN DE LA TABLE DES MATIÈRES.

Paris. — Imp. A. Lahure, 9, rue de Fleurus.

www.ingramcontent.com/pod-product-compliance
Lightning Source LLC
Chambersburg PA
CBHW060511170426
43199CB00011B/1411